Pépites

EXPRESSION ORALE

- J'écoute pour mieux comprendre des textes lus.
- Je parle en public pour exprimer mes idées ou interpréter un texte.
- Je raconte, je décris, je débats, j'argumente, j'explique, je résume.
- Je participe à des échanges dans des situations de communication diversifiées.

▼

Pour mieux m'exprimer et me faire comprendre

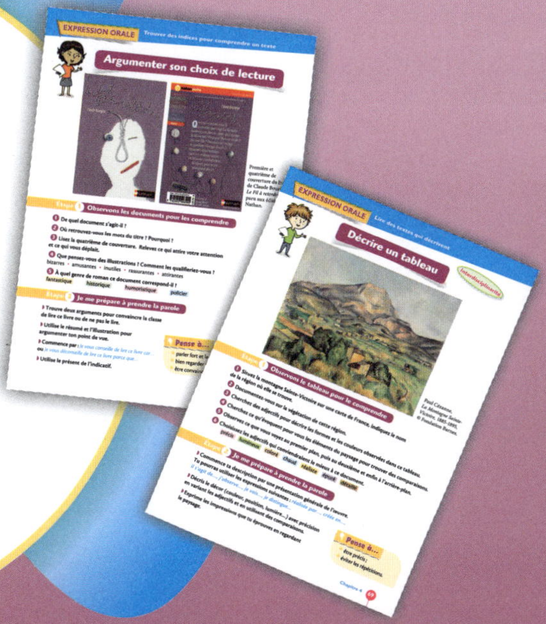

EXPRESSION ÉCRITE

- J'écris à la main ou avec un clavier de plus en plus efficacement.
- J'écris pour réfléchir et pour apprendre, en littérature et dans toutes les disciplines.
- J'écris différents types de textes, dans toutes les disciplines
- J'améliore mes écrits, seul ou avec des consignes, en utilisant les outils de la classe.

▼

Pour produire des textes variés

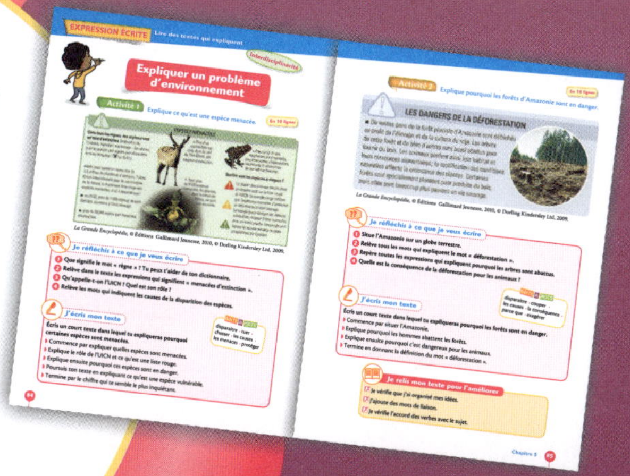

Pépites

CM2
CYCLE 3

Français

Ce manuel applique les règles de la nouvelle orthographe, comme le recommandent les programmes. Toutefois, les textes reproduits le sont dans leur orthographe d'origine. Les deux graphies sont admises. www.renouvo.org

Coordonné par

Catherine Savadoux-Wojciechowski
Inspectrice de l'Éducation Nationale

Magali Caylat
Conseillère pédagogique

Laure Degoul
Enseignante spécialisée

Marie-Ange Maurouard
Professeure des écoles – maitre formatrice

Sylvie Moussaoui
Conseillère pédagogique

MAGNARD

www.pepites.magnard.fr

Sommaire

Oral-Lecture-Écriture

1 Trouver des indices pour comprendre un texte

Les compétences à acquérir en lecture et compréhension

- **Identifier le narrateur d'un texte.**
- **Repérer où et quand l'action se déroule.**
- **Identifier les personnages d'un récit, les caractériser, identifier leurs émotions.**
- **Comprendre la logique d'enchainement des actions.**

2 Découvrir des situations de communication

Les compétences à acquérir en lecture et compréhension

- **Identifier les éléments d'une situation de communication : qui parle à qui, où et quand.**
- **Identifier pourquoi les personnages communiquent.**
- **Reconnaitre les émotions exprimées par la ponctuation.**

✦ Textes issus de la liste de référence du ministère de l'Éducation nationale.

3 Lire des textes qui racontent

Les compétences à acquérir en lecture et compréhension

- Déterminer le rôle des personnages dans l'action.
- Repérer l'enchainement logique des actions.
- Repérer les déplacements des personnages.
- Repérer l'enchainement chronologique des actions.
- Identifier les émotions et les intentions des personnages.

4 Lire des textes qui décrivent

Les compétences à acquérir en lecture et compréhension

- Repérer les caractéristiques et l'organisation des textes descriptifs.
- Identifier des descriptions de personnages et de lieux.
- Repérer les mots qui apportent des précisions : adjectifs, comparaisons.

5 Lire des textes qui expliquent

Les compétences à acquérir en lecture et compréhension

- Repérer l'organisation d'une page documentaire.
- Comprendre le vocabulaire spécifique.
- Identifier l'idée essentielle d'un texte.
- Comprendre la fonction des illustrations.

Sommaire

Oral-Lecture-Écriture

6 Lire des poèmes et des fables

Les compétences à acquérir en lecture et compréhension

- Identifier les spécificités du texte poétique.
- Enrichir ses connaissances sur les poètes, les œuvres du patrimoine.
- Comprendre des textes poétiques et utiliser le vocabulaire approprié pour en parler.
- Lire un récit poétique : la fable.
- Exprimer des émotions et des sensations.

7 Lire une pièce de théâtre

Les compétences à acquérir en lecture et compréhension

- Identifier les caractéristiques d'un genre : le théâtre.
- Comprendre le fonctionnement d'un dialogue et d'un enchainement de répliques.
- Comprendre les sentiments des personnages.
- Lire et comprendre un texte intégral.

✦ Textes issus de la liste de référence du ministère de l'Éducation nationale.

Sommaire

Étude de la langue

Proposition de progression

Oral · Lecture · Écriture — **Étude de la langue**

1 Trouver des indices pour comprendre un texte

2 Découvrir des situations de communication

3 Lire des textes qui racontent

4 Lire des textes qui décrivent

Oral
Lecture
Écriture

1 Trouver des indices pour comprendre un texte

➤ Dans ce chapitre, tu vas apprendre à :
- identifier le narrateur d'un texte ;
- repérer où et quand l'action se déroule ;
- identifier les personnages d'un récit, les caractériser, identifier leurs émotions ;
- comprendre la logique d'enchainement des actions.

Échangeons

Présentez cette affiche : Qu'est-ce qui est représenté ? De quel évènement s'agit-il ? Pour qui est organisé cet évènement ? Relevez les indices qui vous permettent de répondre.

La rentrée des classes

Je n'aime pas trop l'école.

Cette année, en plus, je redouble. Ça m'a énervé, parce qu'ils ont fait passer tout le monde, sauf moi. Ils ont dit que j'étais trop lent. Ça se voit qu'ils ne m'ont jamais vu courir ! Je cours aussi vite que le héros du film quand la grosse langue de lave brûlante veut le rattraper pour le carboniser ! Je cours si vite que parfois, même mon ombre n'arrive pas à me suivre ! Mais je ne le leur ai pas dit. Ils s'en seraient fichus de mes courses, de mon ombre, de tout ça, je le sais bien. J'ai juste pleuré un peu, en cachette, dans les toilettes (c'est le seul endroit où l'on peut pleurer à l'école, partout ailleurs, c'est plein d'yeux qui vous guettent).

Déjà que je n'avais pas trop de copains, maintenant je n'en ai plus du tout. Bon, c'est encore le début de l'année, ça peut s'arranger – enfin c'est ce que maman m'assure... Elle dit toujours des trucs comme ça, pour me remonter le moral ; je fais semblant de la croire, pour ne pas lui faire de peine, mais j'ai constaté que la vie était souvent plus dure pour les enfants que ce que croient les mamans.

Je n'aime pas trop l'école, parce que les autres se moquent de moi. Pourquoi ils se moquent ? Pour un tas de raisons, je crois : parce que souvent je bégaye, parce que je ne comprends pas tout immédiatement, parce que j'ai toujours envie d'être ailleurs qu'en classe, parce que je rêve.

Je ne suis pas heureux, à l'école.

Mais j'aime bien y aller. Je veux dire le chemin pour y aller. J'y vais toujours tout seul, en liberté. Partout ailleurs, il y a quelqu'un qui me commande : « Fais ci, fais ça, pas comme ci, pas comme ça... » C'est tuant ! Dans la rue, je fais ce que je veux. Je décide : je vais sauter cette flaque, et hop, je la saute. Je vais shooter dans ce marron, et je shoote. Personne pour me contrarier ! Dans la rue, je suis le roi !

Ailleurs, c'est une autre paire de manches, comme dit mon papy.

Jo Hoestlandt, *Tu peux toujours courir,* © Nathan Poche, 2005.

Ma première lecture

1 « Je n'aime pas trop l'école. » (ligne 1)
Qui est désigné par le pronom *je* dans le texte ?
Jo Hoestlandt • le narrateur • papy • le roi

2 **Qui est désigné par le pronom *ils* aux lignes 2 et 3 ?**

3 **Relève dans les lignes 2 à 14 ce qui te permet de savoir à quel moment la scène se déroule.**

Je relis pour mieux comprendre

4 **Relève dans le texte pourquoi le narrateur est jugé trop lent :**
« Ils ont dit que j'étais trop lent. » (ligne 3)

5 **À quel personnage célèbre de bande dessinée est-il fait allusion dans cette phrase :**
« Je cours si vite que parfois, même mon ombre n'arrive pas à me suivre ! » (lignes 5-6) ?
a. Tintin b. Yakari c. Cédric d. Lucky Luke

6 **Pourquoi le narrateur pleure-t-il (ligne 8) ?**

7 **D'après toi, pourquoi le narrateur affirme-t-il cela :** « … mais j'ai constaté que la vie était souvent plus dure pour les enfants que ce que croient les mamans. » (lignes 13-14) ?

8 **Choisis parmi les émotions suivantes celles que le narrateur ressent. Justifie tes réponses en t'appuyant sur le texte.**
fierté • tristesse • joie • peur • espoir • colère • énervement

9 **Relève dans le texte les raisons pour lesquelles le héros n'est pas heureux à l'école.**

10 **Complète cette phrase :** « Il n'aime pas l'école, mais il est heureux d'y aller **parce que**… »

11 ***Vocabulaire*** « Je vais **shooter** dans ce marron, et je **shoote**. » (ligne 24)
Trouve l'origine du mot écrit en couleur. Remplace-le par un synonyme.

Échangeons

12 « Dans la rue, je suis le roi !
Ailleurs, c'est une autre paire de manches », comme dit mon papy. (lignes 25-26)
D'après vous, pourquoi le grand-père du héros dit-il cela ?

Ai-je bien compris le texte ?

13 **Explique en sept lignes ce qui rend le héros malheureux et ce qui le rend heureux.**

Je lis à voix haute

Entraine-toi à lire les lignes 1 à 14. Aide-toi de la ponctuation pour bien mettre le ton. Ta lecture doit permettre de comprendre les émotions du personnage.

Déménagement

Vocabulaire

1. Corossolier : *arbre fruitier.*

2. Bougot : *bigorneau (coquillage).*

J'ai regardé une dernière fois notre jardin potager, l'avocatier, le corossolier[1], et surtout la haie d'hibiscus rouges que maman avait plantée tout autour de notre case.

– C'est pour te rappeler que, même pauvre, on appartient toujours au monde des hommes, me disait-elle. Le rouge de l'hibiscus, c'est notre cœur ! Mais maintenant qu'on déménageait, qu'allait devenir notre haie d'hibiscus ? Est-ce qu'on peut laisser son cœur quelque part et partir ? Là où on allait, y aurait-il un pied de piment, un de citron vert et une jarre pour garder l'eau fraîche ?

La terre ne nous appartenait pas. C'est pour cela que notre case était juste posée dessus. Un jour, papa a dit que nous allions la fixer définitivement sur la terre qu'il venait d'acheter. Les pilotis allaient s'enfoncer dans le sol, grâce à quatre trous emplis de béton frais.

Pa Zidor a reçu l'aide des voisins les plus costauds pour hisser notre petite case dans une charrette à bœuf. Elle avait l'air aussi petite qu'une coquille de bougot[2]. Le soir, j'avais l'habitude de grimper sur son toit de tôle encore brûlante, où j'écoutais Dézi jouer de sa flûte en bambou. C'est là aussi que je pouvais capter radio Salsa Caliente, tout en comptant les étoiles.

Comme pour nous dire au revoir, madame Soufrière s'était dépouillée des nuages et de la brume qui la rendaient mystérieuse et effrayante. Je n'avais soudain plus peur du volcan.

Après une longue journée de route, on a posé notre case-escargot entre deux autres maisons. Il y avait juste la place pour l'y faufiler. Devant, c'était la ville ; derrière, la mer. Je ne connaissais ni l'une ni l'autre. Cela a bien occupé ma tristesse. Man Titine, elle, a pleuré. Papa avait acheté du sable et non de la belle terre noire et grasse qui donne de belles ignames et de beaux maniocs.

– Acheter du sable !... Les hommes sont fous ! C'est un bien sans titre de propriété. La mer, au moindre cyclone, peut reprendre ce qui lui appartient !

Alex Godard, *La Case aux hibiscus rouges*, © Albin Michel Jeunesse, 2005.

Ma première lecture

1 **Nomme tous les personnages de l'histoire. Quels liens les unissent ?**

2 **Qui raconte l'histoire ? Comment le sais-tu ?**

3 **Selon toi, qui est « madame Soufrière » ? Justifie ta réponse.**
a. une voisine b. un volcan c. la grand-mère d. une sorcière

4 **Où se déroule cette histoire ? Justifie ta réponse.**

Je relis pour mieux comprendre

5 **Vocabulaire** **En t'aidant du dictionnaire, choisis le sens du mot *case* (ligne 3) qui convient.**

6 **Pourquoi l'auteur appelle-t-il sa maison une *case-escargot* (ligne 24)?**

7 **Vocabulaire** **Que sont les *ignames* et les *maniocs* (lignes 30-31) ? Justifie ta réponse.**
a. des animaux domestiques b. des cailloux c. des plantes comestibles d. des insectes

8 **Où se trouve la case au début du récit ? Puis à la fin du récit ?**
au bord de la mer • près d'une ville • dans un jardin potager • sur le sable • sur une charrette

9 **Relève les phrases qui expriment les émotions du narrateur. Précise quelles sont ces différentes émotions.**

10 **Explique ce que veut dire l'auteur dans cette phrase :**
« Est-ce qu'on peut laisser son cœur quelque part et partir ? » (ligne 7)

11 **Pourquoi Man Titine pleure-t-elle à la fin du texte ?**

Échangeons

12 **D'après vous, pourquoi cette famille déménage-t-elle ?**

Ai-je bien compris le texte ?

13 **Cherche la définition du mot « nostalgie ». Explique dans un paragraphe de cinq à huit lignes pourquoi les personnages ressentent de la nostalgie.**

Je lis à voix haute

Prépare la lecture des lignes 9 à 18. Repère les mots difficiles et entraine-toi à les dire pour que ta lecture soit fluide.

Harry, bazar du port

Vocabulaire

1. **Jesaistout :** nom du chat de la maison.

2. **Bric-à-brac :** amas, fourbi.

3. **Extravagances :** bizarreries.

4. **Chaotique :** désordonné.

Jesaitout[1] habitait un endroit assez difficile à décrire car, à première vue, cela aurait pu être un bric-à-brac[2] d'objets étranges, un musée des extravagances[3], un dépôt de machines hors d'usage, la bibliothèque la plus chaotique[4] du monde ou le laboratoire d'un savant inventeur d'engins impossibles à nommer. Mais ce n'était rien de tout cela, ou plutôt, c'était beaucoup plus que cela.

L'endroit s'appelait « Harry, Bazar du Port » et son propriétaire, Harry, était un vieux loup de mer qui, au cours de cinquante ans de navigation sur les sept mers, s'était employé à réunir toute sorte d'objets dans les centaines de ports qu'il avait connus.

Lorsque la vieillesse s'installa dans ses os, Harry décida de troquer sa vie de navigateur contre celle de marin à terre et d'ouvrir le bazar avec tous les objets qu'il avait réunis. Il loua une maison de trois étages dans la rue du port, mais elle était trop petite pour exposer ses collections insolites, si bien qu'il loua la maison voisine, à deux étages, mais ce n'était toujours pas suffisant. Finalement après avoir loué une troisième maison, il réussit à ranger tous ses objets – ranger évidemment selon son sens de l'ordre très particulier.

Luis Sepúlveda, *Histoire d'une mouette et du chat qui lui apprit à voler,* trad. A. M. Métailié, © Métailié/Seuil, Paris, 1996.

Ma première lecture

1 **Comment s'appelle le lieu qui est décrit dans ce texte ?**

2 **Qui habite dans ce lieu ?**

3 **Le narrateur est-il un personnage de l'histoire ? Justifie ta réponse.**

Je relis pour mieux comprendre

4 **Relève dans le texte toutes les appellations que l'on peut donner à ce lieu.**

5 **Vocabulaire** « Harry était **un vieux loup de mer**. » (lignes 6-7)
Que signifie cette expression ?
a. Harry était un dangereux marin.
b. Harry était un navigateur expérimenté.
c. Harry était un pirate.

6 **Comment Harry a-t-il rassemblé tous ces objets ?**

7 **Vocabulaire** « Harry décida de **troquer** sa vie de navigateur contre celle de marin à terre. » (lignes 10-11) **Remplace le mot en couleur par un synonyme.**

8 **Explique pourquoi Harry a cessé de naviguer.**

9 **Choisis le nom qui convient le mieux pour qualifier Harry. Justifie ta réponse.**
a. un collectionneur b. un brocanteur c. un paresseux d. un amateur d'art

10 **Complète la phrase :** « Harry loua trois maisons près du port car … »

11 **Vocabulaire** « Ses collections insolites » (ligne 13). **Retrouve dans le texte la phrase qui permet de comprendre le sens de cette expression.**

Échangeons

12 **Comment qualifieriez-vous ce lieu ? Expliquez pourquoi.**
amusant • étrange • insolite • inquiétant

Ai-je bien compris le texte ?

13 « L'endroit s'appelait "Harry, Bazar du Port". » (ligne 6)
Explique en une dizaine de lignes pourquoi ce lieu s'appelle ainsi.

Je lis à voix haute

Lis les lignes 6 à 16 de manière expressive.

Rencontre au clair de lune

Dans le clair de lune, Bob découvrit un petit garçon en costume de page qui jadis avait dû être élégant. Il était à présent tout déchiré et taché, et le visage sale du garçonnet était couvert d'égratignures.

– Mon Dieu! dit Bob. Qui es-tu ?

– J'étais un rat, répondit le petit garçon.

– Qu'as-tu dit là ? intervint Jeanne qui s'était précipitée derrière son mari.

– J'étais un rat, répéta le petit garçon.

– Tu étais un... allons donc ! Où habites-tu ? demanda-t-elle. Comment t'appelles-tu ? D'où viens-tu, petit ?

Mais le petit garçon ne savait dire qu'une chose :

« J'étais un rat. »

Comme la nuit était froide, le vieux couple le fit entrer dans la cuisine et asseoir auprès du feu. Il contempla les flammes comme si c'était la première fois qu'il en voyait.

– Qu'allons-nous faire ? chuchota Bob.

– Donnons à manger à ce pauvre petit, répondit Jeanne à voix basse. Du pain trempé dans du lait, c'est ce que nous donnait ma mère.

Alors elle mit un peu de lait à chauffer dans une casserole sur la cuisinière à bois et émietta une tranche de pain dans un bol, tandis que le vieux Bob essayait d'en savoir plus sur le petit garçon.

– Comment t'appelles-tu ?

– Je n'ai pas de nom.

– Comment ça, tout le monde a un nom, voyons ! Moi, je m'appelle Bob, et voici Jeanne, tu vois. Tu es bien sûr de ne pas avoir de nom ?

– Je n'en ai plus. Je l'ai oublié. J'étais un rat, répondit l'enfant comme si cela expliquait tout.

– Ah, fit Bob. Tu as un joli costume, en tout cas. Je suppose que tu es en service, dis-moi ?

L'enfant baissa les yeux sur son pauvre costume en lambeaux, l'air désemparé.

– J'en sais rien, finit-il par dire. Je ne sais pas ce que ça veut dire. Oui, peut-être que je suis en service.

– En service, cela veut dire que tu es au service de quelqu'un, que tu es son domestique. Que tu as un maître ou une maîtresse et que tu leur fais les courses. En général, les petits pages comme toi accompagnent leur maître ou leur maîtresse dans leur voiture, leur carrosse, par exemple.

– Ah oui, c'est ça. J'étais un excellent page, je faisais tout bien comme il faut.
– Sûrement, dit Bob en approchant sa chaise, alors que Jeanne apportait à table le bol de pain et de lait tiède.
Elle le déposa devant le petit garçon qui plongea aussitôt la tête dedans et l'avala goulûment à grand bruit, se tenant fermement au bord de la table de ses petites mains noires de crasse.

Philip Pullman, *J'étais un rat,* trad. Anne Krief, © Éditions Gallimard Jeunesse, 1999.

Ma première lecture

1 **Quels sont les personnages de cette histoire ? Relève les mots qui les désignent.**

2 **Dans cet extrait, le narrateur est-il un personnage de l'histoire ? Justifie ta réponse.**

3 **D'après toi, où se déroule cette scène ? Justifie ta réponse.**

4 **Relève dans le texte les indices qui te permettent de situer cette scène dans le temps.**

Je relis pour mieux comprendre

5 **Relève tous les détails de l'aspect physique du garçon qui montrent que quelque chose d'anormal lui est arrivé.**

6 **Vocabulaire** **Que signifie l'expression** *l'air désemparé* **(lignes 31-32) ?**
a. L'enfant est étonné. b. L'enfant est amusé. c. L'enfant est insouciant. d. L'enfant se sent perdu.

7 **Comment qualifierais-tu l'attitude de Bob et de Jeanne ? Justifie ta réponse.**
accueillants • méfiants • attentionnés • inquiets • tristes • amusés • intrigués

8 **Que nous apprend cette phrase :** « Elle le déposa devant le petit garçon qui plongea aussitôt la tête dedans et l'avala goulûment à grand bruit, se tenant fermement au bord de la table de ses petites mains noires de crasse. » (lignes 42-44) ?

Échangeons

9 – … Tu es bien sûr de ne pas avoir de nom ?
– Je n'en ai plus. Je l'ai oublié. J'étais un rat, répondit l'enfant. (lignes 26-27)
D'après vous, qu'a-t-il pu arriver à l'enfant ?

Ai-je bien compris le texte ?

10 **Raconte cette rencontre au clair de lune du point de vue de l'enfant en une dizaine de lignes.**

Je lis à voix haute

Par deux, entrainez-vous à lire ce dialogue. Auparavant, repérez les paroles du narrateur et supprimez-les. Votre lecture doit permettre de comprendre les émotions de chaque personnage.

Lecture 5

Trouver des indices pour comprendre un texte

Texte intégral

Vive les livres qui font peur !

On est dans sa chambre, c'est l'hiver. Les volets sont bien fermés. On entend le vent qui souffle au-dehors. Les parents sont allés se coucher, eux aussi. Ils croient qu'on a éteint depuis longtemps. Mais on n'a vraiment pas envie de dormir. On a juste gardé la lumière de la petite lampe de chevet qui fait un cercle jusqu'au milieu des couvertures. Au-delà, l'obscurité de la chambre est plus mystérieuse.

On a hésité longtemps avant de choisir le livre. Agatha Christie ne fait pas peur, on suit trop l'enquête et on ne fait pas attention au reste. Les aventures de Sherlock Holmes, c'est mieux, avec les brouillards, les chiens, les chemins de fer parfois. Mais il y a trop de dialogues, et Sherlock est si sûr de lui – on ne peut pas penser qu'il va être vaincu. Finalement, on a choisi *L'Île au trésor*.

On a bien fait. Dès le début du livre, il y a une ambiance extraordinaire, avec cette auberge près d'une falaise. C'est toujours la tempête là-bas ; on a l'impression que c'est toujours la nuit aussi, avec la mer qui gronde tout près. Et puis Jim Hawkins, le héros, se retrouve vite avec sa mère à *L'Amiral Benbow*.

À sa place, on serait mort de terreur. Le vieux pirate réclame du rhum et se met en colère sans qu'on sache pourquoi. Mais le plus effrayant, c'est quand les autres pirates débarquent dans le pays à la

recherche de leur ancien complice. C'est une nuit de pleine lune, et l'aveugle donne des coups de canne sur la route blanche en criant :

– N'abandonnez pas le vieux Pew, camarades ! Pas le vieux Pew !

Il y a une illustration en couleurs avec cette image, du noir, du mauve, du blanc. C'est un livre un peu vieux, avec seulement quelques images – il n'y en aura pas d'autres avant au moins trente pages. On reste longtemps à regarder celle-là. Parfois, quand on s'endort, on a peur de devenir aveugle pendant la nuit, alors on se met dans la peau du vieux Pew – et c'est étrange, parce qu'en même temps on a peur qu'il vous donne un coup de canne. Heureusement, près de soi, on a la petite lumière bleue du radio-réveil et le poster de Droopy, mais on a l'impression qu'ils sont partis en Angleterre eux aussi, au pays du rhum, de la colère et des naufrages. C'est dangereux de s'endormir là-bas, mais on voudrait quand même – on dort si bien près du danger, et les draps sont si chauds, près de la pluie. C'est bien de se faire peur en lisant *L'Île au trésor*.

Philippe Delerm, *C'est bien*, © Éditions Milan, 2007.

Ma première lecture

1 **Dans ce récit, plusieurs histoires s'entremêlent. Indique où et quand chacune de ces histoires se déroule.**

2 **À qui renvoie le pronom personnel *on* dans le texte ?**

Je relis pour mieux comprendre

3 **Précise pour chaque nom suivant s'il s'agit d'un auteur ou d'un personnage de roman.**
a. Agatha Christie b. Sherlock Holmes c. Pew d. Jim Hawkins

4 **Vocabulaire** **Que désigne le mot *couvertures* dans cette phrase :**
« … la lumière de la petite lampe de chevet qui fait un cercle jusqu'au milieu des **couvertures**. » (lignes 4-5) ?
a. les couvertures des livres b. les couvertures posées sur le lit c. les couvertures de cahiers

5 **D'après toi, pourquoi le narrateur pense-t-il cela :** « Au-delà, l'obscurité de la chambre est plus mystérieuse. » (lignes 5-6) ?

6 **Relève le titre du livre qui a été choisi, ainsi que le nom des personnages qui apparaissent dans cet ouvrage.**

7 **Classe les lieux suivants selon qu'ils décrivent :**
la chambre l'ile des pirates
en Angleterre • la mer qui gronde tout près • les volets fermés • une auberge près d'une falaise • une nuit de pleine lune

8 **Pourquoi le narrateur a-t-il choisi ce livre ? Relève dans le texte ce qui te permet de répondre.**

Échangeons

9 **Que pensez-vous de cette affirmation :** « On dort si bien près du danger, et les draps sont si chauds, près de la pluie. C'est bien de se faire peur en lisant… » (lignes 35-36) ?

Mon carnet de lecture

Écris d'autres titres de livres que tu as lus et qui font peur. Donne le nom de leur personnage principal et décris l'univers dans lequel se déroulent ces histoires.

Je lis à voix haute

Choisis un passage d'une dizaine de lignes que tu liras à tes camarades. Entraine-toi à le lire en repérant les mots difficiles et en t'appuyant sur la ponctuation pour rendre ta lecture expressive.

Argumenter son choix de lecture

Première et quatrième de couverture du livre de Claude Bourgeyx, *Le Fil à retordre*, paru aux éditions Nathan.

Étape 1 Observons les documents pour les comprendre

1 **De quel document s'agit-il ?**

2 **Où retrouvez-vous les mots du titre ? Pourquoi ?**

3 **Lisez la quatrième de couverture. Relevez ce qui attire votre attention et ce qui vous déplaît.**

4 **Que pensez-vous des illustrations ? Comment les qualifieriez-vous ?**
bizarres • amusantes • inutiles • rassurantes • attirantes

5 **À quel genre de roman ce document correspond-il ?**
fantastique historique humoristique policier

Étape 2 Je me prépare à prendre la parole

- **Trouve deux arguments pour convaincre la classe de lire ce livre ou de ne pas le lire.**
- **Utilise le résumé et l'illustration pour argumenter ton point de vue.**
- **Commence par :** *Je vous conseille de lire ce livre car…* **ou** *Je vous déconseille de lire ce livre parce que…*
- **Utilise le présent de l'indicatif.**

Pense à…
- parler fort et lentement ;
- bien regarder tes camarades et articuler ;
- être convaincant(e).

Écrire la suite d'un texte

Activité 1 Qu'y a-t-il donc dans ce paquet ? Raconte ce qu'Aristide va y découvrir.

En 12 lignes

Pour impressionner ses camarades, Aristide leur a dit qu'il avait un gros chien. Comment vivre avec ce mensonge ? Aristide demande alors un chien à ses parents. Va-t-il être écouté ?

Un mardi soir, donc sans que rien n'ait laissé penser que le grand jour serait celui-ci, un mardi soir, en rentrant de l'école, je découvre un énorme paquet trônant dans l'entrée. […]
Je tremble, je n'ose pas y croire. Je regarde ce gigantesque emballage scintillant, les larmes aux yeux.
– Ouvre, Aristide ! me presse ma mère.
Délicatement, j'approche une main. Je suis nerveux. La réalisation d'un rêve, ça fait quelque chose ! J'enlève le papier cadeau et découvre un carton percé de petits trous. Tellement haut qu'il m'arrive au niveau du ventre.

Cécile Alix, *Super menteur,* © Éditions Magnard Jeunesse.

Je réfléchis à ce que je veux écrire

1 **Relève dans le texte tous les indices donnés sur le paquet : d'après toi, que peut-il vraiment contenir ?**

2 **En ouvrant le carton, que voit Aristide, à ton avis ?**

3 **Ce cadeau plait-il à Aristide ou le déçoit-il ? Pourquoi ?**

4 **Sur ton brouillon, fais la liste des sentiments ressentis par Aristide et décris ses réactions.**

BOITE À MOTS
déçu • surpris • effrayé • rassuré • désespéré • affolé • ravi • excité

J'écris mon texte

- **Commence ton texte en rédigeant deux phrases qui indiquent comment Aristide va ouvrir le carton.**
- **Écris ensuite une phrase qui précise ce qu'est le cadeau.**
- **Décris ce cadeau en un paragraphe.**
- **Termine enfin ton texte par un paragraphe dans lequel tu préciseras comment Aristide réagit face à ce cadeau et ce qu'il ressent.**

Activité 2 Et si nous visitions la maison d'Harry ? Décris ce que l'on peut voir dès que l'on entre.

En 12 lignes

Lorsque la vieillesse s'installa dans ses os, Harry décida de troquer sa vie de navigateur contre celle de marin à terre et d'ouvrir le bazar avec tous les objets qu'il avait réunis. Il loua une maison de trois étages dans la rue du port, mais elle était trop petite pour exposer ses collections insolites, si bien qu'il loua la maison voisine, à deux étages, mais ce n'était toujours pas suffisant. Finalement après avoir loué une troisième maison, il réussit à ranger tous ses objets – ranger évidemment selon son sens de l'ordre très particulier.

Luis Sepúlveda, *Histoire d'une mouette et du chat qui lui apprit à voler*, trad. A. M. Métailié,

Je réfléchis à ce que je veux écrire

1 **Trouve trois adjectifs pour qualifier l'intérieur de la maison d'Harry.** (▶ Harry, bazar du port, p. 12)

2 **Cite trois objets qui pourraient se trouver chez Harry.**

3 **Imagine de quels pays ces objets pourraient provenir et documente-toi sur ces pays.**

4 **Choisis des adjectifs pour décrire ces objets.**

BOITE À MOTS

désordre • empilement • étagères • en entrant • plus loin • éparpillés

J'écris mon texte

- **Commence par décrire en trois phrases l'impression générale quand on entre chez Harry.**
- **Décris ensuite, en une phrase, chaque objet que l'on peut voir chez Harry et indique de quels pays ils proviennent.**

Je relis mon texte pour l'améliorer

- [x] Je vérifie les accords des adjectifs avec les noms.
- [x] Je conjugue les verbes au présent de l'indicatif.
- [x] Je ponctue correctement mon texte.

Mon enquête de lecteur

Qui est le narrateur ?

Précise qui raconte l'histoire. Relève les indices qui te permettent de répondre.

Extrait 1

Je traverse le parc de la résidence. J'ai l'impression d'être seul au monde tellement il est tôt. Je n'ai pas peur, ou alors seulement un petit peu. J'ai quand même neuf ans depuis quelques jours !

Mikaël Ollivier, *Sur un arbre perché,* © Éditions Thierry Magnier, 2010.

Extrait 2

La journée avait été longue, et le pire, c'est qu'elle était loin d'être terminée. J'avais l'impression d'avoir fait dix fois le tour du Jardin. Normal : c'est ce que j'avais fait. Mes pattes me faisaient un mal de chien – toutes les six – et je commençais à en avoir ma claque de cette affaire. Je ne désirais rien d'autre que ramper sous le premier rocher venu. Mais un insecte doit faire son devoir d'insecte. C'est pour ça qu'on me payait.

Paul Shipton, *Tirez pas sur le scarabée,* © Le Livre de Poche Jeunesse.

Extrait 3

L'école de Marie était près de la mienne. Elle est venue me chercher et nous sommes rentrées en faisant un détour par le parc en mangeant des petits pains au chocolat.

– Si on allait au cinéma ?

– Quelle bonne idée ! j'ai fait.

Véronique M. Le Normand, *J'ai perdu mon chat,* coll. Petite Poche, © Éditions Thierry Magnier.

Extrait 4

Je te surveille, Lisa, de mon œil rond, tu ne le sais pas, mais je suis avec toi, j'accompagne tes pas. Je me sens responsable des enfants comme toi, petite fille silencieuse, si souvent dans la lune, avec moi.

Responsable aussi, je me sens, des chiens qui m'appellent au secours, la gorge renversée vers le ciel, qui hurlent vers moi leur peur et leur chagrin de chien.

Les savants croient tout savoir de moi. Ils disent que je suis une planète satellite de la Terre, en forme de disque, située à 385 000 kilomètres.

Jo Hoelstandt, *Lisa a disparu,* © Nathan Poche.

2 **Découvrir** des situations de **communication**

➤ **Dans ce chapitre, tu vas apprendre à :**
- identifier les éléments d'une situation de communication : qui parle à qui ? où ? quand ?
- identifier pourquoi les personnages communiquent ;
- reconnaitre les émotions exprimées par la ponctuation.

Image tirée du film *Le Bon Gros Géant*, adapté du roman de Roald Dahl.

Échangeons

Observez cette photographie. D'après vous, qui sont ces personnages ? Que peuvent-ils regarder ? Imaginez ce que la petite fille peut dire au vieil homme.

L'homme de paille

L. Franck Baum, adapté par D. Chauvel et E. Fernandez, *Le Magicien d'Oz*, vol. 1, © Delcourt Jeunesse, 2005.

Ma première lecture

1 **De quel genre de texte s'agit-il ?**
un conte • une bande dessinée • un manga • une pièce de théâtre

2 **Quels sont les personnages de cet extrait ?**

3 **Dans quel pays cette histoire se déroule-t-elle ? Justifie ta réponse.**

Je relis pour mieux comprendre

4 ***Vocabulaire*** **À quoi sert un épouvantail ?**
Indique le radical du mot *épouvantail*.

5 **Pourquoi l'épouvantail remercie-t-il la fillette ?**
a. Parce qu'elle l'a aidé à renverser un piquet.
b. Parce qu'elle lui fait faire de la gymnastique.
c. Parce qu'elle l'a aidé à descendre de son piquet.
d. Parce qu'elle l'a aidé à replanter son piquet.

6 **La fillette et l'épouvantail se connaissaient-ils déjà ? Justifie ta réponse.**

7 ***Vocabulaire*** **À l'aide du dictionnaire, choisis le sens du mot *cité* (vignette 5) qui convient ici, puis propose deux mots de la même famille.**

8 **D'après toi, qui est le Grand Oz (vignette 5) ?**

9 **Observe les illustrations, puis explique le changement de vue entre la vignette 8 et la vignette 9.**

10 **Qui parle à la vignette 9 ? Justifie ta réponse au moyen de deux éléments des bulles.**

11 **Pourquoi la fillette et l'épouvantail décident-ils de faire route ensemble ?**
Quel est le but du voyage de chaque personnage ?

12 **L'épouvantail trouve des avantages et des inconvénients à avoir un corps en paille. Lesquels ?**

Échangeons

13 **Selon vous, l'épouvantail a-t-il besoin qu'on lui donne un cerveau ?**

Ai-je bien compris le texte ?

14 **Rédige le portrait de l'épouvantail.**
Tu peux t'aider des mots suivants.
bavard • fragile • fort • orgueilleux • fier • serviable • courageux • effrayant • stupide

Je lis à voix haute

Préparez à deux la lecture de la planche de bande dessinée. Chacun de vous jouera un personnage.

En route pour l'école

Personnages : L'OGRELET, un garçon de six ans, trop grand pour son âge. LA MÈRE DE L'OGRELET, une femme dans la quarantaine.

Lieux : UNE MAISON dans les bois, comme on les imagine dans les contes, fruste, inconfortable.

SCÈNE 1 • La rentrée

C'est le jour de la rentrée. L'Ogrelet est vêtu de neuf, il porte des culottes courtes et une chemise repassée. II est grand et ses jambes nues sont celles d'un homme. Sa mère est en train de mettre cahiers et crayons dans un sac d'école.

MÈRE DE L'OGRELET. – Redis-moi la date de ton anniversaire, mon petit ?

L'OGRELET. – Le 3 décembre, maman.

MÈRE DE L'OGRELET. – Dis-moi maintenant : quel âge tu as eu le 3 décembre dernier ?

L'OGRELET. – Six ans, maman.

MÈRE DE L'OGRELET. – Que fais-tu si la maîtresse te dit : « Tu es trop grand pour venir à l'école » ?

L'OGRELET. – Je lui réponds : « Tous les enfants de six ans ont droit à l'école libre et gratuite. » Qu'est-ce que ça veut dire, maman, « libre et gratuite » ?

MÈRE DE L'OGRELET. – Que tous les enfants de six ans, sans exception, doivent aller à l'école... Et que l'école doit les accepter. Que dis-tu après « libre et gratuite » ?

L'OGRELET. – Si vous ne me croyez pas, écrivez un mot à maman, elle est à la maison. Nous n'avons pas le téléphone, mais elle...

MÈRE DE L'OGRELET. – ... elle vous expliquera notre situation. Tu sauras le dire ?

L'OGRELET. – Oui, maman.

MÈRE DE L'OGRELET.– *(lui tendant son sac d'école)* Tu ne mets pas les doigts dans ton nez, tu écoutes la maîtresse, tu réponds « oui madame », « non madame » et tu regardes le tableau.

L'OGRELET. – C'est quoi un tableau ?

MÈRE DE L'OGRELET. – Tu le reconnaîtras en le voyant. Voilà ton goûter et ton déjeuner, mon Ogrelet. Demande à la maîtresse de manger seul dans la classe… les premiers jours. Dis-lui que ce serait mieux pour toi.

L'OGRELET. – Tu me l'as déjà dit, maman. Je ne pourrai pas jouer au ballon comme les enfants du livre que tu me lis le soir pour m'endormir ?

MÈRE DE L'OGRELET. – Attends de connaître les jeux et la fragilité des enfants pour jouer avec eux. Tu es tellement fort et tellement grand. Tu pourrais les blesser sans le vouloir.

L'OGRELET. – À ce soir, maman.

MÈRE DE L'OGRELET. – Ne t'attarde pas après la classe, ni dans le village, ni dans la forêt.

L'Ogrelet. – Pour aller, je marche droit devant et je regarde le soleil monter dans le ciel. Pour revenir, je marche encore droit devant mais je regarde le soleil se coucher derrière la montagne.

Mère de l'Ogrelet. – Tu seras un bon élève. Mon petit. Va vite maintenant si tu ne veux pas être en retard le jour de la rentrée.

L'Ogrelet et sa mère s'embrassent tendrement. Elle le regarde partir. L'Ogrelet revient sur ses pas.

L'Ogrelet. – J'oubliais les fleurs pour la maîtresse.

Mère de l'Ogrelet. – Bonne journée, mon Ogrelet.

Suzanne Lebeau, *L'Ogrelet*, © Éditions Théâtrales, coll. « Jeunesse », 2003.
wwww.tjeu.fr

Ma première lecture

1 **De quel genre de texte s'agit-il ?**
une poésie • un roman • une pièce de théâtre • un conte

2 **Qui parle dans ce texte ? Justifie ta réponse.**

3 **Quand la scène se déroule-t-elle ? Explique comment tu le sais.**

Je relis pour mieux comprendre

4 **Par quelle phrase le dialogue commence-t-il ? Justifie ta réponse.**

5 **Vocabulaire** **Explique comment est formé le mot *ogrelet*.**

6 **Tout au long du dialogue, que fait la mère ?**

7 **Pourquoi l'Ogrelet devrait-il manger seul dans la classe les premiers jours et ne pas s'attarder après la classe ?**

8 **Relève les questions posées par la mère et explique pourquoi elle les pose.**

9 **Choisis les adjectifs qui caractérisent le mieux la mère, puis ceux qui caractérisent l'Ogrelet. Justifie tes réponses.**
comique • coléreux • fier • inquiet • bienveillant • prévoyant • cruel • sage • violent • poli • obéissant • timide • naïf

Échangeons

10 **Pourquoi la mère insiste-t-elle autant sur ce que doit faire ou dire son fils ?**

Ai-je bien compris le texte ?

11 **Raconte cette scène en quelques lignes ; il ne devra pas y avoir de dialogues.**

Je lis à voix haute

Avec un camarade, préparez la lecture des lignes 1 à 14. Vous lirez le texte en jouant chacun un personnage.

L'énigme

Dans un village vivaient deux amis : Larbi le potier, calme et discret qui vivait seul avec sa fille Houria, et Hassan, le marchand d'huile, à la langue bien pendue.

Un soir, Hassan est allé partager le thé avec ses amis. La discussion était animée.
On parlait du roi quand Hassan, un peu grisé par toutes ces paroles et par la chaleur de cette soirée d'été, a déclaré : « Le roi ne me fait pas peur ! Il peut bien m'appeler, je ne baisserai pas les yeux devant lui ! »
Mais ses paroles s'envolent, cabriolent et, de bouche en bouche, de ruelle en ruelle, elles arrivent jusqu'aux oreilles du roi.
Au lever du soleil, le roi convoque Hassan et lui dit :
« Toi qui te vantes de ne pas me craindre, voici une énigme. Je te donne trois jours pour m'apporter la bonne réponse ou, sinon, c'est le cabinet des punitions ! Voilà trois jarres, la première est vide et fêlée, la deuxième est à moitié pleine d'eau fraîche, la troisième en est remplie. De quoi s'agit-il ? »
Hassan rentre chez lui. Il a beau tourner et retourner la phrase du roi, il n'en voit pas le sens caché. Il regrette ses vantardises. Mais, honteux, il n'en parle à personne.
Houria, le lendemain, remarque la triste mine d'Hassan et elle dit à son père : « Essaie de savoir ce qui chagrine ton ami. » Larbi va questionner Hassan qui finalement lui avoue tout.
– Ma fille pourra peut-être t'aider ! le console Larbi.
– Personne ne peut trouver cette énigme !
Et Hassan se remet à pleurer comme un enfant. Lorsque Larbi confie l'énigme à sa fille, Houria ne réfléchit pas longtemps : « La réponse est très simple : la jarre vide et fêlée symbolise celui qui n'aime ni recevoir ni être invité. La jarre à moitié pleine représente celui qui aime être invité mais n'aime pas recevoir. Quant à la troisième, débordant d'eau fraîche, elle est à l'image de celui qui aime recevoir et être reçu. Apprendre à recevoir et à donner dans un même mouvement, tel est le sens de cette énigme. »
Le troisième jour, Hassan tout tremblant répète les paroles d'Houria au roi qui lui demande :
– Qui t'a donné la bonne réponse ?
– Personne, ô mon roi ! Je l'ai trouvée seul !
– Arrête de mentir ou je t'expédie au cabinet des punitions ! Réponds, qui ?
Et Hassan lui explique la perspicacité d'Houria, son intelligence et sa beauté.

Catherine Gendrin, « La jeune fille perspicace »,
Tour du monde des contes sur les ailes d'un oiseau, © Rue du Monde, 2005.

Ma première lecture

1 **De quel genre de texte s'agit-il ?** une poésie • un roman • une pièce de théâtre • un conte

2 **Quels sont les personnages de cette histoire ? Quels liens les unissent ?**

3 **Relève dans le texte les indices qui te permettent de dire où et quand ce récit se déroule.**

Je relis pour mieux comprendre

4 **Vocabulaire** **En t'aidant du dictionnaire, explique cette expression :**
Hassan, un peu **grisé** par toutes ces paroles et la chaleur de cette soirée d'été…» (lignes 3-5)

5 **Relève dans le texte le mot qui, d'après le roi, caractérise l'attitude d'Hassan lorsqu'il prononce ces paroles :**
« Le roi ne me fait pas peur ! Il peut bien m'appeler, je ne baisserai pas les yeux devant lui ! » (lignes 5-6)

6 **Pourquoi le roi convoque-t-il Hassan ?**

7 **Pourquoi le roi pose-t-il une énigme à Hassan ?**

8 **Quelle indication particulière le verbe *consoler* donne-t-il sur les sentiments d'Hassan dans la phrase suivante :**
« Ma fille pourra peut-être t'aider ! le console Larbi. » (ligne 19)

9 **D'après toi, pourquoi le roi pense-t-il qu'Hassan ment ?**
« Arrête de mentir ou je t'expédie au cabinet des punitions ! » (ligne 32)

10 **Vocabulaire** **Cherche dans le dictionnaire le sens du mot *perspicacité* (ligne 33), puis explique pourquoi Houria est perspicace.**

Échangeons

11 **À ton avis, que signifie cette phrase ?**
« Quant à la troisième, débordant d'eau fraîche, elle est à l'image de celui qui aime recevoir et être reçu. » (lignes 25-26)

Ai-je bien compris le texte ?

12 Larbi va questionner Hassan qui finalement lui avoue tout. (lignes 17-18)
Rédige en sept lignes ce que Hassan raconte à son ami.

Je lis à voix haute

Prépare la lecture des lignes 9 à 13. Rappelle-toi le personnage qui prononce ces mots et ses motivations pour mettre le ton qui convient.

Drôle de visite !

– Je m'appelle Filolog, dit l'homme d'une voix grondante, craquante et croassante. J'ai une proposition à te faire, ajoute-t-il en tapant sur sa valise.

Paul répond :

– Mes parents travaillent, reviens plutôt ce soir, s'il te plaît !

Mais l'homme poursuit :

– Je me charge de tous tes devoirs de classe pendant une semaine si tu me donnes toutes tes prépositions et... disons, par exemple, tes articles définis. Ce n'est pas grand-chose.

Paul réfléchit et réplique :

– Mais comment est-ce que je te donnerais mes prépositions et quoi que ce soit de ce genre ? Je ne les ai pas dans mon placard.

– Tu dis que tu me les donnes, un point c'est tout. Et bien sûr, je te fais un reçu.

Alors Paul se dit : « Toute une semaine sans devoirs à la maison... Et il me suffit de dire : « Je te donne mes prépositions, et... et quoi ? Ah, oui, mes articles définis. » Si ce n'est que ça. » Paul a décidé :

– D'accord, je te donne mes prépositions et mes articles. [...]

Filolog, assis au bureau de Paul, tend le reçu à Paul et s'attaque immédiatement à ses devoirs.

Paul fourre le reçu dans la poche de son pantalon et dit :

– Je vais stade.

Filolog arbore un sourire satisfait.

Le soir, la maman de Paul demande si Paul a fait ses devoirs.

– Oui, répond Paul.

– Et qu'est-ce que tu as fait d'autre ? demande la maman de Paul.

Hans Joachim Schädlich,
Le Coupeur de mots,
trad. J. Étoré et B. Lortholary,
© Flammarion.

Ma première lecture

1 **Fais la liste des personnages de cet extrait.**

2 **Où cette scène se déroule-t-elle ? Justifie ta réponse.**

3 **Quels adjectifs peux-tu associer à l'homme à la valise ?**
drôle • étrange • effrayant • aimable • mystérieux

Je relis pour mieux comprendre

4 **Filolog propose à Paul de faire :**
a. un échange b. un don c. un prêt

5 **Vocabulaire** **Qu'est-ce qu'un *reçu* (ligne 12) ?**
a. une photo b. une trace du contrat c. un cadeau

6 **Relève dans le texte la phrase qui explique pourquoi Paul accepte la proposition de Filolog.**

7 **Pourquoi Filolog arbore-t-il un sourire satisfait (lignes 24-25) ?**

8 **Comment qualifierais-tu cette scène ? Justifie ta réponse.**
amusante • étrange • insolite • inquiétante • mystérieuse

9 **Fais la liste des mots que Paul ne peut plus utiliser.**

10 **Vocabulaire** **Cherche des synonymes des verbes *dire* et *répondre*.**

11 **D'après toi, à quoi peut servir la valise de Filolog ?**

Échangeons

12 **D'après vous, que risque Paul en parlant sans prépositions ni articles définis ? Que pourrait-il lui arriver ?**

Ai-je bien compris le texte ?

13 **Raconte en sept lignes ce qui s'est déroulé lorsque Paul a accepté le marché.**

Je lis à voix haute

Avec deux camarades, répartissez-vous les rôles de Filolog, de Paul et du narrateur, puis préparez la lecture des lignes 1 à 28.

Ho ! L'auteur !

Vocabulaire

1. Serpette : petit outil recourbé servant à couper des herbes.

2. Fenaison : action de couper les foins.

3. Tâter de ma trique : prendre des coups de bâton.

Mathias, courbé depuis l'aube, coupe avec habileté l'herbe odorante avec sa serpette[1]. Son père, sa mère, Annette et Marie, ses sœurs, travaillent avec lui. Tout le village est dans les champs pour la fenaison[2]. Il faut aller vite avant que l'orage qui menace inonde la prairie.

La chaleur est torride. Les gosiers sont secs. De temps en temps, Mathias se redresse, s'étire, évalue l'étendue qu'il reste à faucher puis échange quelques mots avec son voisin, le François de la forêt de Cruÿe, un grand gaillard maigre, toujours prêt à rire.

– Je crois bien que je suis en train de fondre. Les vieux disent qu'ils n'ont jamais vu un été aussi chaud ! dit François.

– Et on n'est qu'à la fin juin, qu'est-ce que ce sera en août !

– Ah, le seigneur de Hautségure a bien de la chance d'être au frais dans son château !

– Hé ! vous deux ! Au travail ! Vous avez pris du retard ! vous n'êtes plus en ligne ! Vous allez tâter de ma trique[3] ! hurle un homme rougeaud en s'avançant vers eux une baguette à la main.

Mathias et François s'activent pour récupérer la cadence.

Ils fauchent de longues heures en silence sous le soleil, s'arrêtant de courts instants pour boire ou s'éponger le front et le cou.

– J'ai envie de quelque chose de frais, murmure Mathias.

– Tu veux un peu d'eau ? demande François.

– Non, non, c'est pas à toi que je parle.

– Si tu parles tout seul, ça devient grave...

– Je ne parle pas tout seul et je répète plus fort : J'ai envie de quelque chose de frais... Oh ! tu m'entends, l'auteur ?

– Qui c'est « l'auteur » ?

– T'occupe, c'est une histoire entre elle et moi, je t'expliquerai une autre fois, Ho ! l'auteur ! Écoute-moi pour une fois !

Mathias a lâché sa serpette. Debout, campé sur ses deux pieds, il semble invectiver[4] le ciel :

– Je ne ferai pas un geste de plus ! Je veux quelque chose de frais... comme ce que tu manges et qui a l'air fameusement bon.

– *C'est à moi que tu t'adresses ?*

– Évidemment ! L'auteur, c'est toi, non ?

– *Oui, mais d'habitude, les héros n'interpellent pas leur auteur, ils se contentent de vivre des aventures imaginaires et...*

– Eh bien, ça va changer ! Fini le bon temps où l'auteur écrivait ce qu'il voulait, j'ai décidé de prendre mon destin en main et pour commencer, j'ai trop chaud et ce que tu manges paraît rafraîchissant. J'en veux.

– *Une glace au chocolat ? Impossible !*

– Pourquoi ?

– *Parce que tu vis au Moyen Âge et que ni la conservation de la glace ni le chocolat ne sont inventés.*

– Tu en manges bien une, toi !

– *Moi, c'est différent ! Je vis au* XX*e siècle !*

– Au XXe siècle ? Sacrebleu ! Mais c'est la fin du monde !

– *Non, non, la Terre continue de tourner, seulement, depuis ton époque, il y a eu beaucoup de découvertes et...*

– C'est pas juste ! Je veux une glace au chocolat, comme toi !

– *Ça suffit, Mathias, je ne peux pas écrire si tu m'interromps sans cesse... où en étais-tu ?*

– Tu le sais parfaitement, je suis dans ce pré en train de couper le foin et la chaleur est intenable !

Anne-Marie Desplat-Duc,
Un héros pas comme les autres,

4. **Invectiver :** *lancer des injures.*

Ma première lecture

1 **Relève tous les personnages qui parlent et dis qui ils sont.**

2 **Selon toi, qui est Mathias ? Justifie ta réponse.**
a. un adulte b. un jeune garçon c. un enfant d. un vieillard

3 **À quelle époque se déroulent les actions ? Relève les indices qui t'aident à répondre.**

Je relis pour mieux comprendre

4 **Où les personnages se trouvent-ils ?**

5 **Explique pourquoi certaines répliques sont écrites en italique.**

6 *Vocabulaire* « Les gosiers sont secs. » (ligne 11). **Explique le sens de cette expression.**

7 **Qui prononce ces paroles ?**
a. « Et on n'est qu'à la fin juin, qu'est-ce que ce sera en août ! » (ligne 23)
b. « Hé ! Vous deux ! Au travail ! » (ligne 26)
c. « Si tu parles tout seul, ça devient grave… » (ligne 35)
d. « Une glace au chocolat ? Impossible ! » (ligne 52)

8 **Pourquoi l'auteur ne donne-t-elle pas de glace au chocolat à Mathias ?**

9 **Choisis le résumé qui correspond à l'histoire.**

A
Mathias travaille dans un champ avec sa famille, mais il décide de se révolter contre son seigneur. Il crie vers le château, en hauteur, mais c'est un écrivain qui lui répond.

B
Mathias coupe le foin dans un champ au Moyen Âge, mais il prend du retard et est battu par un homme. Il perd connaissance et rêve qu'il voyage dans le temps.

C
Au milieu d'une histoire, un auteur de roman discute avec son personnage principal, un héros du Moyen Âge, qui veut décider lui-même de son destin.

Échangeons

11 **À votre avis, que va expliquer Mathias à François ?**
« T'occupe, c'est une histoire entre elle et moi, je t'expliquerai une autre fois. » (ligne 39)

Mon carnet de lecture

Dans ton carnet de lecture, fais la liste des émotions que tu ressentirais et des questions que tu pourrais te poser si tu étais l'auteur dans cette scène.

Je lis à voix haute

Avec un camarade, vous lirez les lignes 43 à 55 en jouant chacun un personnage. Appuyez-vous sur la ponctuation pour exprimer les émotions des personnages.

Inventer et jouer un dialogue

J. Chamblain et A. Neyret, *Les Carnets de Cerise*, tome 2, © Éditions Soleil, 2012.

Étape 1 Observons le document pour le comprendre

1 **Que fait le personnage ? Expliquez comment vous le savez.**

2 **Relevez dans les bulles les indices qui vous permettent de dire qui elle est et à qui elle parle.**

3 **Qui a commencé cette conversation ? Expliquez comment vous le savez.**

4 **À qui l'autre personne voulait-elle parler ? Justifiez votre réponse.**

5 **Choisissez parmi ces émotions celles qui conviennent le mieux à la 3e bulle :**
« Comment ? Vous êtes sûre ?... ».
la joie • la tristesse • la peur • l'étonnement • le doute • la méfiance

6 **D'après vous, quelle information le personnage a-t-il donnée entre la 2e et la 3e bulle ?**
une bonne nouvelle • un problème • une surprise • un contretemps

Étape 2 Je me prépare à prendre la parole

Tu vas inventer les paroles de la personne qui appelle la mère et jouer le dialogue avec un(e) camarade.

▸ Choisis un(e) camarade qui jouera le rôle de la mère et demande-lui d'apprendre le texte des bulles en mettant le ton qui convient.

▸ Commence par te présenter. Puis, invente l'information que tu vas annoncer à la mère et le message que tu veux faire passer à son enfant. Termine la conversation par une formule de politesse.

▸ Jouez le dialogue à deux : c'est la mère qui commence le dialogue par « Allô oui ? ».

Pensez à...

✦ attendre les réponses de votre partenaire pour continuer à parler ;
✦ mettre le ton qui convient pour les types de phrases employées.

Écrire la suite d'un dialogue

En 10 lignes

Activité 1 Comment la fillette peut-elle rassurer et aider l'épouvantail ? Écris les répliques des deux personnages.

L. Franck Baum, adapté par D. Chauvel et E. Fernandez, *Le Magicien d'Oz*, vol. 1, © Delcourt Jeunesse, 2005.

?? Je réfléchis à ce que je veux écrire

1. Rappelle-toi qui sont ces personnages, comment ils se sont rencontrés (▶ L'homme de paille, p. 26).
2. Qu'est-ce qui inquiète l'épouvantail ? Comment la fillette peut-elle le rassurer ?
3. Qu'est-ce que l'épouvantail aimerait apprendre ?
4. Comment la fillette peut-elle l'aider ?

BOITE À MOTS
d'abord • pour commencer • réussir • comprendre • facile • difficile

J'écris mon texte

- Commence ton dialogue en faisant parler la fillette : que dit-elle pour rassurer l'épouvantail et savoir ce qu'il veut apprendre ?
- Écris la réponse de l'épouvantail.
- Poursuis ton texte en donnant à nouveau la parole à la fillette pour qu'elle dise comment elle peut l'aider à apprendre.

En 10 à 15 lignes

Activité 2 Lorsque l'Ogrelet arrive à l'école, que va-t-il dire à la maitresse ? Que va-t-elle lui répondre ?

MÈRE DE L'OGRELET. – Tu seras un bon élève. Mon petit. Va vite maintenant si tu ne veux pas être en retard le jour de la rentrée.

L'Ogrelet et sa mère s'embrassent tendrement. Elle le regarde partir. L'Ogrelet revient sur ses pas.

L'OGRELET. – J'oubliais les fleurs pour la maîtresse.

MÈRE DE L'OGRELET. – Bonne journée, mon Ogrelet.

Suzanne Lebeau, *L'Ogrelet*, © Éditions Théâtrales, coll. « Jeunesse », 2003.
wwww.tjeu.fr

Je réfléchis à ce que je veux écrire

1. Rappelle-toi qui est l'Ogrelet et ce qui fait de lui un être particulier (▶ En route pour l'école, p. 28).
2. Que va-t-il dire à la maitresse en arrivant ?
3. Que va-t-elle lui répondre ? Quelles questions va-t-elle lui poser pour mieux le connaitre ?
4. Que va dire l'Ogrelet pour se présenter ?
5. Que va lui répondre la maitresse ?

BOITE À MOTS
bienvenue • nouveau • apprendre • s'habituer • se perdre • attentif

J'écris mon texte

- Commence ton dialogue par la réplique de l'Ogrelet qui offre les fleurs à la maitresse.
- Écris les questions que la maitresse va lui poser.
- Poursuis ton dialogue en donnant la parole à l'Ogrelet pour qu'il se présente.
- Termine ton dialogue en faisant parler la maitresse.

Je relis mon texte pour l'améliorer

- [x] Je vérifie la présentation de mon dialogue.
- [x] Je vérifie la ponctuation.
- [x] J'évite les répétitions.

Mon enquête de lecteur

Qui parle dans le dialogue ?

Nomme les personnages qui parlent dans chaque extrait. Fais la liste des mots qui désignent chaque personnage.

Extrait 1

– Nous sommes arrivés plus vite que prévu, expliqua maman. Puis se tournant vers moi :
– Je te présente William.
Georg me dévisagea.
– Typiquement son père ! Tu dois avoir onze ans, non ?
– Douze… répondis-je.

Éric Simard, *Le Souffle de la pierre d'Irlande,* © Magnard Jeunesse.

Extrait 2

Ça y était, les vacances étaient terminées, et plus tôt que prévu. Je me suis senti très triste. Papa s'en est rendu compte immédiatement, alors il m'a dit :
– Bon, j'allais te donner le choix entre deux possibilités, mais je crois qu'on va tout de suite passer à la seconde.
Il a regardé Tante Isa qui venait d'entrer dans le salon en lui souriant. Je ne respirais plus.
– Tu vas rester avec Isa et John…
J'ai soufflé un grand coup.
– Et après-demain, ils t'accompagneront à la gare routière de Chicago. Là, tu prendras un bus pour venir me rejoindre à Indianapolis.

Sébastien Gendron, *Sur la route d'Indianapolis,* © Magnard Jeunesse.

Extrait 3

Un matin, Franck a dit :
– Tu n'aimerais pas avoir un chien ? Je vais t'offrir un chien, c'est bien plus marrant, un chien. On ira le promener au bois, tous les deux, tu verras, tu adoreras.
– Oh oui, tu vas voir, c'est bien les chiens, a ajouté maman. J'en avais un an quand j'étais petite, il s'appelait Pit. C'était un caniche, très intelligent. Le matin, il allait jusqu'au kiosque chercher le journal de grand-père.
[…] Et le dimanche suivant, Franck m'a emmenée au chenil.
Je suis tombée en arrêt devant un petit boxer marron avec une drôle de tache sur le dos.

Véronique M. Le Normand, *J'ai perdu mon chat,* coll. « Petite Poche », © Éditions Thierry Magnier.

3 Lire des textes qui racontent

Dans ce chapitre, tu vas apprendre à :

- déterminer le rôle des personnages dans l'action ;
- repérer les déplacements des personnages ;
- identifier les émotions et les intentions des personnages ;
- repérer l'enchainement logique des actions ;
- repérer l'enchainement chronologique des actions.

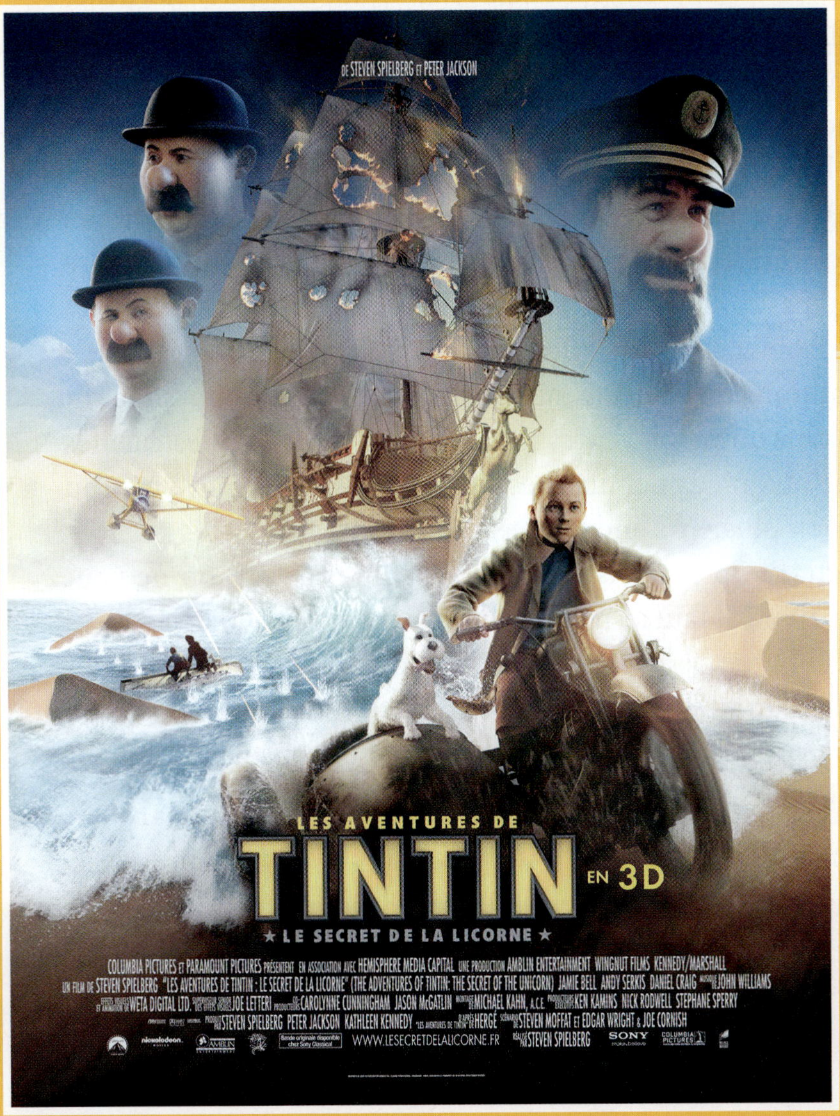

Échangeons

Observez bien les différents éléments représentés sur cette affiche. D'après vous, que va-t-il se passer dans ce film ?

La chose

Texte intégral

Je me suis réveillé, le cœur battant et les mains moites. La chose était là, sous mon lit, vivante et dangereuse. Je me suis dit : « Surtout ne bouge pas ! Il ne faut pas qu'elle sache que tu es réveillé. » Je la sentais gonfler, s'enfler et étirer l'un après l'autre ses tentacules innombrables. Elle ouvrait la gueule, maintenant, et déployait ses antennes. C'était l'heure où elle guettait sa proie. Raide, les bras collés au corps, je retenais ma respiration en pensant : « Il faut tenir cinq minutes. Dans cinq minutes, elle s'assoupira et le danger sera passé. » Je comptais les secondes dans ma tête, interminablement. À un moment, j'ai cru sentir le lit bouger. J'ai failli crier. Qu'est-ce qu'il lui prend ? Que va-t-elle faire ? Jamais elle n'est sortie de dessous le lit. J'ai senti sur ma main un léger frisson, comme une caresse très lente. Et puis plus rien. J'ai continué à compter, en m'efforçant de ne penser qu'aux nombres qui défilaient dans ma tête : cinquante et un, cinquante-deux, cinquante-trois… J'ai laissé passer bien plus de cinq minutes. Je me suis remis enfin à respirer normalement, à me détendre un petit peu. Mais mon cœur battait toujours très fort. Il résonnait partout en moi, jusque dans la paume de mes mains. Je me répétais : « N'aie plus peur. La chose a repris sa forme naturelle. Son heure est passée. »

Mais, cette nuit-là, la peur ne voulait pas me lâcher. Elle s'accrochait à moi, elle me serrait le cou. Une question, toujours la même, roulait dans ma tête : Qui est la chose ? La chose qui, chaque nuit, gonfle et s'enfle sous mon lit, et s'étire à l'affût d'une proie. Et puis reprend sa forme naturelle après quelques minutes.

J'ai compté jusqu'à dix en déplaçant lentement ma main droite vers la lampe de chevet. À dix, j'ai allumé et j'ai sauté sur le tapis, le plus loin possible. Et qu'est-ce que j'ai vu sous mon lit ? Mes pantoufles ! Mes bonnes vieilles pantoufles que je traîne aux pieds depuis près de deux ans. Elles me sont trop petites, déjà, et percées en plusieurs endroits.

J'étais vraiment déçu. Et un peu triste. Je me suis dit : « Alors, on ne peut plus avoir confiance en rien ? Il faut se méfier de tout, même des objets les plus familiers ? » J'ai regardé longtemps les pantoufles. Elles avaient l'air parfaitement inoffensives, mais je ne m'y suis pas laissé prendre. Avec beaucoup de précaution, je les ai enveloppées dans du papier journal et j'ai soigneusement ficelé le paquet. Et j'ai jeté le tout dans la chaudière.

Bernard Friot, « La chose », *Histoires pressées*, © Éditions Milan, 2007.

Ma première lecture

1 **Le narrateur et le héros sont-ils la même personne ? Justifie ta réponse à l'aide des indices du texte.**

2 **Précise où le héros se trouve et où la chose se trouve.**

3 **Relève dans le texte les indices qui te permettent de dire quand la scène se déroule.**

Je relis pour mieux comprendre

4 **Relève toutes les actions réalisées par la chose.**

5 **Relève toutes les expressions qui montrent que le narrateur a peur.**

6 **Que signifie :** « Je comptais les secondes dans ma tête, interminablement. » (lignes 7-8) **?**

7 **Quelle forme la chose a-t-elle prise :** « N'aie plus peur. La chose a repris sa forme naturelle. » (ligne 16) **? Justifie ta réponse par des éléments du texte.**

8 **Replace ces évènements dans l'ordre où ils se sont produits. Tu peux utiliser les mots de liaison : *d'abord, puis…***
Il compte jusqu'à dix. • Il enveloppe ses pantoufles. • Il se réveille. • Il allume la lumière. • Il retient sa respiration.

9 **De qui parle l'auteur dans cette phrase :** « Elle s'accrochait à moi, elle me serrait le cou. » (lignes 17-18) **?**

10 **Explique pourquoi le narrateur est *déçu* et *triste* (ligne 26).**

11 **Vocabulaire** **Cherche la définition du mot *inoffensif* :** « Elles avaient l'air parfaitement **inoffensives** » (lignes 28-29), **et remplace-le dans la phrase par un synonyme.**

12 **Pourquoi le narrateur prend-il des précautions pour envelopper ses pantoufles (lignes 29-31) ?**

Échangeons

13 **Expliquez ce qu'est un objet familier. Pourquoi le narrateur pense-t-il qu'il faut s'en méfier ?**

Ai-je bien compris le texte ?

14 **Relis les deux dernières phrases, puis explique pourquoi le narrateur agit ainsi.**

Je lis à voix haute

Lis le paragraphe des lignes 1 à 16. Mets bien en évidence les verbes qui expriment les transformations de la chose. Appuie-toi sur la ponctuation pour exprimer les émotions du personnage.

Le mystère de la statue

Nino, qui s'est cassé un bras, se rend souvent au jardin des Tuileries. Il a rencontré Hugues qui répare les statues du parc, en particulier celle de Charles Perrault.

Après l'école, maman aime bien nous aérer. Elle dit toujours ça. Nous aérer. Comme si nous étions une pièce fermée depuis longtemps, un tissu qui empeste ou un placard qui sent le moisi.

– Les enfants ! En route, on va aux Tuileries, dit-elle, il faut vous aérer !

– Je peux rentrer à la maison ?

– Non, Nino, ça te fera du bien de sortir !

Finalement, je ne me fais pas trop prier. Avec un peu de chance, Hugues, le réparateur de statues que j'ai rencontré hier, sera là. S'il n'a pas fini, je pourrai l'aider à faire quelques petites retouches.

Quand nous arrivons, le jardin est boueux. La neige a fondu. On patouille dans les allées mais on s'aère. Discrètement, je file voir Charles. Seul un trait au niveau du poignet de la fille est visible. La main en marbre est parfaitement collée mais Hugues n'est pas là. Un rapide coup d'œil vers maman : tout va bien, elle parle avec Céline, sa copine. Comme elles ont l'air en grande discussion, je vais voir Gérard. Gérard, c'est un des gardiens du jardin, je le connais depuis mes premières grenouillères. En général, il sait tout ce qui se passe ici, il voit tout, il entend tout. Peut-être sait-il quand Hugues travaille dans le jardin.

– Tu as aidé Hugues à coller la main du monument de Perrault !? dit-il, visiblement étonné.

– Oui.

Il soulève sa casquette et gratte son crâne tout chauve.

– Cette main, c'est un mystère.

– Pourquoi ?

– Eh bien, elle disparaît de temps en temps. C'est comme qui dirait une main intermittente.

– Comment ça, elle disparaît ?

– Hugues la colle, quelqu'un la vole. Hugues est sans cesse en train de réparer ce monument.

En l'écoutant, je me dis qu'enfin quelque chose d'un peu palpitant se passe dans ma vie d'estropié.

Claudine Aubrun, *Qui a volé la main de Charles Perrault ?*, coll. « Mini Syros Polar »,

Ma première lecture

1 **Relève le nom des personnages de cet extrait et associe-les à leur rôle dans l'histoire.**
le réparateur de statues • maman • l'amie de maman • le narrateur • le gardien du jardin

2 **Recherche dans quelle ville se trouve le jardin des Tuileries.**

3 **En quelle saison cette histoire se déroule-t-elle ? Justifie ta réponse.**

Je relis pour mieux comprendre

4 **Vocabulaire** « Après l'école, maman aime bien nous **aérer**. » (ligne 1)
Le verbe *aérer* est-il employé au sens propre ou au sens figuré ? Justifie ta réponse.

5 **Explique en quoi consiste le métier d'Hugues.**

6 « … je pourrai l'aider à faire **quelques petites retouches**. » (lignes 11-12)
Explique de *quelles petites retouches* il s'agit.

7 « Discrètement, je file voir **Charles**. » (ligne 14) **De qui s'agit-il ?**

8 **Vocabulaire** « … je le connais depuis mes premières **grenouillères**. » (lignes 18-19)
Cherche la définition du mot *grenouillères* puis explique ce que veut dire cette expression.

9 **Pourquoi Gérard dit-il :** « Cette main, c'est un mystère. » (ligne 26) ?
a. Parce qu'on ne sait pas comment la recoller.
b. Parce qu'elle se décolle sans cesse.
c. Parce que quelqu'un la vole.

10 **Vocabulaire** **Explique ce que veut dire *palpitant* (ligne 33).**
Tu peux t'aider d'un dictionnaire.

11 **Relève dans le texte la phrase qui explique ce qu'est *une main intermittente* (lignes 28-29).**

Échangeons

12 **D'après vous, que se passe-t-il de palpitant dans la vie de Nino ?**

Ai-je bien compris le texte ?

13 **Raconte en sept lignes ce que Nino va raconter à sa mère quand il va la retrouver.**

Je lis à voix haute

Prépare la lecture des lignes 13 à 21.
Entraine-toi pour lire de manière fluide. Mais ne lis pas trop vite et appuie toi sur la ponctuation pour bien mettre le ton.

Un géant dans la campagne

Le fermier Gilles de Ham coule des jours paisibles en compagnie de son chien. Jusqu'au jour où un géant vient semer la pagaille sur ses terres.

Un beau jour d'été, ce géant, sorti se promener, errait au hasard, non sans causer de grands dommages dans les bois. Soudain, il s'aperçut que le soleil se couchait et il sentit que le moment de son souper approchait ; mais il découvrit en même temps qu'il se trouvait dans une région du pays qu'il ne connaissait pas du tout, et qu'il s'était égaré. Se trompant sur la direction à prendre, il marcha, marcha jusqu'à ce que la nuit fût complètement tombée. Il s'assit alors pour attendre le lever de la lune. Puis il repartit et marcha bon train au clair de lune, car il était pressé de rentrer chez lui. Il avait laissé sa meilleure marmite de cuivre sur le feu, et il craignait que le fond ne fût brûlé. Mais il tournait le dos aux montagnes, et il était déjà dans les terres habitées par les hommes. Il approchait, en fait, de la ferme d'Aegidius Ahenobarbus Julius Agricola[1] et du village appelé (en langage vulgaire) Ham.

La nuit était belle. Les vaches se trouvaient dans les prés, et le chien du Fermier Gilles était sorti faire un tour de son propre chef. Il aimait bien le clair de lune et les lapins. Il n'avait aucune idée, bien sûr, qu'un géant fût aussi sorti se promener. Cette notion lui aurait fourni une bonne raison de sortir sans permission, mais une raison encore meilleure de rester tranquille dans la cuisine. Vers deux heures du matin, le géant arriva dans les champs du Fermier Gilles, défonça les haies, piétina les blés et coucha l'herbe sur pied. En cinq minutes, il eut causé plus de dommages[2] que ne l'aurait pu faire la chasse royale au renard en cinq jours.

Garm, en entendant des coups sourds qui avançaient le long de la rivière, courut au côté ouest de la colline basse sur laquelle s'élevait la ferme, juste pour observer ce qui se passait. Il vit soudain le géant traverser à grandes enjambées la rivière et marcher sur Galathée, la vache préférée du fermier, écrabouillant la pauvre bête aussi net que le fermier aurait pu écraser une simple blatte[3].

C'en fut plus qu'assez pour Garm. Il poussa un jappement de peur et fila vers la maison. Oubliant totalement qu'il était sorti sans permission, il vint aboyer et pousser des cris de détresse sous la fenêtre de la chambre à coucher de son maître. Il n'y eut aucune réponse pendant un long moment. Le Fermier Gilles n'avait pas le réveil facile.

– Au secours ! Au secours ! Au secours ! criait Garm.

J. R. R. Tolkien, *Le Fermier Gilles de Ham*, in *Faërie*, trad. Françis Ledoux,

Vocabulaire

1. Aegidius… Agricola : *nom complet du fermier Gilles.*

2. Dommages : *dégâts.*

3. Blatte : *insecte nommé aussi cafard.*

Ma première lecture

1 De quel type de texte s'agit-il ?
un documentaire • un article de journal • un extrait de conte • un énoncé

2 Retrouves-tu le prénom de chaque personnage parmi les propositions ?
a. le chien b. le fermier c. le géant d. la vache
Gilles Galathée Ham Garm

3 Relève les indices qui te permettent de savoir quand le récit se déroule.

Je relis pour mieux comprendre

4 Vocabulaire Retrouve le sens de l'expression *de son propre chef* (ligne 14).
a. Le chien tourne autour du fermier.
b. Gilles tourne autour de son patron.
c. Le chien a pris l'initiative de sortir.
d. Gilles contourne le troupeau de vaches.

5 Remets dans l'ordre chronologique les actions réalisées par le géant. Tu utiliseras les mots de liaison suivants : *d'abord*, *soudain*, *alors*, *puis*, *ensuite*, *et*.
Le géant sortit se promener. • Il s'assit pour attendre le lever de la lune. • Il s'aperçut que le soleil se couchait. • Il écrasa la vache du fermier. • Il comprit qu'il s'était égaré. • Il arriva près de la ferme.

6 Vocabulaire Cherche le radical du mot *enjambées*. Puis remplace-le par un synonyme dans la phrase : « Il vit soudain le géant traverser à grandes **enjambées**. » (lignes 24-25).
Trouve deux autres mots de la même famille.

7 Relève toutes les actions réalisées par le géant, puis celles réalisées par le chien pour réveiller le Fermier Gilles.

8 Identifie le temps des verbes relevés à la question 7, puis justifie l'emploi de ce temps.

9 Choisis le ou les adjectifs qui te permettent de caractériser le géant.
effrayant amusant distrait cruel égaré curieux pressé

10 Complète les phrases suivantes en utilisant les mots *car* ou *donc*.
a. Le géant voulait rentrer chez lui…
b. Le chien aimait bien le clair de lune et les lapins…
c. Le géant approchait la terre des hommes…

Échangeons

11 D'après vous, pourquoi Garm veut-il absolument réveiller le Fermier Gilles ?

Ai-je bien compris le texte ?

12 Résumé cette histoire en prenant le point de vue du géant. Tu raconteras ce qu'il pense en deux ou trois phrases pour chaque paragraphe.

Je lis à voix haute

Prépare la lecture des deux derniers paragraphes. Tu dois exprimer l'agitation et la peur de Garm.

Interdisciplinarité

Un volcan sous-marin en activité

Comment les requins ont-ils pu s'adapter ?

Vivre dans le cratère d'un volcan sous-marin en activité, c'est une drôle d'idée. C'est pourtant là qu'habitent plusieurs requins, près des îles Salomon (Océanie) *(voir p. 2)* ! Cette surprenante découverte a été faite par des chercheurs américains, en janvier. Ils viennent de le raconter au magazine *National Geographic*. Leur objectif, au départ, était d'étudier le volcan sous-marin Kavachi, afin d'en faire une carte. Pour cela, ils ont fait descendre une caméra à 45 m de profondeur. Ils ont filmé le volcan pendant plus de 1 heure. À leur grande surprise, les scientifiques ont vu sur les images des requins vivant à l'intérieur du cratère. 2 espèces ont été identifiées : le requin soyeux et le requin-marteau.

« Les plongeurs qui se sont approchés du cratère ont été obligés de faire demi-tour à cause de la chaleur »

La présence de ces animaux à cet endroit est un mystère. *« À cause du volcan, l'eau y est très chaude et acide,* a expliqué Brennan Philips, océanographe (spécialiste des océans) de l'expédition, au magazine *National Geographic*. *Les plongeurs qui se sont approchés du cratère ont été obligés de faire demi-tour à cause de la chaleur. Et ils ont eu de légères brûlures en raison de l'acidité de l'eau. On se demande comment les requins ont pu s'adapter à ce milieu. Et si d'autres animaux sont capables de faire la même chose. »* Pour en savoir plus, les chercheurs veulent installer un observatoire près du volcan. Objectif : étudier la façon dont les requins réagissent lorsqu'il y a des éruptions. Les scientifiques se demandent si les squales sentent qu'elles vont avoir lieu...

V. Petit

{ ET AILLEURS ? }

Froid, chaud : les animaux s'adaptent

De nombreuses espèces s'adaptent (changent) pour pouvoir vivre dans leur environnement. S'il fait très froid l'hiver, par exemple, le pelage de certains animaux devient plus épais. D'autres hibernent : ils restent dans leur terrier et s'« endorment ». Ils gardent ainsi leur énergie pour lutter contre le froid. Pour préparer l'hibernation, ils mangent beaucoup, pour faire des réserves.

Cratère (ici)
Ouverture d'un volcan, par où sort la lave.
Soyeux (ici)
Brillant comme de la soie.
Acide (ici)
Rendu dangereux à cause des substances dégagées par le volcan.

Mon Quotidien, 1er octobre 2015. « Mon Quotidien, pour les 10-14 ans : 10 minutes de lecture chaque jour, www.monquotidien.fr ».

Ma première lecture

1 **Ce texte est extrait :**
d'un magazine • d'un journal • d'un livre documentaire
Justifie ta réponse.

2 **Quelle « surprenante découverte » ce texte raconte-t-il ?**

3 **Situe sur une carte la région dans laquelle cette découverte a été faite.**

4 **Renseigne-toi pour savoir où les requins vivent habituellement.**

Je relis pour mieux comprendre

5 **Relève dans le texte tous les renseignements donnés sur le volcan.**

6 **Pourquoi les scientifiques ont-ils décidé d'étudier ce volcan ?**
a. pour mesurer sa taille
b. pour surveiller son activité
c. pour faire une carte des fonds marins

7 **Pourquoi est-il étonnant de trouver des animaux à l'intérieur de ce cratère ?**

8 **Vocabulaire** « Brenann Phillips, **océanographe** » **Que signifie ce mot ?**
Connais-tu d'autres mots formés avec le même suffixe ? Lesquels ?

9 **Retrouve d'autres exemples d'adaptation au milieu chez les animaux.**
Donne le titre du paragraphe où tu as trouvé ces renseignements.

10 **Vrai ou faux ? Justifie ta réponse.**
L'homme peut plonger sans danger près de ce volcan.

11 **Vocabulaire** **Retrouve dans le texte un autre mot pour désigner** ***les requins*****.**

12 **Replace dans l'ordre chronologique les étapes de cette découverte.**
les chercheurs veulent installer un observatoire • les chercheurs veulent étudier le volcan • ils font descendre une caméra • ils découvrent les requins

Échangeons

13 **D'après vous, pourquoi cette découverte est-elle surprenante ?**

Ai-je bien compris le texte ?

14 **Écris un texte de sept lignes dans lequel tu expliqueras pourquoi les scientifiques ont été surpris par cette découverte et ce qu'elle démontre.**

Je lis à voix haute

Entraine-toi à lire de manière fluide le premier paragraphe. Repère les mots difficiles. Prononce ce texte à la manière d'un présentateur de journal télévisé.

5 Tous en scène !

Pour la fête de l'école, madame Lecca a décidé de faire jouer une pièce de théâtre à ses élèves.

– Moi qui croyais que vous seriez contents de refaire du théâtre !

– Mais oui, madame, l'a rassurée poliment Charlie. Seulement, ça m'arrangerait vraiment si on jouait *Le Retour de Godzitor*, il me reste tellement de papier alu !

– Oublie ça ! a répondu sèchement la maîtresse. Oublie les *aliens* et autres monstres. Nous sommes en classe, pas devant la télévision ! Je ne veux pas critiquer le travail de mes collègues, mais vous êtes à l'école pour apprendre. Nous montons la légende d'Œdipe !

– Œdipe ?

Je n'en avais jamais entendu parler. Mlle Ravier (notre maîtresse de CM1 que Mme Lecca ne voulait pas critiquer) n'avait jamais prononcé ce nom-là devant nous, j'en suis sûr.

– Œdipe ?

La maîtresse nous a raconté son histoire.

Tout se passait dans l'ancien temps, chez les Grecs.

Je ne sais pas s'il y a un rapport mais c'était d'un embrouillé ! Un roi et une reine avaient un fils. Ils allaient voir l'Oracle, un genre de magicien qui prédit l'avenir. Le magicien leur dit qu'ils auraient plein d'ennuis avec cet enfant-là. Attention, pas des petits ennuis de rien comme mes parents, des gros, des atroces, des catastrophiques. L'Oracle annonça au roi qu'un jour son fils le tuerait ! L'Oracle promettait même que l'enfant épouserait sa propre mère, la reine !

– N'importe quoi ! a dit Baptiste.

Les autres n'ont rien dit, il n'y en avait déjà plus beaucoup qui écoutaient.

Puis Mme Lecca nous a expliqué que le roi, mort de peur d'être assassiné par son propre enfant (c'est vrai que c'est moche), lui ligota les pieds et demanda à un berger de le livrer aux bêtes féroces sur une colline derrière chez lui. Ils ne rigolaient pas, les Grecs, avec la magie.

Coup de chance, comme dans *Blanche-Neige*, un autre berger sauva l'enfant au dernier moment mais il ne le donna pas aux sept nains, il le confia à un autre roi. Il faut dire qu'à cette époque-là, il y avait des rois et des bergers partout.

Le deuxième roi était gentil comme tout. Il appela l'enfant Œdipe (ça nous a fait rigoler, elle prononçait eudipe, eu comme un œuf, quoi !). Œdipe, en grec, ça voulait dire « pieds enflés », d'accord c'était à cause des pieds attachés du petit, mais quand même c'était laid comme prénom. Moi, je préfère le mien, je m'appelle Ludovic, Ludovic Charpentier.

– On ne pourrait pas le changer de nom ? ai-je demandé. Œdipe, c'est affreux !

– Pourquoi pas Léon, comme mon chat ? a dit Nadia.

Mme Lecca a refusé toutes nos propositions. Elle s'énervait. elle ouvrait et fermait son livre souvent. Elle a repris en regardant fixement par la fenêtre comme si elle parlait aux arbres de la cour.

– Faites un effort, c'est très simple... a-t-elle dit aux marronniers. Devenu adulte, Œdipe va lui aussi consulter l'Oracle...

– Le magicien ? Encore ? s'est inquiétée Nadia.

La maîtresse exagérait. Maintenant, même ceux qui écoutaient n'y comprenaient plus rien. Ce n'est pas pour dire, mais *Godzitor et les mutants*, c'était plus simple.

– L'Oracle prévint Œdipe qu'un jour il tuerait son père et épouserait sa mère.

– N'importe quoi ! a encore dit Baptiste. Il l'a cru ?

– Oui, et il a préféré s'enfuir, a ajouté Mme Lecca. Voulez-vous faire une petite pause ?

Nous, on voulait bien.

– Alors révisez vos verbes du troisième groupe... Les verbes en oir...

Sophie Dieuaide, *Œdipe schlack ! schlack !*, © Casterman, 2010.

Ma première lecture

1 **Le narrateur est-il un personnage de l'histoire ? Justifie ta réponse.**

2 **Associe les personnages au lieu ou à l'univers dans lequel ils se trouvent.**

Une salle de classe — La Grèce — L'espace

le roi • le berger • Mme Lecca • Ludovic • l'Oracle • Nadia • Godzitor • Œdipe

3 **Indique le titre du livre duquel ce texte est extrait.**

Œdipe schlack ! Schlack ! — *La légende d'Œdipe* — *Blanche-Neige* — *Godzitor et les mutants*

Je relis pour mieux comprendre

4 **Vocabulaire** **Cherche le sens du verbe *monter* et choisis celui qui convient dans cette phrase :** « Nous **montons** la légende d'Œdipe ! » (ligne 7)

5 **Pourquoi le narrateur compare-t-il l'histoire d'Œdipe à celle de Blanche-Neige (ligne 27) ?**

6 **Replace dans l'ordre chronologique les évènements suivants. Tu ajouteras des mots de liaison.**

Un berger va abandonner Œdipe sur la colline. • Le roi et la reine vont voir l'Oracle qui leur prédit de gros ennuis avec leur fils. • Œdipe s'enfuit. • Un autre berger sauve Œdipe et le confie à un autre roi. • Œdipe va consulter l'Oracle. • Le roi décide de livrer Œdipe aux bêtes sauvages.

7 **Relève les actions réalisées par Mme Lecca lorsqu'elle est énervée.**

8 **À la ligne 36, Mme Lecca parle-t-elle vraiment aux marronniers ? Justifie ta réponse.**

9 **Complète les phrases suivantes :**

a. Le roi abandonne son fils **car**…

b. L'enfant est appelé Œdipe **parce que**…

c. L'Oracle a prévenu Œdipe **donc**…

10 **Vocabulaire** **Lignes 15 à 26, relève trois mots ou expressions appartenant au registre familier. Remplace-les par des synonymes appartenant à un registre courant, puis soutenu.**

Échangeons

11 **Vrai ou faux ? Justifiez votre réponse.**

Cette histoire se passe dans une école en Grèce. Mme Lecca propose à Œdipe de faire du théâtre, car son histoire est extraordinaire.

Ai-je bien compris le texte ?

12 **Que penses-tu de Ludovic Carpentier et de ses camarades ? Connais-tu d'autres histoires dans lesquelles le héros est un écolier ? Écris le nom de ces personnages et le titre des livres dans lesquels tu les as rencontrés ?**

Je lis à voix haute

Prépare la lecture des lignes 35 à 56
Ta lecture doit être expressive pour permettre de comprendre les émotions de chacun des personnages.

Raconter une histoire à partir d'une photographie

Photographie extraite du film américain *La Mort aux trousses*, réalisé par Alfred Hitchcock en 1959.

Étape 1 Observons le document pour le comprendre

1 **Cette photo est tirée d'un film d'Alfred Hitchcock. Cherchez des informations sur ce cinéaste.**

2 **Décrivez le personnage de la photographie.**

3 **Observez le visage du personnage et choisissez des adjectifs pour qualifier son expression.**
inquiet • détendu • affolé • concentré • apeuré • surpris • soucieux • insouciant

4 **Pourquoi, selon vous, le personnage court-il ? Où se trouve-t-il ? D'où vient-il ?**

5 **D'après vous, que va-t-il arriver au personnage ?**

Étape 2 Je me prépare à prendre la parole

- **Raconte à la classe l'histoire que tu as imaginée.**
- **Commence par :** *C'est l'histoire de...* **ou** *Un jour...*
- **Donne un prénom et un nom à ton personnage.**
- **Raconte l'histoire de façon chronologique : avant la scène observée sur la photographie, pendant, après.**
- **Enchaine les actions en utilisant des connecteurs :** *ensuite*, *alors*, *mais*, *après*, *plus tard*...

Pense à...

- parler lentement en articulant ;
- faire des pauses ;
- regarder ton public.

Écrire un récit palpitant

En 10 à 15 lignes

Activité 1

Qui peut bien vouloir voler la main de la statue ? Raconte comment Nino va mener son enquête.

– Cette main, c'est un mystère.
– Pourquoi ?
– Eh bien, elle disparaît de temps en temps. C'est comme qui dirait une main intermittente.
– Comment ça, elle disparaît ?
– Hugues la colle, quelqu'un la vole. Hugues est sans cesse en train de réparer ce monument.
En l'écoutant, je me dis qu'enfin quelque chose d'un peu palpitant se passe dans ma vie d'estropié.

Claudine Aubrun, *Qui a volé la main de Charles Perrault ?*, Mini Syros Polar,

Je réfléchis à ce que je veux écrire

(▶ Le mystère de la statue, p. 44)

1. Où Nino va-t-il s'installer pour observer la statue et mener l'enquête ?
2. Qui vient voler la main de la statue ?
3. Comment Nino réagit-il ? Que ressent-il quand il voit le voleur arriver ?
4. Comment l'aventure se termine-t-elle ?

BOITE À MOTS
se dissimuler • surgir • bondir • se sauver • poursuivre • hurler • crier

J'écris mon texte

- Commence par écrire trois phrases qui indiquent comment Nino va faire pour observer la statue en cachette et mener l'enquête.
- Rédige une phrase qui raconte l'arrivée du voleur.
- Poursuis ton texte en précisant ce que ressent Nino quand il voit le voleur arriver.
- Raconte en trois phrases ce que fait le voleur.
- Termine en racontant comment Nino va réagir et ce qu'il va faire.

En 10 à 15 lignes

Activité 2 Comment vivre de grands moments avec son grand-père ? Raconte une aventure d'Oscar et de son grand-père.

« Tu vas vivre de grands moments avec ton papy ! » m'a dit papa.
Et maman a cru utile d'ajouter : « Un monsieur formidable, surprenant… »
Elle a cherché un moment avant d'ajouter : « Très farfelu. »
Et voilà : avec des « grands moments », des « formidable », des « farfelu », je devais accepter d'aller passer deux semaines des vacances d'été avec Marcel Miluche sans broncher ! Et puis d'abord, pardon, mais s'il est si génial que ça, ce grand-père, pourquoi on ne l'a presque jamais vu avant ?

Alexandre Chardin, *Des vacances d'Apache*, © Magnard Jeunesse.

Je réfléchis à ce que je veux écrire

1. Cherche ce que signifie le mot *farfelu* dans ton dictionnaire.
2. Choisis une situation de départ : ils se perdent en forêt / ils tombent en panne de voiture / ils n'ont plus de lumière dans la maison
3. Imagine trois actions farfelues du grand-père pour résoudre le problème.
4. Comment Oscar réagit-il ? Comment aide-t-il son grand-père ?
5. Que ressent Oscar à la fin de l'aventure ?

J'écris mon texte

BOITE À MOTS
d'abord • ensuite • enfin • alors • inventif • inconscient • construire • inventer

- Commence par une phrase qui présente la situation de départ dans laquelle Oscar et son grand-père se trouvent.
- Précise ce qui vient perturber Oscar et son grand-père.
- Raconte dans un paragraphe la solution farfelue trouvée par le grand-père pour résoudre le problème.
- Ajoute un paragraphe pour dire comment Oscar va l'aider.
- Termine ton texte en rédigeant deux phrases dans lesquelles Oscar dit ce qu'il ressent.

Je relis mon texte pour l'améliorer

- [x] Je vérifie l'accord du verbe avec le sujet.
- [x] Je vérifie que j'ai bien utilisé des mots de liaison.

Mon enquête de lecteur

Comment repérer un retour en arrière ?

Relève les indices qui te permettent de repérer, dans chaque extrait, à quel moment il y a un retour en arrière.

Extrait 1

Aujourd'hui, c'est mercredi, mon jour préféré. Pas d'école et… pas de parents ! Ils travaillent, les pauvres… C'est donc encore plus la liberté que pendant le week-end.

Hier soir, j'ai raconté à papa et maman ce que le type de la cantine avait dit à Sidonie mais j'ai bien vu qu'ils ne m'avaient pas cru.

Ludovic Rosmorduc, *Ma dernière chance*,
© Magnard Jeunesse.

Extrait 2

Franval, on le surnommait le Sorcier. Ses collègues disaient qu'il lui suffisait de regarder un ordinateur en panne pour qu'il se remette en marche. Aussi l'appelait-on dans les cas les plus dramatiques, quand les réparateurs normaux avaient abandonné la partie.

La veille encore, Franval avait réussi un exploit. L'écran s'était allumé… Toutes ces colonnes de chiffres lui avaient paru bizarres.

Irina Drozd, *Un tueur à ma porte*,
© Bayard Poche.

Extrait 3

Grenouille avala sa salive tandis que lui revenaient des images des derniers jours. Elle était demeurée près du vieil homme malade, abattu comme un chêne par la tempête. Elle avait rafraîchi son front brûlant de fièvre, lui avait porté soupes et infusions de plantes, avait agité la courge creuse remplie de petits cailloux pour chasser les mauvais esprits.

Anne Rossi, *La Grande Rivière*,
© Magnard jeunesse.

Extrait 4

Papa n'a rien dit jusqu'à ce qu'on soit rentrés à l'appartement. Là, il m'a fait asseoir dans le canapé et il m'a regardé pendant de longues secondes. M. Lestrades, le directeur du collège, n'avait pas mâché ses mots quand il lui avait expliqué ce qui s'était passé à la cantine. Mon père l'avait écouté en baissant les yeux.

Sébastien Gendron, *Sur la route d'Indianapolis*,
© Magnard Jeunesse.

4 Lire des textes qui décrivent

➤ Dans ce chapitre, tu vas apprendre à :

- repérer les caractéristiques et l'organisation des textes descriptifs ;
- identifier des descriptions de personnages et de lieux ;
- repérer les mots qui apportent des précisions : adjectifs, comparaisons.

Le Kilimandjaro, montagne située dans le Nord-Est de la Tanzanie (Afrique).

Échangeons

Observez cette photographie. Décrivez-la en commençant par le premier plan. Puis, poursuivez en évoquant le second plan et enfin l'arrière-plan.

Là-haut

Sapins ou peupliers, cerisiers, pommiers, bouleaux, chênes... Quand je découvre un nouveau jardin ou un square, j'observe les arbres comme s'ils étaient des chevaux sauvages à dompter. Et plus ils ont l'air « imprenables », plus ils sembleraient dangereux aux yeux des parents, plus le désir d'en atteindre la cime est fort. Il y a toujours un moyen.

Je ne suis pas très grand. Mince, je peux me glisser entre des rameaux serrés ; léger, je peux monter sur des branches frêles ; nerveux, je sais me hisser à la force des bras quand il n'y a pas d'appui pour mes pieds.

Une fois là-haut, je ferme les yeux et j'écoute le vent, le craquement des branches, les grincements du tronc, le bruissement des feuilles. J'imagine que je suis perché en haut du mât d'un navire qui, voiles gonflées, sillonne fièrement les mers du Sud.

Le seul arbre de la cour de l'école élémentaire Saint-Exupéry est un vieux cèdre du Liban blessé par la foudre qui donne l'impression d'avoir du mal à lever ses grands bras. L'un d'eux repose au sol, poli par les milliers de fesses d'enfants qui se sont assises dessus.

Par la fenêtre de ma classe de CE2 A, je l'ai beaucoup regardé. Je l'ai même dessiné précisément et, le soir dans mon lit, à la lumière de ma lampe de poche, j'ai répété dans ma tête les mouvements qu'il faudra que je fasse pour monter tout en haut et dominer enfin la cour et l'école.

Je me sens excité. Il fait presque tout à fait jour maintenant. Je regarde le panneau que le gardien a cloué à la base du tronc, avec ses grosses lettres rouges.

INTERDICTION FORMELLE DE GRIMPER

On croirait que c'est mon père qui l'a écrit ! Je monte sur la grosse branche qui touche le sol, la première marche.

Je lève les yeux. L'arbre est large et beau. Il monte si haut dans le ciel...

Mikaël Ollivier, *Sur un arbre perché*,

Ma première lecture

1 **Le narrateur est-il un personnage de l'histoire ? Que sait-on de lui ? Justifie ta réponse.**

2 **Où le personnage se trouve-t-il ?**
dans un square • dans une classe • dans une forêt • dans une chambre • dans une cour d'école

3 **À quel moment de la journée la scène se déroule-t-elle ? Justifie ta réponse.**

Je relis pour mieux comprendre

4 **Quelle est la passion du narrateur ?**
a. Dresser des chevaux sauvages.
b. S'exposer au danger.
c. Observer les arbres.
d. Grimper aux arbres.

5 *Vocabulaire* **Relève dans le texte les mots qui évoquent l'univers des arbres.**

6 **Relève dans les lignes 1 à 8 les adjectifs qui caractérisent les arbres. À quoi ces arbres sont-ils comparés ?**

7 *Vocabulaire* **Relève dans le texte les noms qui expriment le bruit du vent dans l'arbre. Explique comment ces noms sont formés.**

8 **Que décrit le narrateur lignes 6 à 8 ? Et lignes 12 à 17 ?**

9 **Explique pourquoi le narrateur se sent *excité* (ligne 26).**

10 **Pourquoi le narrateur nomme-t-il cette branche ainsi :**
« Je monte sur la grosse branche qui touche le sol, **la première marche.** » (lignes 33-34) ?

Échangeons

11 **Trouve des adjectifs qui caractérisent le mieux le narrateur. Justifie ta réponse.**

Ai-je bien compris le texte ?

12 **Dans un paragraphe de sept lignes, explique le projet du narrateur.**

Je lis à voix haute

Prépare la lecture des lignes 18 à 36. Respecte la ponctuation et utilise une intonation particulière pour mettre la phrase en majuscules en valeur.

Le soldat et la danseuse

Il y avait une fois vingt-cinq soldats de plomb, tous frères, car ils étaient nés d'une vieille cuiller de plomb. L'arme au bras, l'œil fixe, l'uniforme rouge et bleu, quelle fière mine ils avaient tous ! La première chose qu'ils entendirent en ce monde, quand fut enlevé le couvercle de la boîte qui les renfermait, ce fut ce cri : « Des soldats de plomb ! » que poussait un petit garçon en battant des mains. On les lui avait donnés en cadeau pour sa fête, et il s'amusait à les ranger sur la table. Tous les soldats se ressemblaient parfaitement, à l'exception d'un seul, qui n'avait qu'une jambe : on l'avait jeté dans le moule le dernier, et il ne restait pas assez de plomb. Cependant il se tenait aussi ferme sur cette jambe que les autres sur deux, et c'est lui précisément qu'il nous importe de connaître.

Sur la table où étaient rangés nos soldats, il se trouvait beaucoup d'autres joujoux ; mais ce qu'il y avait de plus curieux, c'était un charmant château de papier. À travers les petites fenêtres, on pouvait voir jusque dans les salons. Au dehors se dressaient de petits arbres autour d'un petit miroir imitant un petit lac ; des cygnes en cire y nageaient et s'y reflétaient. Tout cela était bien gentil ; mais ce qu'il y avait de bien plus gentil encore, c'était une petite demoiselle debout à la porte ouverte du château. Elle aussi était de papier ; mais elle portait un jupon de linon[1] transparent et très léger, et au-dessus de l'épaule, en guise d'écharpe, un petit ruban bleu, étroit, au milieu duquel étincelait une paillette aussi grande que sa figure. La petite demoiselle tenait ses deux bras étendus, car c'était une danseuse, et elle levait une jambe si haut dans l'air, que le petit soldat de plomb ne put la découvrir, et s'imagina que la demoiselle n'avait comme lui qu'une jambe.

« Voilà une femme qui me conviendrait, pensa-t-il, mais elle est trop grande dame. Elle habite un château, moi une boîte, en compagnie de vingt-quatre camarades, et je n'y trouverais pas même une place pour elle. Cependant il faut que je fasse sa connaissance. » Et, ce disant, il s'étendit derrière une tabatière[2]. Là, il pouvait à son aise regarder l'élégante petite dame, qui toujours se tenait sur une jambe, sans perdre l'équilibre.

Le soir, tous les autres soldats furent remis dans leur boîte, et les gens de la maison allèrent se coucher. Aussitôt les joujoux commencèrent à s'amuser tout seuls : d'abord ils jouèrent à colin-maillard, puis ils se firent la guerre, enfin ils donnèrent un bal.

Hans Christian Andersen, *L'Intrépide Soldat de plomb,* trad. David Soldi, 1876.

Vocabulaire

1. Linon : *toile fine de lin et de coton.*

2. Tabatière : *petite boite où l'on range le tabac.*

Ma première lecture

1 De quel genre de texte s'agit-il ? Justifie ta réponse.
a. un roman b. un journal c. un conte d. un poème

2 Relève dans le texte les mots qui désignent le soldat particulier et la danseuse.

3 Relève dans le texte les différents indices qui te permettent de dire où et à quel moment cette scène se déroule.

Je relis pour mieux comprendre

4 Complète ces phrases.
a. Le petit soldat n'a qu'une jambe car…
b. Le soldat pense que la danseuse lui conviendrait parce que…
c. Les soldats sont tous frères car…
d. Le petit garçon poussa un cri parce que…

5 Relève les phrases qui décrivent les soldats de plomb (lignes 1 à 13).

6 Liste ce que l'on peut voir autour du château, à l'intérieur et devant.

7 Quels éléments le narrateur décrit-il pour nous faire imaginer la danseuse (lignes 19 à 26) ?

8 Relis le deuxième paragraphe (lignes 14 à 26). Identifie chaque élément décrit, ainsi que les précisions données sur les tailles et les matières.

9 Vocabulaire Cherche dans le dictionnaire le sens du mot *gentil* qui convient ici :
« Tout cela était bien gentil.» (ligne 18). **Propose un synonyme de ce mot.**

10 Relève les verbes du deuxième paragraphe : à quels temps sont-ils conjugués ? Justifie l'emploi de ces temps.

11 Relève les verbes lignes 33 à 36, puis justifie l'emploi du passé simple.

12 Explique le rôle des deux premiers paragraphes dans ce récit. Quels titres pourrait-on leur donner ?

Échangeons

13 Selon vous, quels sont les éléments du texte qui appartiennent au merveilleux ?

Ai-je bien compris le texte ?

14 « Sur la table où étaient rangés nos soldats, il se trouvait beaucoup d'autres joujoux » (lignes 14-15).
Rédige en huit lignes la description des autres jouets qui se trouvent sur la table.

Je lis à voix haute

Prépare la lecture des lignes 23 à 32. Mets en relief les paroles du soldat pour faire comprendre ce qu'il pense et ressent.

Des félins

Panthère des neiges

Vocabulaire

1. Rosettes : *ornements en forme de petite rose.*

La robe de la panthère des neiges, aussi appelée once, est couleur gris argent, avec des taches sombres ou des rosettes[1], ce qui lui permet de passer inaperçue dans la neige des montagnes, son habitat naturel. Grâce à ce pelage épais, elle peut résister aux grands froids.

Elle se nourrit de moutons, de cerfs et de petits animaux, comme des oiseaux et des lièvres.

La panthère des neiges a des pattes plates et larges, qui l'empêchent de s'enfoncer dans la neige lorsqu'elle part à la recherche d'une proie. Sa longue queue épaisse lui permet de garder son équilibre lorsqu'elle saute de rocher en rocher, en terrain pierreux.

Pumas

Le puma fait partie, avec le lion d'Afrique, des félins sans taches ni rayures. La couleur de sa robe varie selon son habitat américain, qui s'étend des régions très froides du nord aux zones brûlantes du sud. Il vit dans les forêts tropicales, les bois de pins, les marécages et les plaines herbeuses, depuis le niveau de la mer jusqu'aux très hauts sommets : plus de 4 000 m. Le puma chasse une grande variété de grosses proies (cerfs, chevaux, etc.) ou des petits animaux comme les lièvres et les porcs-épics.

Le puma est aussi appelé lion de montagne ou couguar en Amérique du Nord. Son corps est long (près de 2 m étiré) et très puissant ; ses pattes sont courtes. Il fait facilement des bonds de 9 m de long et grimpe aux arbres jusqu'à près de 5 m de haut, d'où il saute en retombant droit sur ses pattes. Sa longue queue lui sert de balancier quand il poursuit une proie.

Le puma adulte a un pelage uni, mais les petits naissent avec des taches, qui s'effacent à mesure qu'ils grandissent. Dans les régions chaudes, il a une robe jaune ou rousse. Dans les régions froides du Nord, la robe est généralement grise.

Robert Coupe, *Félins*, trad. Marine Bellanger, Discovery Education, © Éditions Gallimard Jeunesse, 2011.

Ma première lecture

1 De quel type d'ouvrage ces textes sont-ils extraits ?
a. un journal b. un livre de contes c. un documentaire d. un roman

2 Quelle est la fonction de ces textes ?
a. Décrire les robes des félins.
b. Raconter des histoires.
c. Informer sur la vie des félins.
d. Décrire les félins.

3 À quel temps ces textes sont-ils rédigés ? Justifie l'emploi de ce temps.

Je relis pour mieux comprendre

Panthère des neiges

4 Vocabulaire Cherche dans le dictionnaire le sens du mot *robe* (ligne 1) qui convient dans ce texte.

5 Explique en quoi la robe de la panthère des neiges est un avantage pour l'animal.

6 Relève, en les classant, les adjectifs qui servent à décrire l'anatomie de la panthère des neiges.

7 Trouve un titre à chacune des trois parties du texte.
lignes 1 à 7 lignes 8 à 9 lignes 10 à 13

Pumas

8 Parmi ces dénominations, choisis celles qui conviennent au puma.
lion d'Afrique • félin • lion de montagne • panthère • couguar • once

9 Sur une carte du monde, situe l'habitat des pumas.

10 Cherche où sont décrits dans le texte :
a. la robe du puma
b. la forme de son corps
c. son alimentation
d. les lieux où il vit

11 Relève dans le texte les mots désignant des milieux naturels.

12 À quoi l'auteur compare-t-il la queue du puma ? Explique cette comparaison.

Échangeons

13 Expliquez ce qui différencie ces deux textes d'un récit littéraire.

Ai-je bien compris le texte ?

14 Rédige une fiche documentaire sur chacun de ces animaux (nom, habitat, apparence, alimentation…).

Je lis à voix haute

Prépare la lecture des lignes 23 à 30. Marque des pauses et change l'intonation pour lire les différentes informations.

Concert au champ

Regardez les branches,
Comme elles sont blanches.
Il neige des fleurs.
Riant dans la pluie,
Le soleil essuie
Les saules en pleurs,
Et le ciel reflète
Dans la violette
Ses pures couleurs.
La mouche ouvre l'aile,
Et la demoiselle[1]
Aux prunelles d'or,
Au corset de guêpe,
Dépliant son crêpe,
A repris l'essor[2].
L'eau gaîment babille,
Le goujon frétille :
Un printemps encore.

Théophile Gautier, *Poésies,* 1830.

Vocabulaire

1. Demoiselle : *variété de petite libellule bleue.*

2. Essor : *envol.*

3. Les ramiers : *les pigeons.*

La plaine, les vallons plus loin…

La plaine, les vallons plus loin,
Les bois, les fleurs des champs,
Les chemins, les villages,
Les blés, les betteraves,
Le chant du merle et du coucou,
L'air chaud, les herbes, les tracteurs,
Les ramiers[3] sur un bois,
Les perdrix, la luzerne,
L'allée des arbres sur la route,
La charrette immobile,
L'horizon, tout cela
Comme au creux de la main.

Guillevic, *Avec,* © Éditions Gallimard.

Ma première lecture

1 De quel genre de textes s'agit-il ? Justifie ta réponse.

2 Quels sont les auteurs de chacun des textes ? Cherche leurs dates de naissance et de décès.

3 Relève dans chaque texte les indices qui te permettent de situer où et quand chaque scène se déroule.

Je relis pour mieux comprendre

Concert aux champs

4 **Vocabulaire** Quel est le sens des mots *demoiselle* et *prunelle* qui convient ici : « Et la demoiselle / Aux prunelles d'or » (vers 11 et 12) ? Aide-toi d'un dictionnaire au besoin.

5 Le crêpe est un tissu très léger. Que représente-t-il ?

a. la jupe de la demoiselle
b. les ailes de la demoiselle
c. un filet à papillons
d. les pattes de la demoiselle

6 **Vocabulaire** Les trois expressions « Il neige des fleurs » (vers 3) ; « Les saules en pleurs » (vers 6) ; « Au corset de guêpe » (vers 13) sont-elles utilisées au sens propre ? Explique leur utilisation.

7 Justifie le choix du titre par le poète.

La plaine, les vallons plus loin...

8 Ce poème pourrait être comparé à :
une liste • une recette • une règle du jeu
Justifie ta proposition.

9 Dans les deux poèmes, relève les éléments cités et classe-les en trois catégories :
animaux — végétaux — autres éléments

10 Pourquoi ces poèmes sont-ils réunis ici ?

Échangeons

11 Quel poème préférez-vous ? Argumentez précisément votre choix.

Ai-je bien compris le texte ?

12 Ajoutez quatre vers au poème La plaine, les vallons plus loin... de Guillevic.

Je lis à voix haute

Prépare la lecture du poème de Guillevic. Marque bien la ponctuation pour mettre en valeur l'accumulation d'éléments. Mets le ton pour permettre à l'auditeur d'imaginer le paysage.

Crépuscule

Sara a été envoyée en Angleterre par son père pour faire des études. Lorsqu'il meurt, Sara est obligée de devenir servante.

Vocabulaire

1. Vasistas : fenêtre de toit.

Il y avait parfois de bien jolis couchers de soleil sur le square. On en apercevait des morceaux au-dessus des toits, entre les cheminées. Des fenêtres de la cuisine, on ne voyait rien du tout, on devinait seulement leur existence à la couleur chaude des briques et aux teintes jaunes ou roses que l'air prenait pendant quelques instants, ou encore parce qu'on voyait une vitre isolée flamboyer quelque part. Mais il y avait un endroit où l'on pouvait admirer dans toute leur splendeur les nuées d'or et de pourpre amoncelées au couchant, les gros nuages violets ourlés de lumière éblouissante, ou les petits nuages vermeils et floconneux qui, lorsqu'il y avait du vent, passaient très vite dans le ciel bleu comme un vol de pigeons roses. L'endroit d'où l'on pouvait voir tout cela et respirer un air qui paraissait plus pur était, bien entendu, la fenêtre du grenier. Lorsque la place se mettait soudain à briller d'un éclat féérique et devenait merveilleusement belle malgré les grilles de fer et les arbres noircis, Sara savait que quelque chose se passait dans le ciel. Et dès qu'elle pouvait quitter la cuisine sans qu'on s'en aperçoive ou qu'on risque de la rappeler, elle ne manquait pas de courir au grenier. Là, elle grimpait sur la vieille table et sortait, autant qu'elle le pouvait, la tête et les épaules par l'ouverture du vasistas[1]. Elle respirait alors profondément et regardait aux alentours.

2. Firmament : ciel.

3. Mansardes : pièces sous les toits.

4. Chrysoprase : pierre précieuse vert pomme.

Elle avait l'impression que le monde et le firmament[2] lui appartenaient car il n'y avait jamais personne aux vasistas des autres mansardes[3], qui restaient généralement fermés. Mais même lorsqu'ils étaient ouverts pour laisser entrer l'air, nul ne semblait s'en approcher. Et Sara restait là, debout, levant parfois la tête vers le ciel bleu qui semblait si bienveillant et si proche comme une prodigieuse coupole. Ou alors elle regardait du côté de l'occident où se déroulaient toutes sortes de choses merveilleuses : les nuages se défaisaient, partaient à la dérive ou attendaient sagement de devenir roses, cramoisis, blanc neige, violets ou gris tourterelle. Parfois ils formaient des îles ou de hautes montagnes qui entouraient des lacs d'un bleu turquoise intense, vert chrysoprase[4], ou couleur d'ambre liquide. De sombres promontoires surplombaient d'étranges mers perdues, et des isthmes fabuleux reliaient des contrées fabuleuses. Il y avait des endroits sur lesquels on aurait cru pouvoir courir, grimper ou se tenir debout en attendant ce qui allait se passer ensuite – et peut-être se laisser flotter vers le large quand tout se serait dissous. Du moins c'était l'impression qu'avait Sara, et rien ne lui avait jamais paru aussi superbe que ce qu'elle voyait là, debout sur la table, le corps à moitié passé dans l'ouverture du vasistas. Sur les ardoises, les moineaux pépiaient avec une voix particulière – elle avait remarqué qu'ils chantaient toujours avec une sorte de douceur contenue quand ces merveilles se produisaient.

Frances Hodgson Burnett, *La Petite Princesse*, trad. Paulette Vielhomme-Callais,

Ma première lecture

1 **Que sait-on de Sara ? Recopie la phrase du texte qui te donne des indications sur ses activités.**

2 **Où cette scène se déroule-t-elle ? Justifie ta réponse.**
dans un square • à la campagne • à la ville • dans une maison

3 **À quel moment la scène se déroule-t-elle ? Justifie ta réponse.**

Je relis pour mieux comprendre

4 **Que se passait-il dans le ciel ?**
« Sara savait que quelque chose se passait dans le ciel. » (lignes 17-18)

a. Le vent se levait.
b. Le soleil se couchait.
c. Le soleil se levait.
d. Les nuages se regroupaient.

5 **Indique le temps des verbes conjugués de ce texte. Justifie l'emploi de ce temps.**

6 **Vocabulaire** **Lignes 1 à 24, relève les mots appartenant au champ lexical de la lumière.**

7 **Que sont le *couchant* (ligne 9) et l'*occident* (ligne 30) ?**

8 **Lignes 30 à 44, relève le champ lexical de la géographie.**

9 **Pourquoi Sara respire-t-elle profondément aux lignes 23-24 ?**

10 **Relève dans le texte les comparaisons introduites par *comme*. D'après toi, pourquoi l'auteur utilise-t-il des comparaisons ?**

11 **Vocabulaire** **Lignes 1 à 24, relève les verbes synonymes de *voir*.**

12 **Relève les nuances de couleurs citées dans ce texte, puis classe-les par couleurs.**

Échangeons

13 **D'après vous, pourquoi cet instant est-il important pour Sara ?**

Mon carnet de lecture

Dans ton carnet de lecture, dessine le ciel d'occident décrit dans le texte.
Tu noteras les sentiments que tu éprouves à la vue de ce ciel.

Je lis à voix haute

**Prépare la lecture des lignes 25 à 44.
Tu t'appuieras sur la ponctuation pour marquer des pauses qui permettront à l'auditeur d'imaginer le décor.**

Interdisciplinarité

Décrire un tableau

Paul Cézanne, *La Montagne Sainte-Victoire*, 1885-1895, © Fondation Barnes.

Étape 1 Observons le tableau pour le comprendre

1. Situez la montagne Sainte-Victoire sur une carte de France, indiquez le nom de la région où elle se trouve.
2. Documentez-vous sur la végétation de cette région.
3. Cherchez des adjectifs pour décrire les formes et les couleurs observées dans ce tableau.
4. Cherchez ce qu'évoquent pour vous les éléments du paysage pour trouver des comparaisons.
5. Observez ce que vous voyez au premier plan, puis au deuxième et enfin à l'arrière-plan.
6. Choisissez les adjectifs qui conviendraient le mieux à ce document.
précis lumineux coloré chaud réaliste épuré détaillé

Étape 2 Je me prépare à prendre la parole

- Commence ta description par une présentation générale de l'œuvre. Tu pourras utiliser les expressions suivantes : *réalisée par..., créée en..., il s'agit de..., j'observe..., je vois..., je distingue...*
- Décris le décor (couleur, position, lumière...) avec précision en variant les adjectifs et en utilisant des comparaisons.
- Exprime les impressions que tu éprouves en regardant le paysage.

Pense à...
- être précis ;
- éviter les répétitions.

Écrire une description

Activité 1

Décris ce que le narrateur peut voir lorsqu'il est perché dans le cèdre. En 10 lignes

Je me sens excité. Il fait presque tout à fait jour maintenant. Je regarde le panneau que le gardien a cloué à la base du tronc, avec ses grosses lettres rouges.
INTERDICTION FORMELLE DE GRIMPER
On croirait que c'est mon père qui l'a écrit ! Je monte sur la grosse branche qui touche le sol, la première marche.
Je lève les yeux. L'arbre est large et beau. Il monte si haut dans le ciel...

Mikaël Ollivier, *Sur un arbre perché,* © Éditions Thierry Magnier, 2010.

Je réfléchis à ce que je veux écrire

1. **Rappelle-toi le projet du personnage (▶ Là-haut, p. 58).**
2. **Que voit-il dans l'arbre quand il s'y installe ?**
3. **Que peut-il voir du haut de l'arbre ?**
4. **Quelles émotions va-t-il ressentir ?**

BOITE À MOTS
s'étendre • à perte de vue • au loin • dessiner • former • se dresser • apercevoir • distinguer

J'écris mon texte

- **Rédige un paragraphe dans lequel le narrateur décrit ce qu'il voit dans l'arbre et comment il s'installe.**
- **Continue en écrivant un paragraphe qui décrit ce que voit le narrateur sous l'arbre.**
- **Rédige ensuite un paragraphe qui décrit ce qu'il voit au loin tout autour de lui.**
- **Termine enfin ton texte en écrivant un paragraphe dans lequel le narrateur exprime ce qu'il ressent en haut de l'arbre.**

Activité 2 Décris ce que le narrateur va découvrir dans le chalet inhabité.

En 12 lignes

Derrière la maison du grand-père de Pierre, le narrateur, se trouve un chalet inhabité. Pierre décide d'aller le voir de plus près.

J'atteins bientôt le parc du chalet, en franchissant une grille entrouverte, qui grince un peu sur ses gonds rouillés. Le jardin est devenu un amas de broussailles qui ralentissent ma marche vers la porte d'entrée. L'endroit est sinistre, et même si je n'ai pas franchement peur, je ne suis pas non plus tout à fait rassuré.

Francisco Arcis, *Le Mystère du marronnier,* © Magnard.

Je réfléchis à ce que je veux écrire

1. Cherche la définition de l'adjectif « sinistre » dans ton dictionnaire.
2. Note sur ton brouillon les adjectifs qui te seront utiles pour décrire ce lieu sinistre.
3. Liste toutes les pièces que le narrateur va découvrir au rez-de-chaussée.
4. Comment va-t-il monter à l'étage ? Que va-t-il y découvrir ?
5. Note sur ton brouillon les émotions ressenties par le narrateur.

BOITE À MOTS

abandonné • poussiéreux • délabré • silencieux • apercevoir • distinguer • grimper • avancer

J'écris mon texte

- Commence ton texte par la description de ce que Pierre voit en entrant dans le chalet.
- Poursuis en décrivant chaque pièce du rez-de-chaussée.
- Continue en indiquant comment Pierre monte à l'étage.
- Décris dans un paragraphe ce qu'il voit à l'étage et précise ce qu'il découvre.
- Termine par quelques phrases pour évoquer ce que Pierre ressent face à cette découverte.

Je relis mon texte pour l'améliorer

- [x] J'évite les répétitions.
- [x] Je choisis les adjectifs avec précision.
- [x] Je vérifie l'accord de chaque verbe avec son sujet.
- [x] J'ajoute des mots de liaison pour organiser ma description.

Mon enquête de lecteur

Où le personnage se trouve-t-il ?

Relève, dans chaque extrait, les indices qui te permettent de repérer où le personnage se trouve.

Extrait 1

Grenouille se réveilla en sursaut. Peu habituée à dormir dans un hamac, elle avait failli basculer. Le temps de réaliser où elle se trouvait, son sang se glaça. Des animaux grattaient la terre au pied de l'arbre. Elle les entendait renifler.

Anne Rossi, *La Grande Rivière*, © Magnard Jeunesse.

Extrait 2

M. Kaplan s'agitait à nouveau sur sa banquette. Cette fois, il n'y avait aucune gare routière en vue. Le chauffeur a garé son bus le long de la route en jetant un œil au rétroviseur, il s'est écrié :

– Prairie ! Trois minutes d'arrêt !

Alors qu'il coupait le moteur, M. Kaplan a bondi et […] il a remonté l'allée.

Sébastien Gendron, *Sur la route d'Indianapolis*, © Magnard Jeunesse.

Extrait 3

– J'espère que l'oncle Joseph n'a pas oublié que c'est aujourd'hui que j'arrive chez lui…

– Aucune chance : je l'ai appelé ce matin pour lui rappeler notre venue.

Le reste de la conversation se perd dans le vacarme de la circulation. En l'observant conduire, je découvre une nouvelle facette de la juge Farçon […], voici la conductrice téméraire, prête à toutes les audaces pour doubler.

Vincent Cordonnier, *Famille à l'essai.com*, « 1. L'oncle Joseph », © Magnard Jeunesse.

Extrait 4

Il salua madame Benedetti et lui donna ses livres de la semaine dernière ainsi que sa carte de lecteur. Madame Benedetti passa l'un après l'autre les livres devant un rayon rouge et on entendit une suite de petits bips comme à la caisse du supermarché. Puis elle bipa la carte de Théophile et lui signala qu'il avait un ouvrage en retard depuis une semaine.

Éric Boisset, *Le Grimoire d'Arkandias*, © Magnard Jeunesse.

5 Lire des textes qui expliquent

Dans ce chapitre, tu vas apprendre à :

- repérer l'organisation d'une page documentaire ;
- identifier l'idée essentielle d'un texte ;
- comprendre le vocabulaire spécifique du thème traité ;
- comprendre la fonction des illustrations ;
- identifier des explications dans un dialogue.

Échangeons

Observez cette photographie. Expliquez ce que cet homme est en train de fabriquer. Quel est son métier ?

Interdisciplinarité

De l'eau sur la planète rouge

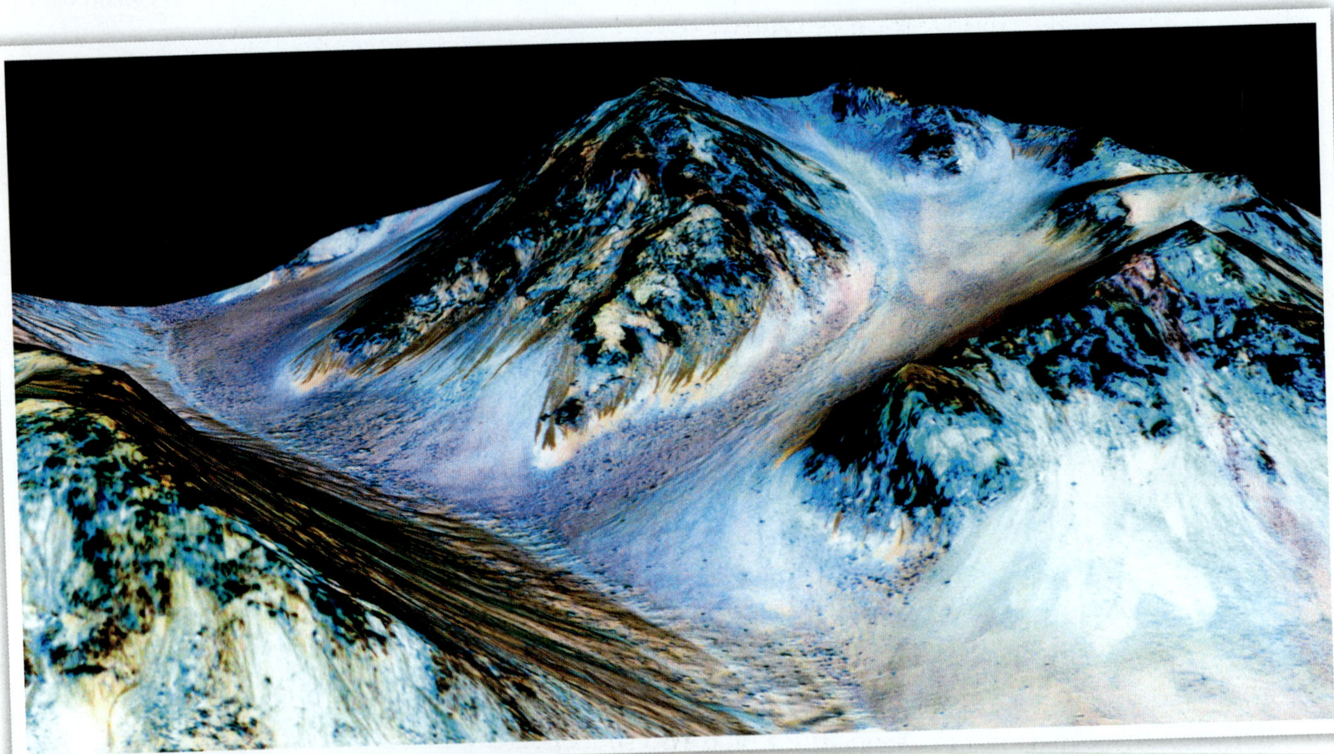

Sur la planète rouge : des traces d'eau salée

Il y a de l'eau liquide sur la planète Mars. La NASA a annoncé cette incroyable découverte lundi. L'eau a été trouvée sur des pentes, à 4 endroits de la planète rouge, grâce à 2 sondes tournant autour de Mars. Des taches sombres avaient été identifiées durant les étés martiens, sur des photos. « *Elles ne montrent pas de l'eau, mais des traces que laisse l'eau salée en s'évaporant* », précise Marion Massé. Cette scientifique travaille dans un laboratoire, à Nantes, sur les images prises par les sondes. « *On pense que des sels présents sur Mars, les perchlorates, ont absorbé l'humidité de l'air jusqu'à former un mélange liquide. Normalement, il fait trop froid* à la surface de Mars pour que l'eau soit liquide. Mais ces sels permettent à l'eau de rester liquide.* » Les scientifiques ne savent pas vraiment d'où vient l'eau : peut-être de glaciers souterrains ou de l'atmosphère.

> « Sur la Terre, certains organismes survivent dans des conditions extrêmes »

L'eau est l'un des éléments nécessaires à la vie.
Les chercheurs imaginent donc qu'il y a peut-être des bactéries sur Mars. « *L'eau découverte est trop salée pour que des formes de vie aient pu se développer*, affirme Marion Massé. *Mais il est vrai que, sur la Terre, certains organismes survivent dans des conditions extrêmes (déserts, glace...).* »

Les scientifiques veulent désormais tenter de savoir comment s'écoule l'eau sur Mars. « *Nous allons l'étudier (ex. : au Royaume-Uni) grâce à une pièce spéciale qui reproduit l'environnement de la planète rouge* », explique la scientifique.

V. Petit

*(entre -100 °C et 10 °C)

{ ET ENSUITE ? }

L'exploration de la planète rouge

2 rovers d'exploration doivent être envoyés sur Mars en 2018 et en 2020. L'un de ces robots atterrira peut-être près des endroits où ont été repérées les traces d'eau. Il y a déjà 2 robots en fonctionnement sur la planète rouge : Opportunity et Curiosity. Mais ils sont trop loin des endroits où les traces d'eau ont été repérées. La NASA souhaite envoyer des hommes sur Mars vers 2030.

Sonde (ici)
Engin spatial non habité.
Atmosphère (ici)
Couches de gaz entourant une planète.
Bactérie (ici)
Être vivant de très petite taille.
Rover
Robot roulant sur un astre autre que la Terre.

Mon Quotidien, 9 septembre 2015. « Mon Quotidien, pour les 10-14 ans : 10 minutes de lecture chaque jour, www.monquotidien.fr ».

Ma première lecture

1 Ce texte est extrait…
a. d'un roman de science fiction b. d'une encyclopédie c. d'un journal
Justifie ta réponse.

2 Comment appelle-t-on ce type de texte ?

3 Explique pourquoi :
– certaines phrases sont écrites en gras ;
– des passages sont écrits en italique.

Je relis pour mieux comprendre

4 Cherche dans le texte le vrai nom de la planète rouge.

5 Qu'est-ce que la NASA ?

6 Que montre la photographie ?
a. le relief de la planète b. les traces d'eau salée c. la présence de neige

7 Les photos ont été prises par :
a. des sondes b. des rovers c. des scientifiques

8 Relève dans le texte les hypothèses permettant d'expliquer d'où vient l'eau.

9 Qui sont Opportunity et Curiosity ? Précise où se trouve cette information.

10 ***Vocabulaire*** « Des conditions **extrêmes** »
Choisis la définition qui convient pour cette expression.
a. des conditions difficiles
b. des conditions favorables
c. des conditions ordinaires

11 Associe une date à chaque évènement.
envoi d'hommes sur Mars envoi d'un rover

Échangeons

12 D'après vous, pourquoi cette découverte est-elle importante ?

Ai-je bien compris le texte ?

13 Explique en sept lignes ce que tu as appris sur Mars à la lecture de cette page.

Je lis à voix haute

Entraine-toi à lire le premier paragraphe. Repère les mots difficiles pour bien les prononcer.

Interdisciplinarité

La guerre de 1914-1918 : la Grande Guerre

1914 — PREMIÈRE GUERRE MONDIALE — 1918

Fév.-déc. 1916 Bataille de Verdun (500 000 morts)

3 août 1914 Déclaration de guerre de l'Allemagne à la France

2 avril 1917 Entrée en guerre des États-Unis

11 novembre 1918 Fin de la guerre. 10 millions de morts et des millions de blessés

Sentinelle près de Verdun, sept. 1916.

1 Le déclenchement de la Première Guerre

Les rivalités qui opposent les pays d'Europe depuis la fin du XIXe siècle ont abouti à la formation de deux camps : d'un côté, la France, la Russie et le Royaume-Uni ; de l'autre, l'Allemagne, l'Autriche-Hongrie et l'Italie. Ce système d'alliances implique le soutien mutuel des pays alliés en cas de conflit. La guerre éclate après l'assassinat de l'héritier d'Autriche-Hongrie, François Ferdinand, à Sarajevo, le 28 juin 1914. Le 3 août, l'Allemagne, allié de l'Autriche, déclare la guerre à la France.

Dictionnaire Larousse Junior 7-11 ans, © Larousse.

2 Une guerre sur tous les fronts

En 1914, les rivalités entre les pays européens aboutissent à une guerre d'une ampleur jamais connue dans les siècles passés.

On se bat sur terre, sur mer et, pour la première fois, dans les airs. Des avions permettent de lâcher des bombes sur les ennemis. Des armes redoutables apparaissent : des gaz empoisonnés, des chars d'assaut, des mitrailleuses… Mais aucun camp ne parvient à dominer l'autre. Les fronts s'immobilisent et les combattants s'enterrent dans des tranchées entourées de fils barbelés. Leurs souffrances sont atroces. Chaque assaut est inutile, faisant des centaines de morts et de blessés.

L'Encyclopédie Dokéo+ 9/12 ans, © Nathan.

3 Une guerre destructrice

La guerre qui commence en 1914 est la première où sont impliqués de nombreux pays. Les combats se déroulent en Belgique et en France sur un front continu de 800 km. De très durs combats se déroulent aussi en Russie, en Italie et dans les Balkans. Les soldats ennemis restent face à face pendant des mois dans des fossés qu'ils creusent dans la terre : les tranchées. Entre 1914 et 1918, plus de neuf millions d'hommes sont tués et six millions sont mutilés.

L'Histoire, Encyclopédie Larousse 6/9 ans, © Larousse.

Ma première lecture

1 Page 76, que peux-tu découvrir ?
des textes • une photographie • une frise chronologique • un dessin • un schéma

2 Dans quel type de livre peux-tu trouver ces documents ? Justifie ta réponse.

3 Quelle est la fonction de ces textes ?
a. Ils expliquent des évènements passés.
b. Ils racontent une histoire imaginaire.
c. Ils donnent des conseils et des définitions.

4 À quoi sert la frise historique ?
a. Elle sert à décorer la page. b. Elle situe les évènements dans le temps.
c. Elle apporte des informations supplémentaires. d. Elle permet de calculer l'âge des soldats.

Je relis pour mieux comprendre

5 Relève dans les textes la liste des pays concernés et précise sur quel continent ils se situent.

6 Relève dans le texte 1 la phrase indiquant l'évènement qui va être le déclencheur de la guerre.

7 Où les combats se déroulent-ils ? Justifie ta réponse avec des phrases du texte 2.

8 Vocabulaire Cherche dans les textes la phrase qui donne la définition du mot *tranchées*.

9 Observe la photographie de la page 76. Identifie le texte qu'elle illustre. Justifie ton choix.

10 Vocabulaire Cherche dans le dictionnaire la définition du mot *mutilé* (texte 3, l. 13).

11 Quels renseignements te donnent les nombres qui figurent dans le texte 3 ?

12 À quel temps sont conjugués la plupart des verbes des trois textes ? Pourquoi ce temps a-t-il été choisi ?

Échangeons

13 Comparez les trois textes : quels sont leurs points communs et leurs différences ?

Ai-je bien compris le texte ?

14 En quelques lignes, explique pourquoi la Première Guerre mondiale est appelée « la Grande Guerre ».

Je lis à voix haute

Entraine-toi à lire le texte 2 en t'aidant de la ponctuation pour marquer des pauses.

C'est quoi un « étranger » ?

Vocabulaire

1. Hostile : *qui est contre quelqu'un ou quelque chose.*

– C'est quoi un « étranger » ?

– Le mot « étranger » vient du mot « étrange », qui signifie du dehors, extérieur. Il désigne celui qui n'est pas de la famille, qui n'appartient pas au clan ou à la tribu. C'est quelqu'un qui vient d'un autre pays, qu'il soit proche ou lointain, parfois d'une autre ville ou d'un autre village. Cela a donné le mot « xénophobie », qui signifie hostile[1] aux étrangers, à ce qui vient de l'étranger. Aujourd'hui, le mot « étrange » désigne quelque chose d'extraordinaire, de très différent de ce qu'on a l'habitude de voir. Il a comme synonyme le mot « bizarre ».

– Quand je vais chez ma copine, en Normandie, je suis une étrangère ?

– Pour les habitants du coin, oui, sans doute, puisque tu viens d'ailleurs, de Paris, et que tu es marocaine. Tu te souviens quand nous sommes allés au Sénégal ? Eh bien, nous étions des étrangers pour les Sénégalais.

– Mais les Sénégalais n'avaient pas peur de moi, ni d'eux !

– Oui, parce que ta maman et moi t'avions expliqué que tu ne devais pas avoir peur des étrangers, qu'ils soient riches ou pauvres, grands ou petits, blancs ou noirs. N'oublie pas ! On est toujours l'étranger de quelqu'un, c'est-à-dire qu'on est toujours perçu comme quelqu'un d'étrange par celui qui n'est pas de notre culture.

– Dis, papa, je n'ai toujours pas compris pourquoi le racisme existe un peu partout.

– Dans les sociétés très anciennes, dites primitives, l'homme avait un comportement proche de celui de l'animal. Un chat commence par marquer son territoire. Si un autre chat, ou un autre animal, tente de lui voler sa nourriture ou de s'en prendre à ses petits, le chat qui se sent chez lui se défend et protège les siens de toutes ses griffes. L'homme est ainsi. Il aime avoir sa maison, sa terre, ses biens et se bat pour les garder. Ce qui est normal. Le raciste, lui, pense que l'étranger, quel qu'il soit, va lui prendre ses biens. Alors il s'en méfie, sans même réfléchir, presque d'instinct. L'animal ne se bat que s'il est attaqué. Mais parfois l'homme attaque l'étranger sans même que celui-ci ait l'intention de lui ravir quoi que ce soit.

Tahar Ben Jelloun, *Le Racisme expliqué à ma fille,* © Le Seuil, 2009.

Ma première lecture

1 Quel est le titre de l'ouvrage dont est extrait ce texte ? Qui en est l'auteur ?

2 Quel lien unit les personnages de cet extrait ? Justifie ta réponse.

Je relis pour mieux comprendre

3 Retrouve dans le texte les deux définitions du mot *étrange*. Quelle est celle utilisée actuellement ?

4 Relève les phrases prononcées par l'enfant. De quels types de phrase s'agit-il ?

5 Quelle est la nationalité des deux personnes qui parlent ? Justifie ta réponse.

6 **Vocabulaire** Relève dans le texte la définition du mot *xénophobie*. Que signifie-t-il ? Cherche d'autres mots formés avec le même suffixe.

7 **Vocabulaire** Relève dans le texte un synonyme du mot *primitive* (ligne 21).

8 « – Mais les Sénégalais n'avaient pas peur de moi, ni d'eux ! » (ligne 13)

Explique pourquoi, d'après toi, l'enfant prononce cette phrase.

9 Quel sentiment, cité dans le dernier paragraphe, explique le racisme ?

Échangeons

10 « On est toujours l'étranger de quelqu'un. » (ligne 16)

Comment comprenez-vous cette phrase ?

Ai-je bien compris le texte ?

11 Après avoir lu cet extrait, rédige la définition du mot *racisme*. Donne son synonyme.

Je lis à voix haute

Choisis le passage du texte que tu as envie de lire. Entraine-toi à le lire de manière fluide. Fais attention de ne pas lire trop vite.

SCIENCE

La gravité

La gravité est la force qui fait que deux objets s'attirent. Sur Terre, nous l'expérimentons comme quelque chose qui nous cloue au sol. Dans l'espace, c'est par l'action de la gravité que les planètes restent en orbite autour des étoiles.

FORT OU FAIBLE?
La gravité, bien qu'impressionnante, est la plus faible de toutes les forces connues. Il faut des objets de la taille d'un astre pour qu'elle produise un effet notable. La gravité du Soleil est assez puissante pour maintenir toutes les planètes du Système solaire en orbite.

Poids et masse Le pèse-personne mesure la force d'attraction exercée par la gravité terrestre sur le corps. Plus la masse corporelle est importante, plus la force d'attraction s'exerçant sur le corps est grande, et plus le poids qui s'affiche est élevé.

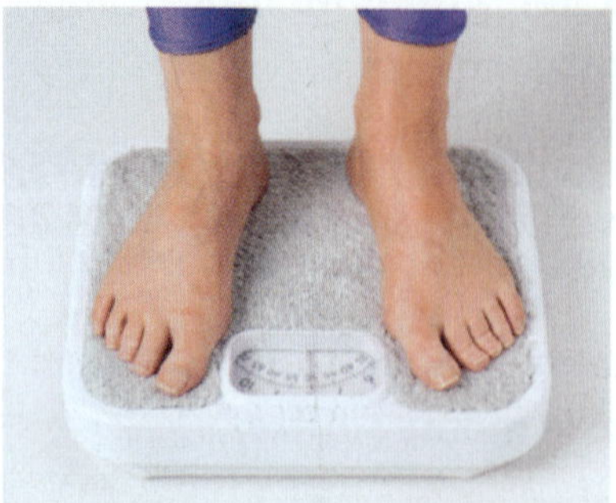

LA GRAVITÉ À L'ŒUVRE
Rien de tel que le parachutisme pour bien réaliser l'effet de la gravité. À peine est-on sorti de l'avion qu'on est aspiré vers le sol sous l'effet de la gravité. Dans le même temps, le frottement de l'air contre le corps s'oppose à cette force. Finalement, les deux forces s'équilibrent et l'accélération est stoppée. La « vitesse terminale de chute » est alors atteinte.

Selon la légende, Galilée aurait laissé tomber des balles de différents poids du haut de la tour de Pise pour montrer qu'elles touchent le sol en même temps.

Galilée et la gravité
Le premier savant à avoir sérieusement étudié la gravité est l'Italien Galilée (1564-1642). Il fit plusieurs expériences et en conclut qu'en l'absence de résistance de l'air, tous les objets qui tombent sont soumis à une accélération égale. C'est la résistance de l'air qui fait que certains objets tombent moins vite que d'autres.

▲ LA VITESSE TERMINALE DE CHUTE *La vitesse maximale atteinte en saut en chute libre avant ouverture du parachute est d'environ 200 km/h. Le fait d'ouvrir le parachute ralentit la chute en augmentant la résistance de l'air.*

SCIENCE

NEWTON

▼ UN GÉNIE SCIENTIFIQUE *Isaac Newton fut le premier à réaliser que c'est à la force de gravité que la Lune doit de rester en orbite autour de la Terre.*

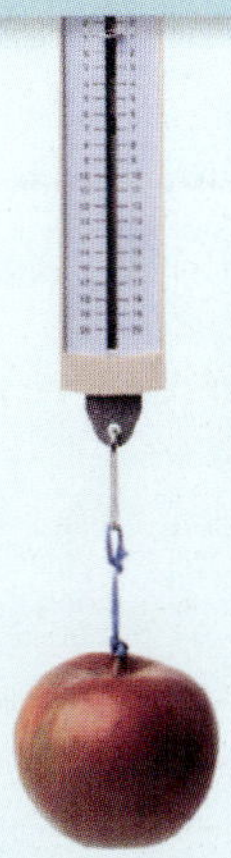

◄ LA POMME *Selon la légende, Newton aurait eu la révélation de l'attraction terrestre en voyant une pomme tomber de l'arbre. Il démontra que la force qui fait que le fruit est attiré vers le sol est la même que celle qui maintient la Lune en orbite.*

EINSTEIN

▼ LE FACTEUR DE DISTORSION *Albert Einstein proposa une théorie de la gravité selon laquelle les masses importantes, tels les astres, distordent l'espace-temps comme une balle lourde posée sur une feuille en caoutchouc.*

La déformation crée la force de gravité.

▼ UN SUCCÈS RELATIF *La théorie d'Einstein, formulée en 1916, est confirmée des années plus tard par des astronomes ayant observé que la lumière d'une étoile distante change de cap au passage du Soleil.*

Le centre de gravité La gravité tire les objets vers le bas par un point appelé centre de gravité. Si son centre de gravité est trop haut ou que la ligne verticale passant par lui sort de la base, l'objet bascule. Les véhicules tout-terrain ont un centre de gravité bas pour pouvoir rouler en dénivelé.

L'apesanteur En vol dans l'espace interplanétaire, les astronautes semblent flotter à l'intérieur de la cabine. Cet effet, dit d'apesanteur, qui se caractérise par l'absence de contact, provient du fait que navette et astronautes vont à la même vitesse, l'engin suivant la trajectoire qu'emprunterait un objet en chute libre.

DES EXPLOSIONS D'ÉTOILES

L'énergie des étoiles provient de réactions nucléaires. Dans le noyau du Soleil, les atomes d'hydrogène, en se combinant pour former de l'hélium, génèrent une chaleur extrême. Si l'hydrogène venait à manquer, le noyau imploserait. Chez les grosses étoiles, l'implosion du noyau peut libérer assez d'énergie pour créer une supernova, avec dispersion alentour des parties externes de l'astre.

Ma première lecture

1 De quel type d'ouvrage sont extraites les pages 80 et 81 ? Justifie ta réponse.
une encyclopédie • un roman de science-fiction • un manuel de sciences • un dictionnaire

2 Quelle est la fonction de ces pages ?
a. Elles racontent une histoire.
b. Elles informent sur un sujet précis.
c. Elles donnent des consignes.

Je relis pour mieux comprendre

3 Identifie le paragraphe qui présente l'idée générale de la double page.

4 Comment sont introduits les autres paragraphes ?

5 Vocabulaire Recherche dans les pages 80 et 81 la définition de *gravité*. Cherche un autre sens pour *gravité* dans le dictionnaire.

6 Relève le nom des trois savants qui ont fait des découvertes importantes sur la gravité.

7 Vocabulaire Cherche, dans le dictionnaire, la définition du mot *orbite* qui correspond au sens employé dans les textes. Relève, dans les pages, une phrase qui appuie ton choix.

8 Parmi les trois phrases suivantes, quelle est celle qui est juste ?

Quand on fait du parachutisme, on a la sensation de tomber vers le sol à toute vitesse.

Quand on fait du parachutisme, on a la sensation de tomber d'abord très vite, puis l'air nous freine.

Quand on fait du parachutisme, on descend d'abord lentement puis l'air accélère la descente.

Échangeons

9 Expliquez ce qui différencie ces pages 80 et 81 d'une page de roman.

Mon carnet de lecture

Tu viens de lire des textes documentaires et un article de presse (p. 74, 76, 80). Note les différences et les ressemblances que tu as pu observer entre ces deux types de textes.
Connais-tu d'autres noms de journaux ou de collections de livres documentaires ? Écris-les.

Je lis à voix haute

Choisis un paragraphe de ton choix. Prépare bien ta lecture en repérant les mots difficiles et en insistant sur les informations importantes.

Expliquer le réchauffement climatique

La hausse des températures

La courbe de la température moyenne mondiale (en violet sur le schéma) au cours des 160 dernières années révèle une hausse constante des températures moyennes depuis les débuts de l'utilisation des énergies fossiles et des moteurs à combustion.

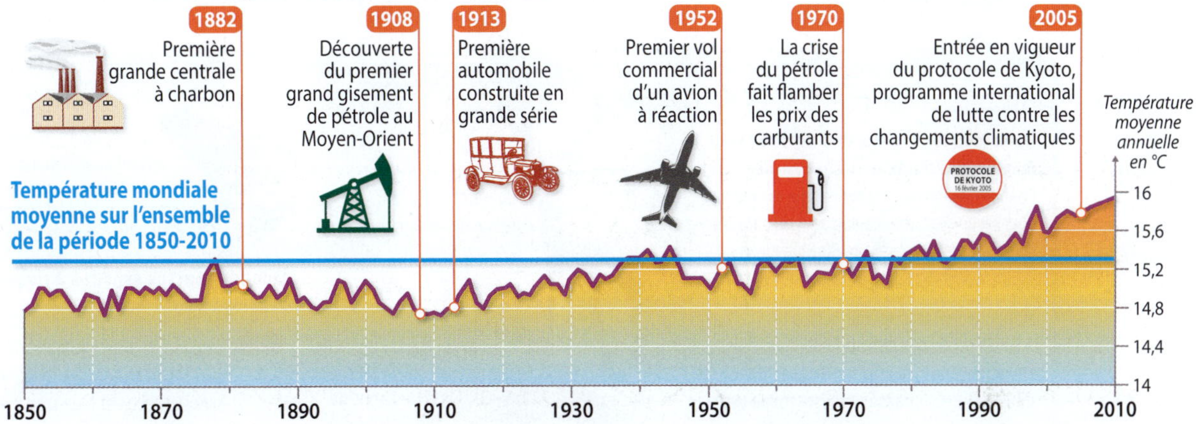

Étape 1 Observons le document pour le comprendre

1. Relevez le titre de ce document. De quel type de document s'agit-il ?
2. Identifiez tous les éléments qui composent ce document : quel est le rôle de chacun ?
3. À quelle question ce document répond-il ?
4. Cherche dans un documentaire ce que l'on appelle *énergie fossiles* ?

Étape 2 Je me prépare à prendre la parole

- **Présente le sujet dont tu vas parler.**
- **Précise la période étudiée en donnant les dates importantes.**
- **Explique les causes de la hausse des températures en respectant l'ordre chronologique.**

Pense à...

- expliquer les termes scientifiques en donnant des exemples ;
- utiliser les mots : *car*, *donc*, *parce que* ;
- bien organiser tes idées avant de prendre la parole ;
- parler clairement et distinctement.

Interdisciplinarité

Expliquer un problème d'environnement

Activité 1 Explique ce qu'est une espèce menacée.

En 10 lignes

ESPÈCES MENACÉES

Dans tous les règnes, des espèces sont en voie d'extinction. Destruction de l'habitat, maladies, braconnage – les raisons pour lesquelles une espèce peut disparaître sont nombreuses (p. 80-81).

Après avoir passé en revue plus de 1,5 million de plantes et d'animaux, l'UICN, Union internationale pour la conservation de la nature, a dressé une liste rouge des espèces menacées, d'où il apparaît que :

- en 2008, près de 1 000 espèces se sont éteintes, du moins à l'état sauvage ;
- plus de 16 000 autres sont menacées d'extinction.

◂ Plus d'un mammifère sur cinq, dont le cerf du Père David, est menacé d'extinction.

▾ Avec plus de 8 000 espèces menacées, les plantes, dont le sabot-de-Vénus, ne sont pas en reste.

◂ Près de 30 % des amphibiens sont menacés. Les dendrobates disparaissent, victimes de la destruction de leur habitat forestier.

Quelles sont les espèces à risques ?

La plupart des animaux décrits dans ce chapitre sont sur la liste rouge de l'UICN. Le triangle rouge indique que l'espèce est menacée d'extinction ou déjà éteinte à l'état sauvage. Le triangle jaune désigne les espèces vulnérables, risquant d'être menacées dans un avenir proche. Le triangle vert signale qu'aucune menace ne pèse actuellement sur l'espèce.

La Grande Encyclopédie, © Éditions Gallimard Jeunesse, 2010, © Dorling Kindersley Ltd, 2009.

Je réfléchis à ce que je veux écrire

1. **Que signifie le mot « règne » ? Tu peux t'aider de ton dictionnaire.**
2. **Relève dans le texte les expressions qui signifient « menacées d'extinction ».**
3. **Qu'appelle-t-on l'UICN ? Quel est son rôle ?**
4. **Relève les mots qui indiquent les causes de la disparition des espèces.**

J'écris mon texte

Écris un court texte dans lequel tu expliqueras pourquoi certaines espèces sont menacées.

- Commence par expliquer quelles espèces sont menacées.
- Explique le rôle de l'UICN et ce qu'est une liste rouge.
- Explique ensuite pourquoi ces espèces sont en danger.
- Poursuis ton texte en expliquant ce qu'est une espèce vulnérable.
- Termine par le chiffre qui te semble le plus inquiétant.

BOITE À MOTS

disparaitre • tuer • chasser • les causes • les menaces • protéger

En 10 lignes

Activité 2 Explique pourquoi les forêts d'Amazonie sont en danger.

LES DANGERS DE LA DÉFORESTATION

■ De vastes pans de la forêt pluviale d'Amazonie sont défrichés au profit de l'élevage et de la culture du soja. Les arbres de cette forêt et de bien d'autres sont aussi abattus pour fournir du bois. Les animaux perdent ainsi leur habitat et leurs ressources alimentaires ; la modification des conditions naturelles affecte la croissance des plantes. Certaines forêts sont spécialement plantées pour produire du bois, mais elles sont beaucoup plus pauvres en vie sauvage.

La Grande Encyclopédie, © Éditions Gallimard Jeunesse, 2010, © Dorling Kindersley Ltd, 2009.

Je réfléchis à ce que je veux écrire

1. **Situe l'Amazonie sur un globe terrestre.**
2. **Relève tous les mots qui expliquent le mot « déforestation ».**
3. **Repère toutes les expressions qui expliquent pourquoi les arbres sont abattus.**
4. **Quelle est la conséquence de la déforestation pour les animaux ?**

BOITE À MOTS
disparaitre • couper • les causes • la conséquence • parce que • exagérer

J'écris mon texte

Écris un court texte dans lequel tu expliqueras pourquoi les forêts sont en danger.
- Commence par situer l'Amazonie.
- Explique pourquoi les hommes abattent les forêts.
- Explique ensuite pourquoi c'est dangereux pour les animaux.
- Termine en donnant la définition du mot « déforestation ».

Je relis mon texte pour l'améliorer

- [x] Je vérifie que j'ai organisé mes idées.
- [x] J'ajoute des mots de liaison.
- [x] Je vérifie l'accord des verbes avec le sujet.

Mon enquête de lecteur

Comment repérer des explications dans un roman ?

Relève les indices qui te permettent de repérer, dans chaque extrait, à quel moment un personnage donne une explication.

Extrait 1

J'aimais mieux celui que j'étais avant. Le vrai Youn oiseau-clown. Si ça continue, je vais devenir un vieux grand garçon pas sympa du tout, un « ronchonchon mutique ». C'est une expression de papi. Il m'a expliqué ce que c'est le mutisme. C'est quand on ne parle pas, qu'on ne dit jamais rien de ce que l'on ressent, qu'on ne partage ses pensées avec personne.

Cécile Alix, *Allô papi ici la Terre*, © Magnard Jeunesse.

Extrait 2

– Pourquoi on ne se dit pas les choses depuis que papi est mort ?
– Sûrement parce que quand on vit des moments aussi durs et violents, on éprouve de la pudeur.
– Qu'est-ce que c'est ?
– Quoi ? La pudeur ? Une forme de discrétion, je crois.

Cécile Alix, *Allô papi ici la Terre*, © Magnard Jeunesse.

Extrait 3

– À ton avis, ajouta-t-elle, comment font les oiseaux pour s'orienter ? Comment expliques-tu qu'ils soient capables de retrouver, à des milliers de kilomètres, le nid qu'ils ont abandonné l'année précédente ? [...]
Je la regardai, stupéfait.
– Ben... D'après ce que j'ai lu, ils se dirigent en fonction du soleil et des étoiles. Je crois aussi qu'ils ont des cristaux dans le cerveau : des sortes de boussoles. Ça les aide dans leur migration.

Éric Simard, *Le Souffle de la pierre d'Irlande*, © Magnard Jeunesse.

6 Lire des poèmes et des fables

➤ Dans ce chapitre, tu vas apprendre à :

- identifier les spécificités du texte poétique ;
- enrichir tes connaissances sur les poètes, les œuvres du patrimoine ;
- comprendre des textes poétiques et utiliser le vocabulaire approprié pour en parler ;
- lire un récit poétique : la fable ;
- exprimer des émotions et des sensations.

Échangeons

Cherchez dans un dictionnaire ce qu'est un haïku. Identifiez les éléments qui sont dessinés sur cette couverture. Quelles émotions ressentez-vous en regardant cette couverture ?

Orthographe

Avec une bonne orthographe
on peut devenir géographe
lexicographe
ethnographe
paléographe
ou océanographe…
« Et alors pourquoi pas girafe ? »
dit sans rire
la girafe qui ne sait pas lire.

Jean-François Mathé, *Poèmes poids plume*, coll. « Le Farfadet bleu », © Le Dé bleu/Cadex, 1998.

Odile

Odile rêve au bord de l'île
Lorsqu'un crocodile surgit.
Odile a peur du crocodile
Et pour éviter un « ci-gît[1] »
Le crocodile croque Odile.

Caï raconte ce roman
Mais peut-être Caï l'invente
Odile est peut-être vivante
Et je crois bien que Caï ment.

Un autre ami d'Odile, Aligue,
Pour qu'on répande cette mort,
Se démène, paye et intrigue.
Moi, je trouve qu'Aligue a tort.

Jean Cocteau, *Le Potomack*, © Éditions Stock, 2013.

Vocabulaire

1. Ci-gît : *ici est enterré.*

Ma première lecture

1 Qui a écrit ces poèmes ? Recherche des informations sur ces poètes.

2 Nomme les différents personnages du poème de Jean Cocteau.

3 Que remarques-tu dans les mots utilisés par Jean-François Mathé ?

Je relis pour mieux comprendre

Odile

4 Que raconte le poème Odile ? Donne un titre à chaque strophe.

5 Que veut dire l'auteur dans ce poème ?

6 **Vocabulaire** Quels verbes sont synonymes du verbe *répandre* (vers 11) :
semer • ramasser • propager • publier • dire • étaler • dissimuler

7 Comment l'auteur a-t-il construit ce jeu de mot : « **croque Odile** » (vers 5) ?
Trouve un autre exemple dans ce poème.

Orthographe

8 **Vocabulaire** Aide-toi du dictionnaire pour retrouver le sens de chacun des mots contenant le suffixe « *-graphe* » dans le poème de Jean-François Mathé.

9 Jean-François Mathé écrit : « Et alors pourquoi pas girafe ? » (vers 7)
Peux-tu répondre à cette question ?

Échangeons

10 Pourquoi ces deux poèmes sont-ils réunis sur cette page ?
Que font les poètes avec les mots ?

Ai-je bien compris le texte ?

11 « Moi, je trouve qu'Aligue a tort. » (**Odile**, vers 13)
Écris un vers à la manière de Jean Cocteau en utilisant d'autres noms d'animaux qui fonctionnent de la même façon (*Cha tond, Sou rit*…).

Je lis à voix haute

Entraine toi à lire Orthographe en mettant en évidence les mots en *-aphe*. Choisis un adjectif de la liste pour mettre le ton : *amusé* – *désolé* – *ennuyé*.

Dites donc, un poète

– Dites donc, un poète, à quoi ça sert ?
– Ça remplace les chiens par des licornes.
– Dites donc, ça n'a pas d'autres talents ?
– Il apporte le rêve à ceux qui n'osent pas rêver.
– Vous trouvez ça utile, dites donc ?
– Quand il le veut, il persuade les comètes de s'arrêter quelques moments chez vous.
– Il trouble l'ordre, dites donc, ce type-là.
– Pas plus qu'un vol de scarabées, pas plus qu'un peu de neige sur l'épaule.
– Il est bon pour l'hospice, dites donc.
– Il le transformerait en palais de cristal, avec mille musiques.
– Qu'on le conduise à la fosse commune, dites donc, ce poète.
– Alors décembre se prolongera jusqu'à la fin de juin.

Alain Bosquet « Dites donc, un poète », in *Demain sans moi,* © Éditions Gallimard.

Ma première lecture

1 **Qui a écrit ce poème ?**

2 **De qui parle-t-on dans ce texte ? Relève les noms qui le désignent.**

3 **À quoi servent les tirets en début de ligne ?**

4 **Relève des mots ou expressions qui font appel au monde imaginaire. Qu'évoquent-ils pour toi ?**

Je relis pour mieux comprendre

5 **À quoi le poète est-il comparé ?**
un chirurgien • un gendarme • un magicien • un mécanicien
Justifie ta réponse.

6 **Vocabulaire** **Quels sont les synonymes du mot *talent* (vers 3).**
don • faiblesse • habileté • facilité • aptitude • médiocrité • magie

7 **Relève les verbes qui indiquent les actions du poète.**

8 **Vocabulaire** **Utilise le mot *persuader* (vers 6) dans une phrase. Tu peux t'aider du dictionnaire.**

9 **Que veut dire l'auteur dans ces deux vers ?**
« Il trouble l'ordre, dites donc, ce type-là (vers 8) »
« Il est bon pour l'hospice, dites donc, (vers 10) »

10 **Explique le dernier vers :** « Alors décembre se prolongera jusqu'à la fin juin. »

Échangeons

11 **Quel est, selon vous, le rôle d'un poète ? Justifiez votre point de vue.**

Ai-je bien compris le texte ?

12 **À la manière d'Alain Bosquet, propose quatre répliques pour répondre à la question : « Un poète, à quoi ça sert ? »**

Je lis à voix haute

Par deux, entrainez-vous à lire ce poème. Votre ton devra permettre de comprendre la position de chacun des interlocuteurs.

1 Le corbeau et le renard

Un corbeau, ayant volé un morceau de viande, s'était perché sur un arbre. Un renard l'aperçut, et, voulant se rendre maître de la viande, se posta devant lui et loua ses proportions élégantes et sa beauté, ajoutant que nul n'était mieux fait que lui pour être le roi des oiseaux, et qu'il le serait devenu sûrement, s'il avait de la voix. Le corbeau, voulant lui montrer que la voix non plus ne lui manquait pas, lâcha la viande et poussa de grands cris. Le renard se précipita et, saisissant le morceau, dit : « Ô corbeau, si tu avais aussi du jugement, il ne te manquerait rien pour devenir le roi des oiseaux. »

Cette fable est une leçon pour les sots.

Ésope, *Fables*.

2 Le corbeau et le renard

Maître Corbeau, sur un arbre perché,
Tenait en son bec un fromage.
Maître Renard, par l'odeur alléché,
Lui tint à peu près ce langage :
« Hé ! bonjour ! Monsieur du Corbeau.
Que vous êtes joli ! que vous me semblez beau !
Sans mentir, si votre ramage[1]
Se rapporte à votre plumage,
Vous êtes le phénix[2] des hôtes de ces bois. »
À ces mots le Corbeau ne se sent pas de joie,
Et pour montrer sa belle voix,
Il ouvre un large bec, laisse tomber sa proie.
Le Renard s'en saisit, et dit : « Mon bon Monsieur,
Apprenez que tout flatteur
Vit aux dépens de celui qui l'écoute :
Cette leçon vaut bien un fromage, sans doute ».
Le Corbeau honteux et confus,
Jura, mais un peu tard, qu'on ne l'y prendrait plus.

Jean de la Fontaine, *Fables*.

Vocabulaire

1. Ramage : *chant d'oiseau.*

2. Phénix : *oiseau fabuleux.*

3 Le renard et le corbeau ou si l'on préfère la (fausse) poire et le (vrai) fromage

Or donc, Maître Corbeau,
Sur son arbre perché, se disait : « Quel dommage
Qu'un fromage aussi beau,
Qu'un aussi beau fromage
Soit plein de vers et sente si mauvais…
Tiens ! voilà le renard : je vais,
Lui qui me prend pour une poire,
Lui jouer, le cher ange, un tour de ma façon.
ça lui servira de leçon ! »
Passons sur les détails, vous connaissez l'histoire :
Le discours que le renard tient,
Le corbeau qui ne répond rien
(Tant il rigole !)
Bref, le fromage dégringole…
Depuis le renard n'est pas bien ;
Il est malade comme un chien.

Jean-Luc Moreau, *Les poèmes de la souris verte,*
© Le Livre de Poche Jeunesse, 1992, 2003.

Ma première lecture

1 **Recherche des informations sur les auteurs de ces poèmes et situe-les sur une frise chronologique. Que remarques-tu ?**

2 **Compare ces textes : liste leurs points communs et leurs différences.**

Je relis pour mieux comprendre

3 **Résume à l'oral ce qui se passe dans ces trois poèmes.**

4 **Vocabulaire** **Cherche des mots de la famille de *alléché* (texte 2, vers 3) et explique ce terme.**

5 **Vocabulaire** **Remplace chaque expression écrite en couleur par l'un des verbes proposés.**

a. « … et loua ses proportions élégantes… » (texte 1, ligne 4)
b. « Ô corbeau, si tu avais aussi du jugement… » (texte 1, lignes 10-11)
c. « Lui qui me prend pour une poire…» (texte 3, vers 7)
d. « Il est malade comme un chien » (texte 3, vers 16).

réfléchir vendre rabaisser vanter souffrir jardiner juger

6 **Recherche la signification du mot *fable* dans le dictionnaire et associe-le à un ou plusieurs des mots suivants. Justifie ton choix.**

chanson • récit • conte • légende • roman • morale

Échangeons

7 **Quel message ces trois poètes veulent-ils nous faire passer ? Comment s'y prennent-ils ? Justifiez vos propos à l'aide de vers, de phrases ou de mots.**

Mon carnet de lecture

▸ Cette fable met en scène un renard. Comment pourrais-tu caractériser ce renard ? Connais-tu d'autres textes ayant un renard comme personnage ? Écris leur titre. Le renard est-il toujours caractérisé de la même manière ? Justifie ta réponse.

Je lis à voix haute

Choisissez l'une des deux fables et, à deux, entrainez-vous à le mettre en voix. Vous pouvez le dire à tour de rôle ou ensemble.

Réciter un poème

Îles

Îles
Îles où l'on ne prendra jamais terre
Îles où l'on ne descendra jamais
Îles couvertes de végétations
Îles tapies comme des jaguars
Îles muettes
Îles immobiles
Îles inoubliables et sans nom
Je lance mes chaussures par-dessus
bord car je voudrais bien aller jusqu'à vous.

Blaise Cendrars, « Iles », extrait tiré du volume 1 de *Tout autour d'aujourd'hui*, nouvelle édition des œuvres complètes de Blaise Cendrars dirigée par Claude Leroy, © 1947, 1963, 2001, 2005, © Éditions Denoël.

Étape 1 Lisons le poème pour le comprendre

1 Recherchez différentes façons de prononcer le mot *île*.

2 Relevez les sentiments et les sensations que vous pouvez ressentir à la lecture de ce poème.

la joie · la tristesse · le bien-être · la chaleur · la fraicheur · la douceur · l'humidité · la liberté · la peur · la méfiance

3 D'après vous, quelle est l'intention du poète dans ce poème ?

faire rêver • décrire les iles • donner envie de visiter les iles • créer du mystère

Étape 2 Préparons-nous à prendre la parole

En groupe, récitez le poème *Îles* :

- **Choisissez la répartition des vers à dire seul, à deux ou en groupe.**
- **Donnez du rythme au poème en introduisant des silences et en faisant varier le tempo.**
- **Faites varier l'intensité de la ou des voix afin de montrer l'intention du poète.**

Pensez à…

- apprendre tout le poème pour connaitre le moment où vous devez parler ;
- mettre le ton pour exprimer des sensations, des sentiments ;
- regarder vos camarades.

Échangeons sur les poèmes du chapitre

À L'ORAL

La construction d'un poème

1 **Cherche dans les poèmes du chapitre un exemple qui illustre chacun des mots suivants.**

rime — vers — strophe

2 **Quels sont les poèmes du chapitre qui ressemblent à un récit ? Explique ton choix avec des exemples précis.**

3 **Repère un poème qui ressemble à un dialogue. Quels sont les indices sur lesquels tu t'appuies pour répondre ?**

4 **Relis le poème « Îles » de Blaise Cendrars, p. 95 : quelle est sa particularité ?**

Le rôle de la poésie

5 **Quels sont les poèmes qui vous ont amusés ? Expliquez pourquoi.**

6 **Citez les titres des poèmes qui prouvent que les poètes aiment jouer avec les mots. Expliquez votre choix.**

7 **Citez les titres des poèmes qui montrent que les poètes veulent nous faire réfléchir. Indiquez les indices sur lesquels vous vous appuyez.**

Pour conclure…

En groupes, vous allez présenter à vos camarades ce que vous avez retenu sur le rôle du poète.

- Mettez-vous d'accord sur ce qui vous semble important.
- Répartissez-vous la parole.
- Pensez bien à illustrer ce que vous dites par des exemples.
- Terminez par une conclusion sur le rôle des poètes.

Mon carnet de lecture

À L'ÉCRIT

Les poèmes du chapitre

- Place les poètes du chapitre sur la frise chronologique de la classe.
- Parmi les fables, quelle est celle que tu as le plus appréciée ? Explique pourquoi.
- Quel est le poème qui t'a le plus amusé ? Justifie ton choix.
- Quel est celui que tu trouves le plus étonnant ? Explique pourquoi.
- Quel est le poème qui t'a le moins plu ? Explique pourquoi tu ne l'as pas apprécié.
- Observe et compare les haïkus page 98 : quelles remarques peux-tu faire sur leur présentation ?
- Dans les haïkus, les poètes expriment une sensation qui leur semble agréable. Quel est le haïku que tu as le plus apprécié ? Quel est celui qui t'a le moins plu ? Explique tes choix.

Les autres poèmes que j'ai lus

- Écris les titres et les noms des auteurs des poèmes que tu as déjà appris en récitation. Place-les sur la frise chronologique de la classe.
- Parmi les poèmes que tu as appris en récitation, quel est celui que tu as préféré ? Explique ton choix.
- Quel est le poème que tu n'as pas apprécié ? Explique pourquoi.

Les poèmes que je vais lire

- Cherche dans la bibliothèque un recueil de poésie. Écris son titre et son auteur. Cherche à quelle époque ce poète a vécu.
- Choisis un poème que tu liras à voix haute à tes camarades. Explique pourquoi tu l'as choisi.

Mon enquête de lecteur

De quelle saison s'agit-il ?

Les haïkus sont des poèmes japonais très courts. Dans chacun des haïkus suivants, relève les indices qui indiquent la saison évoquée.

Extrait 1

Même le lapin
laisse pendre une oreille
quelle chaleur !

Akutagawa Ryûnosuke, in *Mon livre de haïkus*, de J. Coat et J.-H. Malineau, © Albin Michel Jeunesse.

Extrait 2

Si loin
le pays natal –
les arbres bourgeonnent

Taneda Santôka, in *Haïku. Anthologie du poème court japonais*, trad. C. Atlan et Z. Bianu, © Éditions Gallimard.

Extrait 3

Première neige
qui voudrait
rester à la maison ?

Kikaku, in *Mon livre de haïkus*, de J. Coat et J.-H. Malineau, © Albin Michel Jeunesse.

Extrait 4

Tout autour de nous
le monde n'est plus
que fleurs de cerisiers

Ryôkan, in *Mon livre de haïkus*, de J. Coat et J.-H. Malineau, © Albin Michel Jeunesse.

Extrait 5

Les jours s'allongent
pour les chanter intarissable
l'alouette

Matsuo Bashô, in *Mon livre de haïkus*, de J. Coat et J.-H. Malineau, © Albin Michel Jeunesse.

Extrait 6

Cueillant des champignons
je lève la tête –
la lune est sur la cime

Yosa Buson, in *Haïku. Anthologie du poème court japonais*, trad. C. Atlan et Z. Bianu, © Éditions Gallimard.

Extrait 7

Nées du dégel
pour mon pinceau recueillies
quelques gouttes d'eau pure

Matsuo Bashô, in *Mon livre de haïkus*, de J. Coat et J.-H. Malineau, © Albin Michel Jeunesse.

7 Lire une pièce de théâtre

➤ Dans ce chapitre, tu vas apprendre à :

- identifier les caractéristiques d'un genre : le théâtre.
- comprendre le fonctionnement d'un dialogue et d'un enchainement de répliques.
- comprendre les sentiments des personnages.
- lire et comprendre un texte intégral.

J. Chamblain et A. Neyret, *Les Carnets de Cerise,* tome 4, © Éditions Soleil, 2012.

Échangeons

Où Cerise se trouve-t-elle ? Expliquez comment vous le savez.

Un soir à la bibliothèque

Sur scène, tous les enfants sont alignés. Ce sont les livres de la bibliothèque. Sur un côté, le Poêle.

La Bibliothécaire *(elle passe en revue les livres, de gauche à droite, d'abord lentement).* – Hum, voyons voir… le Dictionnaire, l'Encyclopédie, le Livre de Géographie, le… *(Elle accélère en sautant des livres, tout en se déplaçant vers la droite, et reprend)* le Livre de Pain Maison, le Livre des Petites Musiques de Nuit, hum… *(Elle souffle.)* Ça va, les livres ont l'air bien rangés, je peux m'en aller.

(Elle quitte la scène.)

Le Dictionnaire. – Ouf, ça y est, la Bibliothécaire est partie, la journée est finie.

L'Encyclopédie. – Nous allons enfin pouvoir nous dégourdir la langue, mon cher Dictionnaire. La mienne est affreuse…

Le Dictionnaire. – Chère Encyclopédie, vous exagérez !

L'Encyclopédie. – Aujourd'hui, on est venu me consulter.

Le Livre 1 *(juste à côté, se mêlant à la conversation).* – Quelle chance !

L'Encyclopédie. – Une chance ? Vous appelez ça une chance ? On m'a sortie sans ménagement, on m'a tourné les pages d'un doigt sale et… Atchoum !

Plusieurs livres ensemble. – À vos souhaits.

L'Encyclopédie. – Je me suis enrhumée.

Le Livre 2 *(non loin de l'Encyclopédie).* – Tu as pourtant une grosse couverture cartonnée !

L'Encyclopédie *(vexée).* – Il y avait un courant d'air.

(Soudain, du mouvement, le Livre de Géographie bouscule la rangée qui se désorganise un peu.)

Le Livre d'Histoire *(d'une grosse voix).* – Qu'est-ce que c'est que ce tapage ? Moi, Livre d'Histoire, j'aimerais avoir la paix quand tombe le soir. J'ai tant parlé de guerres et de batailles que je suis fatigué et j'ai besoin de repos. Repos, j'ai dit ! Vous êtes tous bien trop bavards.

Le Livre de Géographie *(il se dirige vers la droite tout en bousculant deux ou trois livres en s'excusant à chaque fois).* – Pardon, pardon, pardon, excusez-moi. Bonsoir, pardon… Bonsoir…

Le Livre de Mme J. *(elle crie d'une voix très aiguë et très bourgeoise).* – Attention ! Vous alliez me faire tomber… Mais qui êtes-vous ? Je ne vous ai jamais vu et on ne nous a pas présentés.

Le Livre de Géographie. – Je suis le Livre de Géographie. S'il vous plaît, laissez-moi passer.

Le Livre de Mme J. – Pour quelle raison, je vous prie ?

Le Livre de Géographie. – Je voudrais voyager avant de m'endormir.

Le Livre 2 *(il se penche vers son voisin).* – Qu'est-ce qu'il a dit ?

Le Livre 3. – Il dit qu'il veut voyager avant de s'endormir.

Le Livre 2 *(il réfléchit).* – Quelle drôle d'idée…

Le Livre de Mme J. *(au Livre de Géographie).* – Voyager ? Vous voulez voyager ? Mais pour quoi faire ? […]

Cathy Ytak, *Les Aventures du Livre de Géographie qui voulait voyager avant de s'endormir*, coll. « Mini-Syros », © Syros, 2010.

Ma première lecture

1 **Ce texte est extrait :**
d'un roman   d'une bande dessinée   d'une pièce de théâtre

2 **Fais la liste des personnages présents dans cette scène. Que remarques-tu ?**

3 **Où et quand se déroule cette scène ? Justifie ta réponse.**

Je relis pour mieux comprendre

4 **À quoi le changement de ligne correspond-il dans ce texte ?**

5 **Explique le rôle des phrases écrites entre parenthèses.**

6 « ça va, les livres ont l'air bien rangés » (ligne 5) **: es-tu d'accord avec LA BIBLIOTHÉCAIRE ? Explique pourquoi.**

7 « Ouf, ca y est, la Bibliothécaire est partie … » (lignes 7-8). **D'après toi, pourquoi LE DICTIONNAIRE prononce-t-il cette phrase ?**

8 **Choisis l'adjectif qui caractérise le personnage de L'ENCYCLOPÉDIE.**
drôle   ennuyeuse   râleuse   colérique   triste

9 **Vocabulaire** « LE LIVRE 2 : Tu as pourtant une grosse **couverture** cartonnée. » (lignes 18-19)
Choisis la phrase qui convient. Justifie ta réponse.
a. Le mot *couverture* a plusieurs sens.
b. Le mot *couverture* est employé au sens figuré.
c. Le mot *couverture* est un mot générique.

10 **En t'aidant du texte, montre comment l'auteur donne vie aux livres.**

Échangeons

11 « Je voudrais voyager avant de m'endormir » (ligne 36). **Comment comprenez-vous ce que dit LE LIVRE DE GÉOGRAPHIE ?**

Ai-je bien compris le texte ?

12 **D'après toi, quel est le but de l'auteur dans ce texte ?**
faire peur • faire rire • surprendre • faire découvrir une bibliothèque • donner des conseils de lecture
Explique ta réponse en cinq lignes.

Je lis à voix haute

Par trois, entrainez-vous à lire les lignes 23 à 35. Votre lecture doit être expressive et fluide.

Même pas peur !

Personnages

Le nombre de personnages peut varier de 15 à une classe entière.

Vocabulaire

1. Doyens : *anciens.*

2. Chœur : *groupe de personnes.*

Les doyens[1] de la forêt

Le Vieux Chêne
Le Châtaignier
Le Tilleul

Le plus jeune arbre

Le Jeune Sapin

Les 6 commentateurs

Le Peuplier
Le Charme
Le Saule
Le Sorbier
Le Bouleau
L'Érable

Les autres arbres

Jusqu'à 15 arbres. Ce sont eux qui forment le « chœur[2] des arbres ». Si le nombre de participant est réduit, certaines de leurs répliques peuvent être attribuées, au choix, aux arbres commentateurs.

Autres personnages

L'Enfant (garçon ou fille mais, par commodité, on écrira « il »)
3 Chats-huants
Le Vent

À l'ouverture du rideau, les doyens de la forêt et les arbres commentateurs sont debout, en quinconce, au milieu de la scène. Le Vieux Chêne, le Châtaignier et le Tilleul sont voisins, tout comme le Bouleau et l'Érable.
Le Jeune Sapin est assis sur un tabouret, à l'écart.
Les autres arbres se répartissent sur le reste du plateau. S'ils doivent se situer en arrière-scène, ils sont debout sur des socles. Même s'ils ne se déplacent pas, les arbres ne restent pas immobiles, ils font des gestes et peuvent se tourner les uns vers les autres.
Les Chats-huants et le Vent n'interviennent que dans la seconde partie de la pièce. Quand ils parlent, les arbres ne sont pas entendus par l'Enfant.

(Un ballon sous le bras, un sac léger sur le dos, l'Enfant déboule sur scène. Il slalome entre les arbres, stoppe brutalement. Revient sur ses pas. Écoute. Regarde tout autour de lui et appelle.)

L'ENFANT *(inquiet).* – Pierre !! Manon !! *(Il fait quelques pas puis reprend plus fort.)* Pierre !! Manon !! *(Aucune réponse.)*

L'ENFANT. – C'est plus du jeu ! *(Son regard fouille les alentours.)*

L'ENFANT. – Tant pis pour vous… J'arrête de vous chercher. *(Il s'assied, boudeur, au pied du peuplier qui prend alors la parole.)*

LE PEUPLIER *(moqueur).* – Tiens, tiens, un enfant perdu…

LE CHARME. – Cela faisait longtemps, me semble-t-il…

LE SORBIER *(péremptoire[3]).* – Oui, trop longtemps !

LE SAULE *(grognon).* – Aujourd'hui, les enfants ne se perdent plus, c'est bien malheureux…

LE BOULEAU. – Normal, ils sont équipés de GPS.

L'ÉRABLE. – Mais non, pas de GPS, les GPS servent aux automobiles !

LE BOULEAU. – Ah , !

L'ÉRABLE *(professoral).* – Les enfants ont des téléphones grâce auxquels ils peuvent communiquer avec la Terre entière.

LE SAULE. – La dernière fois qu'un gosse s'est égaré, il a téléphoné et il a rameuté tous les secours possibles ! Dans la minute, on a eu les chiens, les sirènes, les hélicoptères ! L'enfer !

LE SORBIER. – Sitôt perdu ! Sitôt déniché !

(L'enfant se relève et reprend ses recherches, circulant à nouveau entre les arbres.)

L'ENFANT *(en colère).* – Pierre !! Manon !! Comment voulez-vous que je vous retrouve ?! Il y a des arbres partout !... *(Il revient vers le peuplier et envoie rebondir son ballon contre lui.)* Marre de cette forêt !!

LE PEUPLIER. – Vexant, ce gamin…

Vocabulaire

3. Péremptoire : *catégorique.*

Le Charme *(bienveillant)*. – Il faut le comprendre, il est un peu fâché…

Le Saule. – Pff… Je parie qu'il ne sait pas reconnaître un chêne d'un châtaignier, ni un frêne d'un bouleau.

(L'enfant fait quelques pas et s'assied au pied du Peuplier.)

L'Enfant. – Je vous préviens, je ne bouge plus d'ici !

(Il ôte son sac à dos, le pose à côté de lui puis s'amuse à faire tourner son ballon entre ses mains.)

Le Peuplier. – Un bon point pour lui, je crois qu'il n'a pas de téléphone et qu'il s'est réellement égaré…

Le Chœur des Arbres. – Ça fait plaisir…

LE Bouleau. – Oh oui alors !

Le Charme. – Ses copains s'en sont allés de leur côté et les derniers promeneurs sont rentrés chez eux à cette heure.

L'Érable. – Il est perdu, donc il va avoir peur…

Le Sorbier. – Et s'il a peur, il va pleurer ! CQFD[4] !

Le Peuplier. – Formidable !

(Une petite voix contradictoire s'élève alors.)

Le Jeune Sapin. – Euh… Pardon d'intervenir, je peux savoir en quoi c'est formidable que cet enfant soit perdu, qu'il ait peur et qu'il pleure… ?

Le Tilleul. – C'est la vie, jeune homme !

Le Jeune Sapin *(sceptique[5])*. – Ah ?! Vraiment ?

Le Vieux Chêne *(gentiment paternaliste)*. – Voyons, mon petit, c'est dans l'ordre des choses.

Le Tilleul *(grandiloquent)*. – Depuis la nuit des temps !

Véronique Herbaut, *Avant la peur du loup*, coll. « Mini-Syros », © Syros, 2011.

4. CQFD : *ce qu'il fallait démontrer. Dit pour clore une conversation.*

5. Sceptique : *qui doute.*

Ma première lecture

1 Explique quel est le rôle de la première partie du texte page 103.

2 Où cette scène se déroule-t-elle ? Justifie ta réponse.

3 Classe les personnages de cet extrait selon qu'ils sont présents dans la scène ou évoqués.

Je relis pour mieux comprendre

4 Relève les indices qui te permettent de comprendre ce qui arrive à L'ENFANT.

5 **Vocabulaire** Explique ce que veut dire *professoral* en t'appuyant sur son radical. Trouve d'autres mots de la même famille.

6 Explique cette réplique : « LE PEUPLIER : Vexant, ce gamin … » (ligne 51)

7 Complète cette phrase :
D'après le Saule, aujourd'hui les enfants ne se perdent plus car…

8 « LE PEUPLIER : Formidable ! » (ligne 68). Explique pourquoi LE PEUPLIER est content.

9 **Vocabulaire** *Une petite voix* ***contradictoire*** *s'élève alors.* (ligne 69)
Cherche dans le dictionnaire la définition de l'adjectif *contradictoire*, puis explique pourquoi la voix du JEUNE SAPIN est *contradictoire*.

10 Relève tous les adjectifs permettant de caractériser les arbres.

Échangeons

11 Peut-on dire que les personnages présents dialoguent tous entre eux ? Justifiez votre réponse.

Ai-je bien compris le texte ?

12 Imagine que LE JEUNE SAPIN va raconter à L'ENFANT la conversation à laquelle il a assisté. Rédige un texte d'une dizaine de répliques entre les deux personnages.

Je lis à voix haute

En groupe, choisissez un passage d'une dizaine de répliques. Distribuez-vous les rôles et entrainez-vous à lire ce passage. Attention, vous devez tenir compte des indications données par l'auteur pour mettre le ton.

Texte intégral en 2 parties

L'annonce (partie 1)

Côté jardin[1]*, le vestibule vide. Côté cour*[2]*, dans le bureau, l'auteur est en train de faire une réussite avec un jeu de cartes. Le secrétaire manipule de la paperasse. On sonne. Le secrétaire va ouvrir la porte du vestibule*[3] *donnant sur les coulisses. Entrent les sept personnages, tous identifiables par leur costume. Ils ont un journal à la main, se bousculent.*

Le Secrétaire. – Entrez, messieurs, entrez.

Le Chat Botté. – Je viens pour l'annonce.

Barbe-Bleue. – Pour l'annonce...

Le Petit Poucet. – C'est pour l'annonce.

Le Secrétaire. – Vous êtes ensemble ?

Tout le monde en chœur. – Absolument pas !

Peau d'Âne. – Chacun pour soi !

Barbe-Bleue. – Je n'ai rien à voir avec ces gens-là.

Le Chat Botté. – Ne mélangeons pas, s'il vous plaît...

Le Secrétaire. – Prenez place, messieurs-dames.

Ils s'assoient. Se regardent en chiens de faïence. Le secrétaire passe côté cour.

Le Secrétaire. – Monsieur, c'est pour l'annonce.

L'Auteur. – Une seconde, Charles.

Il range fébrilement ses cartes, se flanque une perruque sur la tête, boutonne sa vareuse, saisit sa plume d'oie et se met à écrire.

L'Auteur. – Faites entrer, mon ami.

Le secrétaire ouvre la porte de communication.

Le Secrétaire. – Au premier de ces messieurs !

Peau d'âne, Le Petit Chaperon rouge, Cendrillon et La Belle au bois dormant se lèvent.

Cendrillon. – Les dames d'abord, si ça ne vous fait rien !

Barbe-Bleue, *au public*. – En voilà quatre qui manquent à ma collection !

Le Secrétaire, *à Cendrillon*. – Soit ! Mademoiselle, s'il vous plaît.

Ils entrent tous les deux dans le bureau de l'Auteur. Le secrétaire s'assoit et suit soigneusement chaque entretien, la mine intéressée. Dans la pièce adjacente, les autres personnages se collent à la porte pour écouter la conversation.

Vocabulaire

1. Côté jardin : *à gauche de la scène.*

2. Côté cour : *à droite de la scène.*

3. Vestibule : *entrée d'une maison.*

L'Auteur. – Bonjour jeune fille. Vous savez ce que je cherche ?

Cendrillon. – Oui monsieur, j'ai bien lu l'annonce. *(Elle lit à haute voix.)* « Auteur cherche histoires pittoresques pour contes populaires. Forte récompense. Pas sérieux s'abstenir. »

L'Auteur, *au public.* – La vérité est que je n'ai pas l'ombre d'une idée. Passé la première phrase – Il était une fois – je suis sec comme un vieux biscuit. *(À Cendrillon)* Je vous écoute, mademoiselle.

Cendrillon. – Voilà, monsieur. Je m'appelle Cendrillon et...

L'Auteur, *au public.* – Seigneur ! Ça commence bien ! Cendrillon ! Pourquoi pas goupillon, ou court-bouillon !

Cendrillon, *au public.* – Quel vieux ronchon ! *(À l'Auteur)* À la maison, ma marâtre[4] et ses deux filles me traitent comme la dernière des souillons. Je m'habille avec des loques, je dors dans le grenier...

Vocabulaire

4. Marâtre : *méchante belle-mère.*

L'Auteur. – Et vous mangez les épluchures de pommes de terre, je sais. Ma pauvre mademoiselle, la misère ne fait plus recette, aujourd'hui.

Cendrillon. – Ça s'arrange après, monsieur, car ma marraine est une fée qui...

L'Auteur. – Une fée ! À qui ferez-vous croire ça !

Cendrillon. – Je vous assure, monsieur...

L'Auteur, *soupirant.* – Bien, bien, continuez...

Cendrillon. – Elle change une citrouille en carrosse et...

L'Auteur, *ironique* – Et des souris en chevaux, bien sûr !

Cendrillon. – Ah ? On vous l'a dit ? Je vais donc au bal du roi ; le prince, son fils, tombe fou amoureux de moi, mais à minuit la citrouille se transforme en soulier et je perds mon carrosse... *(Elle s'arrête.)* Euh... Je crois que je me suis un peu mélangé les pédales...

L'Auteur. – Relisez la dernière phrase de l'annonce, mademoiselle.

Cendrillon. – « Forte récompense. »

L'Auteur. – Plus loin.

Cendrillon. – « Pas sérieux s'abstenir. »

L'Auteur. – Je ne vous le fais pas dire. Au revoir, mademoiselle. Faites entrer le suivant, Charles.

Cendrillon sort, le visage défait. Le secrétaire lui fait signe de s'asseoir dans la salle d'attente (il le fera pour chacun des personnages à venir).

Le Secrétaire. – Surtout ne bougez pas, mademoiselle Cendrillon. J'aurai un petit mot à vous dire tout à l'heure...

Entre le Petit Chaperon rouge.

L'Auteur. – Je vous écoute, mon enfant.

Le Petit Chaperon Rouge. – Aimez-vous les galettes et le beurre, monsieur ?

L'Auteur, *surpris.* – Certes, ma fille, certes.

Le Petit Chaperon Rouge. – Mère-Grand aussi. C'est comme ça que j'ai rencontré le loup. Nous avons devisé puis...

L'Auteur. – Vous devisez avec les loups, vous ?

Le Petit Chaperon Rouge. – Celui-là était bavard. Et très gourmand, aussi, parce qu'après avoir mangé Mère-Grand, il m'a fait le coup de la chevillette. Dès qu'elle a chu[5]...

L'Auteur. – La chevillette a chu ? Vous êtes chûre ?

Le Petit Chaperon Rouge. – Abcholument. La chevillette a chu et j'ai vu Mère-Grand avec ses grandes dents, qui voulait me croquer. Par bonheur le bûcheron a éventré le loup et sorti Mère-Grand avant qu'elle ne soit digérée. Voilà.

L'Auteur, *au public* – Je ne saisis pas un traître mot. *(Au Petit Chaperon rouge)* Quel est le rôle exact de la chevillette dans cette histoire ?

Le Petit Chaperon Rouge. – Capital, monsieur. Sans galette et sans chevillette, cette histoire n'aurait ni queue ni tête.

L'Auteur, *au secrétaire.* – Vous y comprenez quelque chose, vous ?

Le Secrétaire. – Je ne suis que votre secrétaire, monsieur.

L'Auteur. – C'est juste. Au suivant.

Le Petit Chaperon rouge sort. Le secrétaire la fait asseoir à côté de Cendrillon, en lui intimant d'attendre d'un geste.

La Belle au bois dormant entre.

La Belle. – Monsieur, je suis la Belle au bois dormant.

L'Auteur, *au public.* –Voilà un nom bien ronflant.

La Belle. – Voyez-vous, je suis un tantinet[6] maladroite. L'autre jour, je me pique le doigt avec une aiguille...

L'Auteur, *dégoûté.* – Du sang ? Il y a du sang, dans votre histoirc ?

La Belle. – Oh, juste une goutte. Mais je m'endors pour un siècle ou deux ainsi que tous les serviteurs, les hallebardiers, les...

L'Auteur. – Les lecteurs ont horreur des histoires à dormir debout, ma petite dame !

La Belle. – Attention ! Au bout d'un siècle, un prince charmant arrive et...

L'Auteur. – Et tout le monde a refermé le livre. Au revoir, mademoiselle ! *(Au secrétaire)* Suivant !

La Belle au bois dormant sort, boudeuse.

5. Chu : *tombé. Passé composé du verbe « choir ».*

6. Un tantinet : *un peu.*

Ma première lecture

1 **Relève le nom des personnages présents dans cette scène.**

2 **Relis le texte jusqu'à la ligne 23 et retrouve les indices qui te permettent de situer cette scène dans une époque et dans un lieu.**

3 **Associe chaque élément au type d'écriture qui lui correspond dans le texte.**

le nom des personnages — les éléments de mise en scène — les dialogues

a. italique — b. majuscule — c. écriture standard

Je relis pour mieux comprendre

4 **Relève dans le premier paragraphe, page 107, les mots qui appartiennent au champ lexical du théâtre.**

5 **Quel est le rôle de ce premier paragraphe ?**

6 **Retrouve le texte de l'annonce qui a été passée, puis relève la réplique qui indique pourquoi L'AUTEUR a passé cette annonce.**

7 **Quel est le point commun entre les différents personnages reçus par L'AUTEUR ?**

8 **Les personnages viennent pour…**

a. raconter leur vie.
b. être embauché.
c. toucher la récompense.
d. jouer dans la pièce.

9 **Quel signe de ponctuation termine les répliques de CENDRILLON (lignes 34 à 46) ? Qu'est-ce que cela indique ?**

10 **Retrouve pour chaque personnage les raisons pour lesquelles L'AUTEUR rejette leur récit.**

11 **Quelles sont les différentes émotions ressenties par L'AUTEUR ? Justifie ta réponse en t'appuyant sur le texte.**

Échangeons

12 **D'après vous, pourquoi le secrétaire fait-il signe de s'asseoir dans la salle d'attente à chacun des personnages (ligne 59) ?**

Ai-je bien compris le texte ?

13 Imagine que Blanche-Neige soit reçue par L'AUTEUR. Écris la scène en huit répliques.

Je lis à voix haute

À deux, choisissez un passage de dialogue entre L'AUTEUR et un personnage de conte et entrainez-vous à le lire de manière expressive.

L'annonce (partie 2)

Entre Peau d'âne.

L'Auteur, *stupéfait.* – Qu'est-ce que c'est que ça ?

Peau d'Âne. –Ah, monsieur ! Mon histoire va vous plaire !

L'Auteur, *se bouchant le nez.* – Elle a déjà le parfum de l'exotisme !

Peau d'Âne. – Figurez-vous que le roi mon père voulait m'épouser !

L'Auteur. – Je vous arrête tout de suite, mademoiselle ! Dans mes livres, les papas n'épousent pas leur fille ! Suivant !

Peau d'âne sort.

Entre le Petit Poucet.

L'Auteur. – Rassurez-moi tout de suite : votre mère ne s'est pas mis en tête de vous épouser, j'espère !

Le Petit Poucet. – Au contraire, monsieur. Mes parents étaient si pauvres qu'ils nous ont abandonnés dans la forêt, mes frères et moi.

L'Auteur, *au public.* – Voilà de bien curieuses familles !

Le Petit Poucet. – Grâce à de petits cailloux blancs, j'ai retrouvé aisément le chemin de la maison. Cette fois, ils nous ont conduits au cœur de la forêt. Nous étions bel et bien perdus. C'est alors que j'ai repéré le château de l'ogre...

L'Auteur. – J'en étais sûr ! Ça commençait bien, et nous voilà avec un ogre. Mais mon pauvre ami, les ogres ne font plus peur à personne.

Le Petit Poucet. – Pourtant, celui-ci a égorgé ses sept filles !

L'Auteur, *au public.* – Après le père qui veut épouser sa fille, en voilà un qui en tue sept ! *(au Petit Poucet)* Et vous croyez que je vais écrire des horreurs pareilles ? Dehors, mon garçon !

Le Petit Poucet sort.

L'Auteur, *au secrétaire.* – Mon ami, je me demande si j'ai bien fait de passer cette annonce. Les histoires de tous ces gens n'ont aucun sens.

Le Secrétaire. – Aucun, monsieur. On continue ?

L'Auteur, *soupirant.* – Faites entrer, Charles, qu'on en finisse.

Entre Barbe-Bleue, allure terrible. Mouvement de recul du secrétaire et de l'Auteur. Barbe-Bleue se plante devant l'Auteur, d'un air menaçant.

Barbe-Bleue. – Êtes-vous curieux, monsieur ?

L'Auteur, *tremblant.* – ... je ne me mêle jamais de ce qui ne me regarde pas...

Barbe-Bleue, *s'asseyant.* – Alors vous allez me comprendre. *(Silence)* Imaginez que vous ayez une épouse à qui vous avez interdit de pénétrer dans une salle de votre château. Pour la tester, vous lui donnez la clé de ladite pièce. Elle désobéit, vous vous en apercevez. Qu'est-ce que vous faites ?

L'Auteur. – Je change la serrure.

Barbe-Bleue. – Moi, je la tue. *(Silence)* D'ailleurs, j'en ai liquidé six. Et la septième me cause bien du tracas. Elle ne va pas tarder à rejoindre les autres dans la chambre froide ! Les femmes ne sont pas raisonnables, monsieur.

L'Auteur. – C... c'est ce que je disais aux dames qui vous ont précédé.

Barbe-Bleue. – Quelle catastrophe que la curiosité, monsieur ! *(Silence)* Alors, mon histoire vous intéresse ?

L'Auteur. – Infiniment, monsieur. Laissez votre adresse à mon secrétaire, nous vous écrirons, soyez-en sûr.

Barbe-Bleue se lève, se dirige vers la porte, se retourne brusquement.

Barbe-Bleue, *il tonne.* – Six ! Et bientôt, couic ! sept !

L'Auteur. – Tout à fait.

Le Secrétaire. – Vous avez bien raison !

Barbe-Bleue sort. L'Auteur et le secrétaire se regardent en soupirant.

L'Auteur. – Je crois que je vais craquer, Charles.

Le Secrétaire. – Il n'en reste qu'un, monsieur.

L'Auteur. – Bon. Je veux bien faire une dernière tentative.

Entre le Chat Botté.

L'Auteur. – Un chat ? *(Au secrétaire)* Vous n'avez pas trouvé d'éléphant ou de dromadaire ?

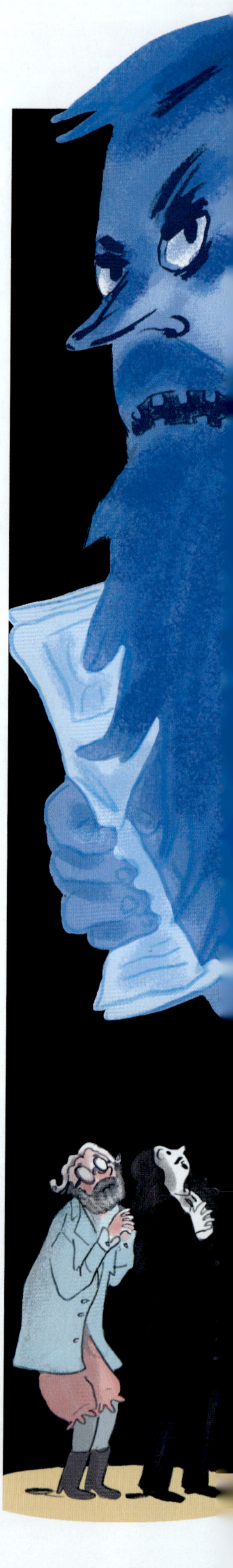

Le Chat Botté. – C'est que je ne suis pas n'importe quel chat, monsieur. Je suis le Chat Botté.

L'Auteur, *s'énervant*. – Botté ou perché, ce n'est pas demain la veille qu'un chat sera le héros d'une de mes histoires ! Je suis sérieux, moi ! Je ne m'appelle pas La Fontaine, moi ! Je ne raconte pas des contes à ramer des choux[1], moi ! Sortez de mon bureau, mistigri de carnaval, et allez faire vos griffes ailleurs !

Le Chat Botté sort.

Vocabulaire

1. À ramer des choux : auxquels on ne comprend rien.

L'Auteur, *au secrétaire*. – C'était votre idée, l'annonce. Je ne vous félicite pas, Charles. Quel gâchis ! Quel épouvantable gâchis ! *(Il énumère sur ses doigts.)* Une qui prend des citrouilles pour des carrosses, une autre qui tire les sonnettes...

Le Secrétaire. – Les chevillettes, monsieur...

L'Auteur, *agacé*. – Je vous en prie, hein ! *(Il continue.)* Une qui se prend pour une momie, une femme de Cro-Magnon, un avorton qui collectionne les cailloux, une brute sanguinaire, et pour finir un chat de gouttière ! Pourquoi pas une marionnette en bois qui parle, hein ? Ou sept nains qui travaillent dans une mine de diamant ? Ou trois petits cochons qui construisent des maisons ? C'est lamentable !

Le Secrétaire, *distrait*. – Lamentable, monsieur. *(Il passe dans la salle d'attente, un bloc de papier à la main.)*

L'Auteur, *sans s'apercevoir que son secrétaire est parti*. – Lamentable, oui ! C'est à croire que tous les fous furieux se sont donné rendez-vous ici ! Ne me reparlez plus d'annonce, vous entendez, Charles ? *(Voyant que son secrétaire n'est plus là)* Perrault, où êtes-vous ?

Côté cour, le secrétaire est déjà en conversation avec les sept personnages (brouhaha).

L'Auteur. – Si ! Je vais en passer une, d'annonce, mais pour trouver un autre secrétaire. Celui-là ne vaut pas un clou ! Tout juste bon à répéter ce que je dis. Perrault ! Charles Perrault ! Pfff ! Perroquet, oui !

*Il sort côté cour. Perrault, griffonnant sur son bloc, sort côté jardin avec les sept personnages, qui parlent tous en même temps (*brouhaha plus fort*).*

Charles Perrault. – À tour de rôle, messieurs-dames ! Racontez-moi votre histoire à tour de rôle !

FIN

Gérard Moncomble, Michel Piquemal, « L'annonce »,
17 pièces humoristiques pour l'école, © Magnard.

Ma première lecture

1 **Rappelle-toi ce qui s'est passé dans la première partie.**

2 **Fais la liste des personnages reçus par** L'AUTEUR **et compare-les avec ceux de la première partie.**

Je relis pour mieux comprendre

3 **Vocabulaire** **Cherche la définition du verbe** *liquider* **:**
« D'ailleurs, j'en ai **liquidé** six. » (ligne 43). **Employé dans ce contexte, à quel registre de langue appartient-il ?**
Remplace-le par un synonyme appartenant à un autre registre de langue.

4 **Relève dans le texte les mots ou expressions qui montrent que** L'AUTEUR **a peur de** BARBE-BLEUE.

5 **Pourquoi** L'AUTEUR **se compare-t-il à Jean de La Fontaine (lignes 68-69) ?**

6 **Relis les répliques de la ligne 72 à 83. Puis identifie chaque personnage dont parle** L'AUTEUR.

7 **Pourquoi le secrétaire est-il** *distrait* **(ligne 86) ?**
a. Parce qu'il a peur que Barbe-Bleue revienne.
b. Parce qu'il est fatigué par toutes ces histoires.
c. Parce qu'il veut aller rejoindre les autres personnages.

8 **Vocabulaire** **Explique le sens du mot** *lamentable* **(ligne 83).**

9 **Relève la réplique qui t'apprend le nom du** SECRÉTAIRE.

10 **Complète cette phrase :** Le secrétaire sort avec les sept personnages car…

11 **D'après toi, pourquoi le personnage** L'AUTEUR **n'a-t-il pas de nom ?**

12 **Relève dans le texte :**
a. un exemple de situation comique b. un exemple de parole comique c. un exemple de geste comique

Échangeons

13 **Comment interprétez-vous la fin de cette pièce de théâtre ?**

Ai-je bien compris le texte ?

14 **Rédige un texte d'une dizaine de lignes dans lequel tu présenteras cette pièce.**

Je lis à voix haute

Avec un camarade, entraine-toi à lire de manière expressive les lignes 9 à 23 p. 111. **Appuie-toi sur la ponctuation pour bien mettre le ton.**

Jouer une scène

LE SAULE (*grognon*). – Aujourd'hui, les enfants ne se perdent plus, c'est bien malheureux…

LE BOULEAU. – Normal, ils sont équipés de GPS.

L'ÉRABLE. – Mais non, pas de GPS, les GPS servent aux automobiles !

LE BOULEAU. – Ah !

L'ÉRABLE (*professoral*). – Les enfants ont des téléphones grâce auxquels ils peuvent communiquer avec la Terre entière.

LE SAULE. – La dernière fois qu'un gosse s'est égaré, il a téléphoné et il a rameuté tous les secours possibles ! Dans la minute, on a eu les chiens, les sirènes, les hélicoptères ! L'enfer !

Véronique Herbaut, *Avant la peur du loup*, coll. « Mini-Syros », © Syros, 2011.

Étape 1 Lisons le texte pour le comprendre

1. Combien de personnages interviennent dans cet extrait ?
2. Repérez les phrases qui vous permettent de comprendre les émotions de chaque personnage. De quelles émotions s'agit-il ?
3. Cherchez comment vous allez pouvoir montrer cette émotion sur scène.

Étape 2 Préparons-nous à jouer la scène

- Répartissez-vous les rôles.
- Entrainez-vous à dire le texte en enchainant bien vos répliques.
- Le ton qui vous prenez doit permettre de bien comprendre ce que ressent chacun.
- Réfléchissez ensemble aux gestes de chacun en fonction de ce que le personnage exprime.

Pensez à…

- bien regarder vos partenaires ;
- parler clairement en articulant ;
- associer des gestes à vos paroles.

Échangeons sur les pièces de théâtre du chapitre

À L'ORAL

La présentation du texte théâtral

1 Comment montre-t-on le changement de personnage dans un dialogue de roman ? Et dans les pièces de théâtre ?

2 Repérez les didascalies dans les pièces de théâtre du chapitre.

a. Lorsqu'il y a des verbes dans les didascalies, à quel temps sont-ils conjugués en général ? Pourquoi, à votre avis ?

b. Recopiez une didascalie qui donne des indications sur le lieu.

c. Relevez une didascalie qui donne des indications sur les gestes des personnages.

On appelle « didascalies » toutes les précisions que l'auteur donne aux comédiens pour jouer la scène.

Le comique

3 Relevez dans les textes du chapitre des passages qui vous ont fait rire.

4 Proposez un classement de ces passages :

- ceux qui font rire à cause d'un jeu de mots ;
- ceux qui font rire à cause d'un geste ;
- ceux qui font rire à cause de la situation des personnages.

5 Quel extrait vous a le plus amusé ? Expliquez pourquoi.

Pour conclure…

En groupes, vous allez maintenant présenter ce que vous avez appris sur le texte théâtral et sur le comique à vos camarades.

- Organisez votre prise de parole en ordonnant vos idées.
- Illustrez vos propos par des exemples.
- Répartissez-vous les prises de paroles.

Mon carnet de lecture

À L'ÉCRIT

Les pièces de théâtre du chapitre

- Tu viens de lire trois pièces de théâtre. Laquelle as-tu préférée ? Laquelle as-tu le moins appréciée ? Explique tes choix en quelques lignes.
- Fais la liste de tous les personnages présents dans les pièces que tu viens de lire. Propose un classement de ces personnages. Explique ton choix.
- Quel personnage trouves-tu le plus étonnant ? Justifie ton choix.

Les autres pièces de théâtre que j'ai lues ou vues

- Écris les titres d'autres pièces de théâtre que tu as déjà lues ou vues ainsi que le nom de leur auteur.
- Quelle pièce de théâtre as-tu préférée ? Explique pourquoi.
- Quel personnage aimerais-tu jouer ? Pourquoi ?

Les pièces de théâtre que je vais lire

- Cherche dans la bibliothèque de la classe ou de l'école d'autres pièces de théâtre. Écris leur titre et le nom de leur auteur.
- Parmi les pièces de théâtre que tu as relevées, quelle est celle que tu as le plus envie de lire ? De jouer ? Pourquoi ?

Mon enquête de lecteur

Quel est le rôle des points de suspension dans un dialogue ?

Explique pour chaque extrait pourquoi l'auteur utilise les points de suspension.

Extrait 1

L'ENFANT ROI *(arrivant en tapant du pied et croisant les bras).* – Je ne veux pas dormir !
CROCUS. – MAIS…
L'ENFANT ROI. – Je ne veux pas qu'on éteigne la lumière !
BAMBOU. – Nous ne…
L'ENFANT ROI. – J'ai soif !
YUCCA. – La rivière…
L'ENFANT ROI *(s'approchant de la rivière et puis reculant).* – Je n'ai pas le droit de m'approcher de la rivière. C'est formellement interdit !

Anne Caroline d'Arnaudy, « La Nuit des automates », *Théâtre en scène,* tome 4, © Magnard.

Extrait 2

L'AVEUGLE. – La neige… Comment est la neige ? Veux-tu bien me la décrire ?
LE GUIDE *(surpris).* – La neige ? Comment te dire… la neige… Elle est… blanche…
L'AVEUGLE. – Blanche ? Mais… qu'est-ce que c'est « blanche » ?
LE GUIDE. – Blanche ?… c'est… Blanche comme blanc… comme… *(Il regarde autour de lui)* Ce nuage qui est dans le ciel. *(En souriant, très content de sa comparaison).* Lui aussi est blanc comme la neige.
L'AVEUGLE. – Ah oui ! Mais… comment c'est un nuage ?

« Blanc comme neige », Conte esquimau, *Théâtre en scène,* tome 4, © Magnard.

Extrait 3

LE PREMIER GARDE. – Ne bougez plus !
LE DEUXIÈME GARDE. – Sinon…
LE TROISIÈME GARDE. – On vous scrunch !
OMBELINE. – Qu'est-ce que ça veut dire « scrunch » ?
MICHAEL. – À mon avis, ce n'est pas très gentil…
JULIEN *(notant sur son carnet).* – Intéressant !
DRISS. – J'aime bien ce mot… Il me rappelle quelque chose…

Anne Caroline d'Arnaudy, « Le Vol dans l'espace », *Théâtre en scène,* tome 2, © Magnard.

Pour préparer la 6e

Notre année de lecture avec PÉPITES

À partir des textes proposés dans les chapitres 1 à 7.

Lire pour… découvrir des personnages

1 Faites la liste des personnages que vous avez rencontrés dans les textes et qui, d'après vous, ont des qualités. Justifiez votre choix.

2 Quel est, d'après vous, le personnage le plus héroïque ?

3 D'après vous, quels sont les personnages qui, au contraire, agissent de manière critiquable ? Expliquez votre choix.

4 À quel personnage chacun d'entre vous souhaiterait-il ressembler ? Pourquoi ?

À vos questions !

Et si vous pouviez rencontrer l'un des personnages des textes que vous avez lus, qui choisiriez-vous ? Pourquoi ? Quelles questions souhaiteriez-vous lui poser ?

Lire pour… vivre en société

1 Dans quels textes parle-t-on de la protection de l'environnement ? Expliquez comment vous le savez.

2 Faites la liste des textes qui présentent des personnages qui sont « différents ». Expliquez votre choix.

3 Les fables peuvent-elles nous aider à mieux vivre ensemble ? Expliquez pourquoi.

4 Quels textes vous aident à mieux comprendre le monde qui vous entoure ?

À vos stylos !

Et si vous deviez réaliser une affiche pour défendre la protection de l'environnement, que choisiriez-vous d'écrire ? Proposez le plan de votre affiche. Comment pourriez-vous l'illustrer ?

Un roman d'apprentissage est un roman dans lequel on découvre la vie quotidienne d'un personnage et les relations qu'il a avec les autres.

Lire pour… grandir

1 Donnez deux exemples de roman d'apprentissage parmi les textes que vous avez lus.

2 D'après vous, pourquoi les auteurs utilisent-ils souvent la première personne du singulier dans ce type de récit ?

3 Quels problèmes les personnages rencontrent-ils dans leur vie quotidienne ?

4 Quelles solutions les personnages trouvent-ils ? Qui les aide à surmonter leurs problèmes ?

À vos stylos !

Et si vous écriviez une lettre au personnage qui vous a le plus émus parmi les personnages des textes lus ? Choisissez un personnage et rédigez la lettre.

Lire pour… vivre des aventures

1 Cherchez dans un dictionnaire les mots suivants :

suspense   péripétie

2 Faites la liste de tous les textes qui comportent un moment de suspense, et donnez trois exemples de péripétie.

3 Parmi les textes que vous avez lus, quel est, pour vous, celui qui se termine par une « chute » ? Expliquez votre choix.

4 Quel est le texte qui vous semble comporter le plus de péripéties ? Justifiez votre choix.

On appelle « chute » une fin rapide et surprenante dans un récit.

À vous de chercher !

Cherchez dans la bibliothèque de votre classe ou de votre école des albums ou des romans qui comportent du suspense ou des péripéties. Expliquez votre choix.

Lire pour… se confronter au merveilleux et à l'étrange

1 Identifiez les éléments surnaturels présents dans les textes que vous avez lus. Classez-les et expliquez votre choix.

2 Quel est, selon vous, le texte le plus surprenant ? et le plus inquiétant ?

3 Pour chacun(e) d'entre vous, quel est le texte qui est le plus réussi ?

4 Quel est le texte que vous avez le moins apprécié ?

À vous d'imaginer !

Proposez deux situations surnaturelles que vous souhaiteriez trouver dans un récit.

Lire pour… imaginer, dire et célébrer le monde

1 Relisez les haïkus page 98. Quelle est la particularité de ces poèmes ?

2 Parmi les poèmes que vous avez lus, quels sont ceux qui comportent un récit ?

3 Quel est, d'après vous, le poème qui joue le plus avec les mots ? Expliquez votre choix.

4 Cherchez dans votre dictionnaire le sens du mot **célébrer**. Que signifie pour vous l'expression **célébrer le monde** ?

À vous de chercher !

Parmi les poèmes lus, quels sont, d'après vous, ceux qui « célèbrent » le mieux le monde ? Cherchez dans la bibliothèque de votre classe ou de votre école d'autres poèmes qui, d'après vous, célèbrent le monde.

Zoom sur… le personnage

Comment présenter un personnage ?

Je repère

▶ les actions du personnage
Comment réagit-il ?
Pourquoi agit-il ainsi ?

▶ son but
Que cherche-t-il ?
Que veut-il obtenir ?
Pourquoi poursuit-il ce but ?

Je comprends

▶ ses relations avec les autres personnages
Qui l'aide ? Qui l'empêche d'atteindre son but ?
Quels sont ses ennemis ?

▶ ses propos dans les dialogues
Comment le personnage communique-t-il avec les autres personnages ?

Étude de la langue

J'utilise les types et formes de phrases

Je cherche

- **Relève les phrases qui expriment ce que les personnages ressentent.**
- **Indique le type de chaque phrase en t'aidant des signes de ponctuation.**
- **Relève une phrase à la forme négative et justifie ton choix.**
- **Propose une nouvelle phrase pour chaque bulle en veillant à varier les types et les formes de phrases.**

Je retiens

✓ Je connais déjà **les différents types de phrases**.

- **La phrase déclarative** permet de **donner une information.**
  Les spéléologues ont découvert une nouvelle grotte.
- **La phrase interrogative** sert à **poser une question**.
  Quel est le nom de cette grotte ?
- **La phrase injonctive** sert à **donner un ordre ou un conseil.**
  Prenez un sac à dos pour tout transporter.
- **La phrase exclamative exprime un sentiment**.
  Comme cet avion est grand !

✓ Je choisis **la forme affirmative** pour **donner une information** : Je partirai en avion.

✓ Je choisis **la forme négative** pour **nier une information** : Je **ne** partirai **pas** en avion.

Je repère et je manipule

1 ✪ **Copie les phrases. Indique leur type.**

a. Où ai-je déposé mes clés ?
b. Elles sont posées ici.
c. Merci ! Tu m'as rendu service !
d. Range-les mieux la prochaine fois.

2 ✪✪ **Cherche l'intrus. Justifie ta réponse.**

a. La baleine est un mammifère marin.
b. L'hippocampe est nommé cheval de mer.
c. L'anémone de mer n'est pas une plante.
d. Le diodon se gonfle pour faire peur.

3 ✪✪ **Relève une phrase de chaque type dans le texte suivant.**

On trouve des yaourts de toutes sortes dans nos réfrigérateurs. Mais sans lait, pas de yaourt ! Comment le lait de vache se transforme-t-il en yaourt ? Les yaourts sont stockés au frais, à 4 °C. À cette température la fermentation est stoppée. Ils sont ensuite transportés vers les rayons frais des magasins. Chez toi, conserve bien les yaourts au réfrigérateur avant de les déguster !

Mon Quotidien pour les 10-14 ans
www.monquotidien.fr, février 2011.

Je m'entraine

4 ✪ **Réécris les phrases à la forme négative.**

a. Le train est arrivé en retard.
b. Les passagers descendent rapidement.
c. La gare se remplit de voyageurs.
d. Le haut-parleur diffuse des informations claires.

5 ✪ **Les phrases suivantes sont-elles correctes ? Justifie ta réponse.**

a. On a pas trouvé la sortie.
b. Les touristes ne sont guère nombreux.
c. J'en ai pas acheté.
d. Il est pas encore arrivé ?

6 ✪✪ **Relève les phrases injonctives.**

Si tu veux rester en bonne santé, tu dois suivre quelques conseils. Fais de l'exercice. C'est indispensable et c'est agréable. Reste propre : lave tes mains ; prends une douche quotidiennement. Aie une bonne alimentation, variée et équilibrée. Il ne faut manger ni trop gras ni trop sucré. Dors suffisamment.

7 ✪✪ **Relève chaque phrase interrogative. Entoure le mot interrogatif.**

a. Comment s'organise le traditionnel carnaval ?
b. Plusieurs villes sont célèbres pour ces festivités.
c. Quel carnaval as-tu vu ?
d. Connais-tu le carnaval de Rio de Janeiro ?
e. Quand se déroule celui de Venise ?

8 ✪✪✪ **Pose une question portant sur chaque groupe de mots en couleur.**

a. L'autoroute A 10 traverse la Touraine.
b. Les conducteurs s'arrêtent au péage.
c. Ils repartent après avoir payé.
d. C'est un embouteillage qui se forme à la sortie de la ville.

9 ✪✪✪ **Transforme ces phrases déclaratives en phrases exclamatives en utilisant un mot exclamatif :** ***quel*****,** ***que*** **ou** ***comme*****. Fais les transformations nécessaires.**

a. Tu as l'air très bête quand tu réagis ainsi.
b. Mon jardin était très fleuri.
c. Il y a beaucoup de monde dans cette pièce.
d. J'envie beaucoup ton talent.

10 ✪✪✪ **Pose trois questions sur le texte suivant.**

Une baleine à bosse de 11 mètres a été sauvée au large du Cap, en Afrique du Sud. Elle était coincée dans des filets, des cordages, des bouées… et ne pouvait plus bouger. Ses sauveteurs sont des protecteurs des animaux. Ils ont découpé chaque corde, puis le cétacé a pu repartir.

Mon Quotidien pour les 10-14 ans
www.monquotidien.fr, juin 2011.

J'écris

11 **Écris un court dialogue entre les deux enfants. Tu utiliseras les propositions suivantes dans l'ordre qui te convient :** ***s'exclame-t-elle*****,** ***répond-il*****,** ***dit-elle*****,** ***demande-t-il*****.**

Je distingue le thème et le prédicat

Je cherche

Texte A

Les moyens de transport se sont développés. Les avions sillonnent le ciel. Les autoroutes relient les grandes villes. Les lignes de train à grande vitesse se multiplient.

Texte B

Les moyens de transport se sont développés sur l'ensemble de la planète. Les avions sillonnent le ciel jour et nuit. Les autoroutes relient les grandes villes. Les lignes de train à grande vitesse se multiplient dans de nombreux pays

Texte C

Sur l'ensemble de la planète, les moyens de transport se sont développés. Jour et nuit, les avions sillonnent le ciel. Les autoroutes relient les grandes villes. Dans de nombreux pays, les lignes de train à grande vitesse se multiplient.

- **Dans le texte A, de quoi parle-t-on dans chaque phrase ? Qu'en dit-on ? Complète le tableau suivant :**

Ce dont on parle	Ce que l'on en dit

- **Compare le texte A aux textes B et C. Quelles remarques peux-tu faire sur les modifications et sur leur rôle ?**

Je retiens

✓ Je sais identifier les deux éléments essentiels d'une phrase :
– **le thème** ou **le sujet**, c'est-à-dire ce dont on parle ;
– **le prédicat**, c'est-à-dire ce que l'on dit du thème ou du sujet.
Le prédicat est composé **du verbe** et **des compléments du verbe** (▸p. 140)

<u>Les bateaux</u> <u>traversent les océans.</u>
thème/sujet — prédicat (verbe + complément du verbe)

✓ Parfois, on apporte **des précisions à la phrase** en ajoutant des groupes de mots, **compléments de phrase** (▸p. 142), qui peuvent être **déplacés** ou **supprimés**.

<u>Les bateaux</u> <u>traversent les océans</u> <u>depuis des millénaires</u>.
thème/sujet — prédicat — complément de phrase.

Je repère et je manipule

1 ✪ **Copie chaque phrase et sépare le sujet de son prédicat.**

a. L'aéroport est fermé.

b. Les contrôleurs aériens quittent la tour de contrôle.

c. Les passagers attendent le bus.

d. Les bagages sont dans les soutes.

2 ✪ **Réécris les phrases en supprimant les compléments qui précisent la phrase.**

a. La gare est ouverte dès 5 heures du matin.

b. Les voyageurs peuvent monter dans le train 20 minutes avant le départ.

c. Les wagons sont nettoyés afin que les voyageurs s'installent confortablement.

d. Des panneaux indiquent les horaires et les destinations pour que tous les voyageurs puissent s'organiser.

3 ✪ **Choisis les prédicats qui peuvent avoir pour sujet les musiciens.**

- accordent leurs instruments.
- ouvre la partition.
- regardent le chef d'orchestre.
- termine le récital.

4 ✪✪ **Réécris les phrases de l'exercice 3 en ajoutant des compléments qui précisent la phrase.**

Je m'entraine

5 ✪ **Associe chaque sujet au prédicat qui convient.**

a. Les commerçants	1. arrivent tranquillement.
b. Le fleuriste	2. se pressent autour des étalages.
c. Les clients	3. sort des caisses de glace.
d. Le poissonnier	4. remplit les vases.

6 ✪ **Copie chaque phrase. Sépare le sujet du prédicat et souligne le complément qui précise la phrase.**

a. Le cinéma ouvre ses portes dès 20 heures.

b. La caissière prépare les billets avant l'arrivée des spectateurs.

c. Le rideau rouge s'ouvre pour laisser place à l'écran.

d. La musique envahit la salle quand les lumières s'éteignent.

7 ✪ **Réécris chaque phrase en enrichissant le prédicat.**

a. La tempête fait rage. c. Les touristes s'abritent.
b. Les bus s'arrêtent. d. Les taxis se faufilent.

8 ✪✪ **Utilise les groupes suivants pour enrichir une phrase comportant un sujet et un prédicat.**

a. toute la journée. c. dans une grande ville.
b. dans le port. d. durant la nuit.

9 ✪✪✪ **Réécris le texte en corrigeant les erreurs.**

Le lion entre dans la cage. Le soigneur se met à rugir avec férocité. Le gardien du zoo barrit avec force. Les zèbres accourent devant la cage. Les visiteurs inquiets se mettent à hennir. L'éléphant essaie de calmer tout le monde.

10 ✪✪✪ **Utilise chaque prédicat dans une phrase.**

a. ont construit la Dame de Fer de Paris.

b. a fait construire les châteaux de la Loire.

c. a écrit des fables célèbres.

d. est l'un des plus longs fleuves du monde.

11 ✪✪✪ **Écris trois phrases qui auront toutes pour sujet Beethoven. Évite les répétitions.**

12 ✪✪✪ **Écris quatre phrases qui auront toutes pour sujet Léonard de Vinci. Évite les répétitions.**

J'écris

13 **Écris un court texte de cinq phrases sur le thème de la musique. Choisis un sujet différent pour chaque prédicat. Ajoute un groupe qui précise chaque phrase.**

J'identifie la phrase exclamative

Je cherche

La coccinelle a mangé tous les pucerons !

Comme elle est belle ! Quel drôle d'animal ! Qu'ils sont petits !

Le liseron a envahi toutes les plantations ! Quelle catastrophe !

Les dahlias nains ont été grignotés par les limaces !

Que de pucerons sur ce rosier ! Que cette plante pousse vite !

Combien d'efforts pour désherber tout ce jardin !

- **Compare ces phrases et classe-les. Justifie ton classement avec précision.**

Je retiens

✓ J'utilise **la phrase exclamative pour exprimer un sentiment** :
- → **la surprise** : Quelle nouvelle !
- → **la colère** : Que tu es décevant !
- → **le découragement** : Comme cet escalier monte haut !

✓ Je reconnais **la phrase exclamative** par :
- → **sa ponctuation** : le point d'exclamation **!**
- → **les mots exclamatifs** qui l'introduisent :
  - **un déterminant exclamatif** que j'accorde avec le nom qu'il accompagne : **Quel** exploit ! **Quelle** aventure !
  - **un adverbe exclamatif** : **Comme** il fait chaud ! **Que** de bruit !

Je repère et je manipule

1 ✪ **Copie les phrases. Entoure les mots exclamatifs.**

a. Quelle chaleur !
b. Comme il a grandi !
c. Qu'ils sont sages !
d. Quel bruit !
e. Que l'idée de pique-niquer est bonne !
f. Que de vent sur cette plage !

2 ✪ **Copie les phrases. Entoure les mots exclamatifs.**

a. Quelle belle journée !
b. Comme le soleil brille !
c. Que c'est haut !
d. Comme cette maison est charmante !
e. Quelle belle demeure !
f. Que vous avez de la chance !

3 ✪✪ **Relève les phrases exclamatives.**

Peyo, *Schtroumpferies*, t. 1,
© Peyo - 2012 - I.M.P.S.

Je m'entraine

4 ✪ **Complète chaque phrase par un mot exclamatif.**

a. … drôle d'histoire !
b. … les personnages sont bizarres !
c. … le roi est paresseux !
d. … la reine est méchante !

5 ✪ **Ponctue les phrases suivantes.**

a. Quel beau voyage
b. Courage Nous sommes presque arrivés
c. C'est bientôt l'heure Vite
d. Quelle est votre destination

6 ✪ **Transforme les phrases déclaratives suivantes en phrases exclamatives.**

a. Cet orage est impressionnant.
b. C'est une belle invention.
c. C'est un beau port de pêche.
d. Cette lumière est éblouissante.

7 ✪✪ **Réécris au pluriel les phrases exclamatives obtenues dans l'exercice précédent.**

8 ✪✪ **Relève les phrases exclamatives dans le texte.**

Bien chère Corneille,
J'ai bien reçu ta lettre. Merci ! Je l'ai d'abord laissée sécher et puis lue. Très intéressante ! C'est toujours un plaisir de recevoir du courrier de ta part. Ne sois pas fâchée si j'ai quand même un peu gazouillé de plaisir. Sais-tu que, quand je lève la tête, je te vois ?

T. Tellegen, *Lettres de l'écureuil à la fourmi*,
© Albin Michel Jeunesse, 2004.

9 ✪✪✪ **Rédige une phrase exclamative exprimant les sentiments suivants :**

a. la colère
b. l'inquiétude
c. l'admiration
d. l'étonnement

10 ✪✪✪ **Identifie les sentiments exprimés par les phrases exclamatives.**
Propose une lecture expressive du texte.

« J'étais en train d'enlever les décorations de Noël dans la vitrine quand j'ai vu des sangliers foncer sur la porte, raconte Anne-Sophie Neveu, la responsable du magasin. Ils ont glissé sur le sol. Heureusement, j'ai pu sortir ! Un sanglier est resté dans le magasin. Les deux autres se sont enfuis. C'était une furie ! Il a fait un trou dans le mur et a renversé une tour de montres. »

Mon Quotidien pour les 10-14 ans
www.monquotidien.fr, 7 janvier 2011.

11 ✪✪✪ **Détermine le nombre de personnes qui parlent. Propose une lecture expressive du texte.**

Max lui demanda qui était Mona Lisa.
« C'est ma poupée noire ! cria Dagny.
– Alors donne-lui cette poupée, soupira Max.
– Je n'en sais rien, moi, où elle est ! » cria Benny en se frappant le front puis en avalant trois pastilles de réglisse.
« Elle est dans le landau, dit Dagny.
– Eh bien, prends-la donc ! hurla Benny en roulant les yeux.
– Jamais ! » s'exclama Max, qui fondit presque sur la petite.

B. Reuter, *Oscar, à la vie à la mort*,
© Le Livre de Poche, 2008.

J'écris

12 **Écris ce que chaque enfant peut dire. Tu utiliseras des phrases exclamatives.**

J'identifie et j'utilise les mots de liaison

Je cherche

Texte A

Le capitaine a repéré l'ile avec sa longue-vue. Il a ordonné d'approcher la côte.
Il a décidé de partir en chaloupe vers la plage.
Sous les cocotiers, le capitaine a déplié sa carte. Elle était déchirée.
L'équipage ne savait pas où le trésor était.
Devait-il marcher vers la montagne ?
Devait-il se diriger vers la forêt ?
Le capitaine a choisi la direction de la montagne. Il craignait les moustiques.

Texte B

Le capitaine a repéré l'ile avec sa longue-vue et il a ordonné d'approcher la côte. Puis il a décidé de partir en chaloupe vers la plage. Ensuite, sous les cocotiers, le capitaine a déplié sa carte, mais elle était déchirée donc l'équipage ne savait pas **où** le trésor était. Devait-il marcher vers la montagne **ou** devait-il se diriger vers la forêt ?
Alors, le capitaine a choisi la direction de la montagne, car il craignait les moustiques.

- **Compare les deux textes. Que remarques-tu ?**
- **Relève les différentes étapes de l'histoire dans le texte B.**
  Souligne le mot qui introduit chaque étape.
- **Compare les deux mots écrits en couleur : quelle est leur classe grammaticale et quel rôle jouent-ils ? Tu peux t'aider du dictionnaire.**

Je retiens

✓ Je reconnais **les mots de liaison**. Ils peuvent **relier** :
- → **deux propositions :** Le départ est donné, **alors** les coureurs s'élancent.
- → **deux groupes nominaux :** Mon frère **et** ma sœur vont au collège.
- → **deux adjectifs :** Poucet est petit **mais** rusé.

✓ Avec les mots de liaison, **je peux exprimer** :
- → **l'addition :** J'aime le chocolat **et** la vanille.
- → **la négation :** Je n'aime **ni** la vanille **ni** le chocolat.
- → **la cause :** Je me lève tôt **car** je pars en vacances.
- → **la conséquence :** Je me suis couché tard **donc** je suis fatigué.
- → **le choix :** Je mange du fromage **ou** un yaourt.
- → **l'opposition :** La tarte est bonne **mais** elle est très sucrée.
- → **la succession dans le temps :** Je découpe la planche **puis** je la fixe.

✓ Les **mots de liaison** peuvent être :
- → **des adverbes :** alors – ainsi – cependant…
- → **des conjonctions de coordination :** mais – ou – et – donc – or – ni – car.

Je repère et je manipule

1 ✪ **Copie les phrases. Entoure les mots de liaison.**

a. C'est l'époque des vendanges donc les vendangeurs s'affairent dans les vignes.
b. Ils coupent les grappes de raisin puis les déposent dans les paniers.
c. Ensuite les fruits sont placés dans des hottes et sont emportés vers la grange.
d. Alors, les raisins sont versés dans une cuve car ils doivent être écrasés.

2 ✪ **Les mots en couleur sont-ils des mots de liaison ? Justifie ta réponse.**

« Toute la classe partira en visite. **Ainsi** nous irons **au** Musée de la Marine et nous étudierons quelques navires. Nous prendrons des photos **ou** nous ferons des croquis **puis** nous suivrons un guide **et** nous l'écouterons. **Mais** nous n'aurons pas l'autorisation de toucher les maquettes **car** elles sont fragiles. **Donc**, je vous fais confiance ! » déclare le maitre.

3 ✪✪ **Copie le texte. Entoure les mots de liaison.**

Il pleut mais nous avons nos imperméables. Cependant nos pieds sont mouillés car nous avons marché dans des flaques d'eau. Alors nous risquons de nous enrhumer et maman nous demande de rentrer. Nous sommes des enfants obéissants donc nous revenons très vite à la maison.

Je m'entraine

4 ✪ **Écris les phrases suivantes à la forme négative.**

a. Mon père voyage en train et en avion.
b. Ma mère fait du vélo et du tennis.
c. Je joue du piano et du violon.
d. Mon frère fera du judo ou du karaté.

5 ✪ **Complète les phrases par une des conjonctions suivantes :** *car*, *mais*, *ou*, *ni*.

a. Il a faim … il ne mange pas.
b. Il n'aime … la viande … les légumes.
c. Que choisis-tu ? Un gâteau au chocolat … une glace à la vanille ?
d. Un repas équilibré est important … il permet de rester en bonne santé.

6 ✪ **Écris une seule phrase en utilisant des mots de liaison.**

a. La belette est un mammifère agile. La belette est un mammifère rusé.
b. Le maitre range les cahiers. La classe est terminée.
c. Léo est mon partenaire. Enzo est mon adversaire.
d. Je ne porte pas de bague. Je ne porte pas de bracelet.
e. Je découpe la vignette. Je colle la vignette sur mon cahier.

7 ✪✪ **Construis une phrase avec chacun des mots de liaison suivants.**

a. soudain – alors – ensuite – mais
b. ou – et – car

8 ✪✪✪ **Réunis chaque couple de phrases pour former une seule phrase en utilisant des conjonctions.**

a. L'arbre est touché par la foudre. Aussitôt, il s'enflamme.
b. Tu es enrhumé. Tu es sorti sans te couvrir pendant la récréation.
c. Papa ne veut pas être en retard. Il se prépare sans flâner.
d. Pour faire cette recette, je prépare les ingrédients. J'allume le four.

J'écris

9 **Écris un court texte racontant un après-midi au parc en utilisant quatre mots de liaison.**

Je repère le verbe dans une phrase

Je cherche

Cendrillon faisait son travail avec soin. **Elle** balayait la cuisine, préparait le diner pour toute la famille, nettoyait les vêtements, s'occupait des animaux domestiques, allait chercher de l'eau à la source. **Elle** revenait sans gémir. Elle parlait peu avec ses demi-sœurs et ne devait pas jouer. Elle espérait toujours avoir un peu de temps pour se reposer, mais sa marâtre ne lui laissait aucun répit. Lorsqu'elle se couchait, elle pouvait enfin rêver à une vie plus agréable.

- **Réécris le texte en commençant par** ***Aujourd'hui…***
- **Relève les verbes conjugués. Comment les as-tu identifiés ? Indique leur infinitif.**
- **Remplace oralement le pronom** ***elle*** **écrit en couleur par le pronom** ***nous*** **: que constates-tu ?**

Je retiens

✓ Dans une phrase, je sais repérer **le verbe conjugué** :
→ il **varie selon le temps** ;
Aujourd'hui le bucheron **coupe** un pin. Demain le bucheron **coupera** un pin.
→ il **varie selon la personne**.
Le feu **s'étend** et **dévore** la forêt. Les feux **s'étendent** et **dévorent** la forêt.

✓ **L'infinitif du verbe** est la **forme non conjuguée du verbe**.

✓ Je peux **utiliser la négation** pour vérifier si j'ai bien repéré le verbe conjugué.
Le motard **démarre** et **accélère**. Le motard ne **démarre** pas et n'**accélère** pas.

✓ Pour les verbes conjugués à **un temps composé**, je sais que **c'est le participe passé qui me permet de retrouver l'infinitif**. Il n'**est** pas **parti** en vacances → verbe **partir**.

Je repère et je manipule

1 ✪ **Copie les phrases. Encadre les verbes conjugués et indique leur infinitif.**

a. Le peintre choisit une toile, prend ses pinceaux et s'installe dans son jardin.
b. Il ne peut pas répondre car il n'entend pas.
c. Demain la pluie cessera et le soleil brillera.
d. Au lever du jour, toute la forêt s'éveille et chaque animal recherche son déjeuner.

2 ✪ **Relève les verbes conjugués. Justifie ta réponse.**

a. je pioche – il pioche – la pioche
b. des marches – tu marches – il marche
c. je lis – un lit – il lit
d. elle porte – une porte – je porte
e. je livre – tu livres – des livres
f. des cours – je cours – tu cours

3 ✪✪ **Copie le texte.**
Encadre les verbes conjugués.
Souligne les verbes à l'infinitif.

Un sous-marin peut flotter à la surface ou s'enfoncer dans l'eau parfois se poser au fond de la mer. Pour cela, il utilise des ballasts qui fonctionnent comme la vessie natatoire du poisson. Quand les ballasts sont pleins, le sous-marin plonge. Quand ils sont remplis d'air, il vient à la surface.

Encyclopédie des sciences,
© Éditions Gallimard Jeunesse, 2013.

Je m'entraine

4 ✪ **Copie les phrases et souligne les verbes à l'infinitif.**

a. Il est l'heure de souper.
b. J'ai préparé le souper.
c. Le cri de la hyène ressemble à un rire.
d. Le clown fait rire les spectateurs.
e. Ce coucher de soleil est magnifique.
f. Va te coucher et fais de beaux rêves.

5 ✪ **Les mots écrits en couleur sont-ils des verbes ? Justifie ta réponse.**

a. La lave du volcan se solidifie sur les parois.
b. Maman lave les serviettes de table.
c. Le jardinier plante un arbuste.
d. Le jardin expose une plante carnivore.
e. Le carnivore lâche sa proie.
f. Cet homme est peureux et lâche.

6 ✪ **Réécris le texte en commençant par *Aujourd'hui*. Encadre les verbes conjugués.**

Les élèves sortaient en récréation en courant. Certains enfants s'installaient sous le tilleul et jouaient aux billes. D'autres préféraient courir, prenaient un ballon et commençaient une partie de football.

7 ✪ **Réécris le texte de l'exercice 6 en commençant par *Demain*.**

8 ✪✪ **Réécris les phrases en mettant les sujets au singulier et encadre les verbes conjugués.**

a. Les ouragans traverseront le pays et dévasteront tout.
b. Les pompiers interviennent pour aider les habitants et circulent de maison en maison.
c. Au printemps, les oiseaux chanteront, feront leur nid et protègeront leurs petits.
d. Vous vous amusez dans la cour et vous n'entendez pas la sonnerie retentir.

9 ✪✪ **Réécris le texte en le complétant avec les verbes conjugués de ton choix.**

Blanquette, la petite chèvre, ... dans son pâturage. Elle ... de son enclos et ... dans la forêt. Elle ... heureuse de pouvoir gambader en liberté. Les fleurs sauvages ... si bon et ... un gout sucré. Mais à la nuit tombée, le loup ... et ... sans bruit. Au petit matin, quand le jour ..., l'animal féroce ... la chevrette.

10 ✪✪✪ **Utilise chaque mot dans deux phrases. Dans la première phrase, il sera un nom. Dans la deuxième phrase, il sera un verbe conjugué.**

a. lever – sourire – déjeuner – diner
b. porte – livre – danse – coupes
c. gomme – traces – montres

J'écris

11 **Écris un court texte qui raconte la scène ci-dessous.**

Je repère le sujet du verbe

Je cherche

Les spéléologues descendent explorer un gouffre méconnu.
Ils emportent des lampes casques. Elles éclairent les couloirs naturels dans la terre et protègent la tête en cas de chute.
Les spéléologues circulent le long de la paroi de la cavité, se glissent dans une ouverture étroite et traversent une rivière souterraine dont ils admirent les eaux claires.
Que trouveront-ils au fond de cette grotte ?

- **Réécris le texte en remplaçant** *les spéléologues* **par** *la spéléologue*.
- **Souligne les sujets du texte : comment les as-tu repérés ?**
- **Range les sujets selon leur classe grammaticale.**

Je retiens

✓ Pour repérer **le sujet d'un verbe**, je peux utiliser ***c'est qui*** ou ***ce sont qui***.
Les alpinistes gravissent les montagnes → **Ce sont** les alpinistes **qui** gravissent les montagnes.

✓ **Le rôle de « sujet »** peut être tenu par :
→ **un groupe nominal (GN)** ou **un nom propre** : **L'actrice** rit. **Julie** rit.
→ **un pronom personnel** : **Elle** rit.

✓ **Le sujet est placé avant le verbe.** Il ne peut généralement pas être déplacé, sauf dans certains cas :
→ dans **une phrase interrogative** : « Que fais-**tu** ? »
→ dans **un dialogue** : « Je lis ! » répond-**elle**.
→ dans une **phrase déclarative commençant par un complément** :
En 1789 commençait **la Révolution française**.

⚠ **Un sujet** peut être **commun à plusieurs verbes** : **Le chien** renifle une piste et aboie.
Le sujet peut être **éloigné du verbe** : **La lune**, ronde et blafarde, éclaire la nuit.

Je repère et je manipule

1 ✪ **Réécris les phrases en utilisant** *C'est* / *Ce sont ... qui*. **Souligne les sujets.**

a. Le gouffre s'enfonce au centre de la Terre.
b. L'eau s'infiltre par des fissures rocheuses.
c. La rivière s'écoule puis disparait sous terre.
d. Les stalagmites forment des colonnes.

2 ✪ **Copie les phrases. Souligne le sujet et relie-le au verbe.**

a. Le joueur de tennis lève sa raquette et sert.
b. Il reste concentré et observe son adversaire.
c. Yannick Noah était un joueur de tennis avant d'être un chanteur célèbre.
d. Le but des participants est de gagner le tournoi.

3 ✪ **Copie les phrases. Souligne les sujets et range-les selon leur classe grammaticale.**

a. Je finis mes devoirs avant de m'amuser.
b. La radio ne fonctionne pas.
c. Se renseigner permet de ne pas se tromper.
d. Elle aide son frère à colorier une carte.

4 ✪✪ **Tous les sujets ont-ils été identifiés ? Justifie ta réponse.**

Les animaux sont sensibles à tous les changements. **Les poissons**, par exemple, ressentent très bien les mouvements dans l'eau. Si **une vague géante** se forme dans l'océan, elle crée de fortes ondes. **Les poissons** cherchent à s'en éloigner et se rapprochent ainsi du rivage.

Mon Quotidien pour les 10-14 ans
www.monquotidien.fr, mars 2011.

7 ✪✪ **Complète chaque phrase par un GN sujet de ton choix.**

a. … est un agréable loisir.
b. … est une activité physique utile.
c. Dans les villes, … reste difficile.
d. … des déchets devient indispensable.

8 ✪✪ **Complète chaque phrase par un GN sujet de ton choix.**

a. … est un dur travail.
b. … demeure essentiel pour obtenir de belles plantes.
c. … des vieux objets évite de faire trop de déchets.

9 ✪✪✪ **Copie les phrases. Souligne le sujet et relie-le au verbe.**

a. Pourquoi parlez-vous si fort ?
b. Quand partirons-nous nous promener ?
c. « Le train va partir ! » annonce le chef de gare.
d. À cette époque reculée vivaient les Celtes.

10 ✪✪✪ **Réécris les phrases en remplaçant le GN sujet par un pronom personnel.**

a. Ton oncle et ton cousin habitent en Italie.
b. Mon camarade et moi jouons du piano.
c. Ma chemise et ma veste sont déchirées.
d. Léa et toi encouragez les coureurs.

Je m'entraine

5 ✪ **Réécris les phrases en remplaçant le GN sujet par un pronom personnel sujet.**

a. La pelouse est tondue.
b. Des roses s'épanouissent dans le jardin.
c. Les outils sont rangés dans la remise.
d. Un chemin fait le tour du champ.

6 ✪ **Écris une phrase à partir des GN donnés, selon l'exemple.**

*Le miaulement du chat → Le chat **miaule**.*

a. Le lever du soleil
b. Le crépitement du feu
c. Le hurlement du loup
d. La circulation des voitures

J'écris

11 **Raconte une courte aventure de super-héros. Tu utiliseras au moins cinq sujets différents : un GN, un nom propre, un pronom personnel.**

J'utilise les pronoms personnels

Je cherche

Cher Papi,

Depuis plusieurs jours, je suis en colonie de vacances à la mer.
J'ai déjà de nouveaux copains et je les aime bien. Ils m'ont appris des jeux de cartes et je leur ai prêté mon ballon.
Nous allons ensemble à la plage.
J'espère que tu vas bien. Est-ce que tu as reçu ma dernière lettre ?
Je te racontais les exploits que j'avais réalisés au marathon de l'école.
Tu embrasseras Mamie de ma part et tu lui diras que je pense fort à elle.
Gros bisous. À bientôt.

Léo

- **Qui écrit cette carte ? À qui s'adresse-t-il ?**
- **Relève les mots qui désignent celui qui écrit et celui à qui on écrit. Identifie leur nature grammaticale.**
- **De quelles autres personnes parle-t-on dans la carte ? Relève tous les mots qui désignent chacune d'elles. Pourquoi n'utilise-t-on pas toujours le même mot pour parler de la même personne ?**
- **Compare la classe grammaticale des mots écrits en couleur.**

Je retiens

✓ Quand j'écris, j'utilise **des pronoms personnels qui désignent** :
→ **qui s'exprime** : **Nous** avons bien reçu la lettre. **Je** reviens très vite.
→ **à qui l'on parle** : Nous **vous** remercions de votre visite. **Tu** dors ?

✓ J'utilise aussi **des pronoms personnels qui remplacent un nom ou un groupe nominal (GN)** pour **éviter les répétitions.**
J'ai préparé un colis. **Il** est prêt et je **le** transporte à la poste.

✓ **Les pronoms personnels changent de forme selon leur rôle dans la phrase.**
Tu (sujet) es mon cousin. Je **te** (complément) reconnais.
J'emmènerai Émilie et je **lui** (complément) dirai que tu viendras **la** (complément) rechercher.

Je repère et je manipule

1 ✪ **Copie les phrases. Souligne les pronoms personnels.**
a. Nous sommes allés voir une exposition.
b. Je n'aime pas les navets et tu m'en proposes.
c. Pouvez-vous venir demain ?
d. Tu surveilleras le troupeau de chèvres.

2 ✪ **Copie les phrases. Souligne les pronoms personnels de reprise.**

Le directeur est entré dans la classe et il a demandé à voir Lucie. Le maitre lui a dit qu'elle était absente. « Il faut que je la voie. Savez-vous quand elle reviendra ? » a répondu le directeur.

3 ✪✪ **Copie le texte. Souligne en bleu les pronoms personnels qui désignent le frère et en vert ceux qui désignent la mère. Qui est « je » ?**

Mon frère est malade, il est resté couché toute la journée. Je l'ai aidé pour se lever. Maman lui a apporté son repas dans la chambre. Elle lui a donné du sirop pour la toux. Je suis pressée de le voir guérir.

Je m'entraine

4 ✪ **Réécris les phrases en remplaçant le GN écrit en couleur par un pronom personnel.**

a. L'hélicoptère survole la montagne.

b. Les guides cherchent les alpinistes.

c. La neige est tombée sur les sommets.

d. La neige a recouvert les pistes.

5 ✪ **Réécris les phrases en remplaçant chaque pronom personnel par un GN.**

a. Mon frère lui a rendu ses livres.

b. Elle ne veut pas aller à la piscine.

c. Le loup souhaite la manger.

d. Il le transforme en crapaud.

6 ✪✪ **Les mots en couleur sont-ils tous des pronoms personnels de reprise ? Justifie ta réponse.**

a. Le bouquet est fané. Il faut le jeter.

b. J'ai appris la poésie par cœur. Je peux la réciter maintenant.

c. Mon père collectionne les timbres. Il les rassemble dans un album spécial.

d. L'arbre a été déraciné. C'est le vent qui l'a abattu.

7 ✪✪ **Réécris le texte en utilisant les pronoms personnels suivants :** *toi*, *nous*, *je*, *il*, *tu*, *lui*, *te*.

Dès qu'... entra dans son bureau, le commissaire téléphona à l'inspecteur et ... dit : « J'ai besoin de .... Apporte le dossier sur les derniers vols. Ils ... seront utiles. ... dois être discret car ... crains que les voleurs ne ... suivent. »

8 ✪✪✪ **Réécris chaque seconde phrase en évitant les répétitions.**

a. Le médecin a ausculté son patient. Le médecin a dit au patient de se reposer.

b. L'astronaute répond à la tour de contrôle. L'astronaute dit à la tour de contrôle que tout va bien.

c. La cuisinière a préparé une tarte aux fraises. La cuisinière met la tarte dans le four.

d. Le livreur apporte une commande. Le livreur dépose la commande près du garage.

9 ✪✪✪ **Copie le texte. Souligne les pronoms personnels. Indique qui ils désignent ou le mot qu'ils remplacent.**

Georges ne bougea pas. Grandma non plus.

– Je connais de nombreux secrets, reprit-elle en souriant. (C'était un petit sourire glacial, le sourire d'un serpent qui va mordre.) Approche-toi de Grandma. Elle te chuchotera des secrets.

Georges recula d'un pas, se rapprochant de la porte.

– Tu ne dois pas avoir peur de ta vieille Grandma, dit-elle avec un sourire sinistre.

R. Dahl, *La Potion magique de Georges Bouillon*, trad. M.-R. Farré, © R. Dahl Nominee Ltd © Éditions Gallimard, 2016.

J'écris

10 **Relis la carte postale de Léo (p. 138) et écris la réponse du grand-père :**

« Cher Léo, ... »

J'identifie les compléments du verbe

Je cherche

Dans son bureau, l'écrivain regarde sa feuille blanche. Ce matin, il cherche une idée. Depuis longtemps, il rêve d'écrire un grand roman. Actuellement, les livres célèbres parlent de vampires. Mais il ne les aime pas. Il préfère les récits d'aventures. Hier, il a écrit une lettre au navigateur vainqueur du Vendée Globe. Il lui a demandé une interview pour recueillir des informations.

- **Réécris le texte en supprimant tous les compléments qui ne sont pas essentiels.**
- **Identifie le rôle des compléments que tu as dû garder.**

Je retiens

✓ Je sais repérer **les compléments du verbe** :
→ ce sont **des compléments obligatoires** ;
→ ils ne peuvent **ni être supprimés ni être déplacés** en début de phrase.

✓ Certains **compléments du verbe sont placés directement après le verbe** :
Elle brosse ses cheveux.

✓ D'autres **compléments du verbe sont introduits par une préposition** :
Elle pense à sa grand-mère.

✓ Un verbe peut avoir **deux compléments.**
Elle apporte une galette à sa grand-mère. Elle parle de ses vacances à sa grand-mère.

✓ Un complément du verbe peut être **un GN, un nom propre, un pronom** ou **un verbe à l'infinitif**.
Tintin a un chien. Tintin appelle Milou. Tintin le caresse. Milou veut manger.

⚠ **Un pronom** qui est **complément du verbe** est **placé avant le verbe** : L'espion le surveille.

Je repère et je manipule

1 ✪ **Copie les phrases. Souligne en vert les compléments du verbe.**
a. Tu possèdes un superbe parapluie.
b. Sur la scène, l'acteur remercie le public.
c. L'escargot aime la pluie, l'ombre et la rosée.
d. Les thermomètres indiquent la température.

2 ✪ **Copie les phrases. Souligne en vert les compléments du verbe et entoure les prépositions.**
a. L'enfant sourit à son grand-père.
b. L'élève oublie de coller sa feuille.
c. Nous pensons à préparer notre valise.
d. Ils rêvent de partir en voyage.

3 ✪✪ **Copie les phrases. Souligne en vert les pronoms compléments du verbe.**
a. Je choisis une glace au chocolat et je la mange.
b. Le danseur tend les bras vers le ciel puis les replie.
c. Tu ouvres la fenêtre puis tu la refermes.
d. Prends ce cahier et pose-le ici.

Je m'entraine

4 ✪ **Complète les phrases avec un complément du verbe.**
a. Mon sac contient … .
b. Les oiseaux picorent … .
c. Ce lion poursuit … .
d. Le malade espère … .

5 ✪ **Complète les phrases par un complément du verbe introduit par une préposition.**
a. Le voisin se plaint … .
b. Je souris … .
c. Mon cousin se moque … .
d. Le sportif rêve … .

6 ✪ **Utilise chacun des verbes pour construire une phrase avec un complément du verbe.**
ranger – lancer – donner – apporter

7 ✪ **Utilise le verbe *jouer* dans une phrase en respectant les constructions suivantes.**
a. *jouer* + un complément du verbe
b. *jouer* + un complément du verbe introduit par une préposition
c. *jouer* + deux compléments du verbe qui se suivent

8 ✪✪ **Réécris chaque phrase en utilisant un pronom pour éviter la répétition.**
a. Le chien voit le chat, il poursuit le chat.
b. Il retire sa veste puis il pose sa veste sur le fauteuil.
c. La sorcière prépare la potion et avale la potion.
d. Le collégien aperçoit son camarade. Il salue son camarade.

9 ✪✪ **Recherche l'intrus. Justifie ta réponse.**
a. Élise écrit à son amie.
b. La grand-mère téléphone à sa petite fille.
c. Il habite à Paris.
d. Cette voiture plait à mes parents.

10 ✪✪✪ **Réécris chaque phrase en remplaçant le pronom complément par un GN.**
a. Le vétérinaire les soigne.
b. Le jardinier la taille.
c. Les sapins les gardent en hiver.
d. Je l'achète chez le boulanger.

11 ✪✪✪ **Réécris chaque phrase en remplaçant le pronom complément par un GN.**
a. Je lui parle souvent.
b. Ma mère leur écrit chaque semaine.
c. La maitresse leur distribue les livres.
d. Le chien lui apporte sa balle.

J'écris

12 **Écris un court texte pour décrire à quoi pense le chien. Tu utiliseras les verbes suivants au présent :** ***trouver*** **–** ***rêver de*** **–** ***cacher*** **–** ***creuser*** **–** ***décider de*** **–** ***offrir à*****.**

Je distingue les compléments de phrase

Je cherche

Napoléon Bonaparte nait à Ajaccio en 1769. Au début du XIXe siècle, il se fait sacrer empereur des Français et prend le nom de Napoléon Ier.
Il réorganise efficacement l'éducation, l'économie, la justice et le droit.
Il cherche à développer son pouvoir. Cependant les guerres contre les pays voisins se succèdent. Longtemps vainqueur, Napoléon Ier décide d'envahir la Russie. Mais à cause des défaites en Russie et à Waterloo, l'empire qu'il a construit prend fin en 1815. Il est déporté et emprisonné par les Britanniques. Il meurt sur l'ile de Sainte-Hélène.

- **Dans le texte, relève les groupes de mots qui répondent aux questions suivantes : Quand Napoléon Bonaparte nait-il ? Où est-il mort ? Comment réorganise-t-il l'éducation, l'économie ? Pourquoi son empire prend-il fin ?**
- **Peux-tu déplacer ces groupes de mots dans la phrase ? Peux-tu les supprimer ?**

Je retiens

✓ Je sais reconnaitre les **compléments de phrase** :
- → ils précisent **les circonstances de l'action** exprimée par le verbe ;
- → ils peuvent être **déplacés** en début de phrase ou être **supprimés**.

✓ **Le complément de phrase** peut préciser :
- → **le lieu** : L'élève a posé son cahier **sur le bureau**. (**Où** a-t-il posé son cahier ?)
- → **le temps** : **Avant la récréation**, nous chanterons. (**Quand** chanterons-nous ?)
- → **la manière** : L'animal avance **lentement**. (**Comment** l'animal avance-t-il ?)
- → **la cause** : La mer est agitée **en raison du vent**. (**Pourquoi** la mer est-elle agitée ?)

✓ Un complément de phrase peut être **un GN** ou **un adverbe**.
Aujourd'hui, tu travailles dans la cuisine.

Je repère et je manipule

1 ✪ **Copie les phrases. Souligne en noir les compléments de phrase. Relie-les au verbe qu'ils précisent.**

a. Hier, il a plu abondamment à Brest.
b. Le soleil resplendit en Provence.
c. Une tornade s'est abattue sur la ville dès le matin.
d. Souvent, pendant l'hiver, la neige perturbe la circulation.

2 ✪ **Copie les phrases. Souligne en noir les compléments de phrase. Relie-les au verbe qu'ils précisent.**

a. En raison du verglas, je conduis prudemment.

b. Le vieillard avance lentement à cause de ses rhumatismes.

c. L'enfant dépose les œufs avec soin, de crainte de les casser.

d. L'équipe gagnante crie de joie et se manifeste bruyamment.

3 ✪✪ **Indique le rôle des compléments écrits en gras.**

Il tira son pousse-pousse et se dirigea **vers la ville basse**. Il allait **pensivement** quand, passant **près de l'entrée de la belle propriété**, il s'entendit héler. Un jeune homme lui faisait signe d'approcher. Il était **magnifiquement** vêtu d'une robe couleur de soleil sur laquelle s'embrasaient des pivoines.

J.-C. Noguès, *Le Génie du pousse-pousse*, © Éditions Milan Jeunesse, 2001.

Je m'entraine

4 ✪ **Copie les phrases. Souligne en noir les compléments de phrase et précise ce qu'ils indiquent.**

a. Le soir, ma mère prépare le repas avec soin.

b. Dans la cuisine, elle installe son matériel.

c. Les légumes cuisent à petit feu.

d. À cause des microbes, elle nettoie souvent ses mains sous le robinet.

5 ✪ **Relève dans le texte un complément de phrase indiquant le temps et un complément de phrase indiquant le lieu.**

Les émissions sont généralement produites dans des studios de télévision, qu'elles soient enregistrées avant la diffusion ou filmées en direct. Elles comprennent parfois aussi des séquences extérieures.

S. Callery, *La Grande Encyclopédie 8-11 ans*, © Rouge et Or.

6 ✪✪ **Réécris les phrases en supprimant les compléments de phrase indiquant la cause.**

a. Jadis, les chevaliers portaient fièrement leur écu et leur lance.

b. Dans les châteaux, les seigneurs recevaient souvent des troubadours.

c. À cause des guerres fréquentes, les habitants n'étaient pas en sécurité dans leurs maisons.

d. Des fêtes étaient régulièrement organisées dans les villages.

7 ✪✪✪ **Compare ces deux phrases et explique-les.**

a. Je prends une photographie du pont.

b. Du pont, je prends une photographie.

8 ✪✪✪ **Écris les questions dont les expressions en gras sont les réponses.**

Monsieur Loyal annonce **joyeusement** l'arrivée des clowns. Ils entrent bruyamment **sur la piste**. Puis les spectateurs éclatent de rire **en raison des pitreries des artistes**. **Plus tard** arrivent les jongleurs.

9 ✪✪✪ **Ajoute un complément de phrase en respectant la classe grammaticale demandée.**

a. La voiture freine. (**adverbe**)

b. L'autobus arrive. (**GN**)

c. Le cycliste se faufile. (**GN**)

d. Le piéton traverse. (**adverbe**)

J'écris

10 **Écris un court texte pour décrire la scène. Tu utiliseras des compléments de phrase pour indiquer le temps, le lieu, la manière, la cause.**

Je distingue les différents sens d'un verbe selon sa construction

Je cherche

a. J'ai descendu les escaliers trop vite et je suis tombée.
b. Le skieur descend à toute allure.
c. Le champion de tennis a perdu le tournoi : il va descendre de trois places dans le classement.
d. Mes parents descendent d'une famille bretonne.
e. La mer descend.

• **Réécris les phrases en remplaçant le verbe *descendre* par un synonyme. Quelles remarques peux-tu faire ?**
• **Explique ce qui différencie l'emploi du verbe *descendre* dans ces phrases.**

Je retiens

✓ **Un verbe peut changer de sens en fonction du complément qui l'accompagne.**

Mon frère **joue** dans sa chambre. = « s'amuser »
Je **joue** du saxophone. = « se servir d'un instrument »
Je **joue** au tennis tous les lundis. = « pratiquer un sport »
La classe **joue** une pièce de théâtre. = « mettre en scène »

Je repère et je manipule

1 ✪ **Copie les phrases et souligne le verbe *donner* lorsqu'il signifie « distribuer ».**
a. La maitresse donne les cahiers aux élèves.
b. L'enfant donne des bonbons à ses amis.
c. Le pommier a donné beaucoup de fruits.
d. Le facteur donne le courrier tôt le matin.

2 ✪ **Copie les phrases et souligne le verbe *demander* lorsqu'il signifie « interroger ».**
a. Ce travail demande du temps.
b. Cet exercice demande toute ton attention.
c. Je lui demande pourquoi il rit.
d. Cette plante demande beaucoup d'eau.

3 ✪✪ **Remplace le verbe *barrer* dans chaque phrase par l'un des verbes suivants : *fermer* – *diriger* – *raturer* – *interdire***
a. L'écolier barre ce qu'il a écrit.
b. Un camion barre la rue.
c. Les pompiers barrent l'entrée de l'immeuble.
d. Le navigateur barre son navire.

4 ✪✪ **Associe le verbe *monter* au synonyme qui convient : *embarquer* – *assembler* – *grimper*.**
a. L'alpiniste monte au sommet de la montagne.
b. Les passagers montent sur le bateau.
c. Papa monte le meuble acheté ce matin.

Je m'entraine

5 ✪ **Relève l'intrus. Justifie ta réponse.**
a. Le chien poursuit un lapin.
b. Les chasseurs poursuivent un cerf.
c. Le randonneur poursuit sa marche.
d. Les gendarmes poursuivent les voleurs.

6 ✪ **Dans chaque phrase, le verbe *piquer* signifie « percer d'un trou » : vrai ou faux ? Justifie ta réponse.**
a. Un moustique l'a piqué.
b. Elle a piqué son frère avec une épingle.
c. Ma sœur pique une crise.
d. Le poivre pique la langue.

7 ✪ **Réécris les phrases en remplaçant le verbe *mettre* par un synonyme.**
a. Je mets mon pull.
b. Mets le livre sur la table.
c. Tu as mis ton nom sur la liste.

8 ✪ **Écris le même verbe qui convient dans chaque phrase.**
a. Tu dois … la fenêtre pour aérer la pièce.
b. Le douanier … la valise.
c. La boutique … à 10 heures.

9 ✪ **Réécris chaque phrase en remplaçant le verbe *fixer* par l'un des verbes suivants :**
indiquer* – *regarder* – *accrocher* – *arrêter
a. Le décorateur fixe un tableau sur le mur.
b. Le chat fixe attentivement les oiseaux.
c. Tu as fixé ton choix sur une tartelette.
d. Le médecin fixe une date au patient pour le prochain rendez-vous.

10 ✪ **Utilise le verbe *jouer* dans une phrase selon chaque définition.**
a. interpréter un rôle
b. se servir d'un instrument de musique
c. se distraire

11 ✪✪ **Utilise le verbe *faire* dans une phrase selon chaque définition.**
a. fabriquer b. préparer c. nettoyer

12 ✪✪ **Utilise le verbe *rapporter* dans une phrase en fonction du sens proposé.**
a. apporter de nouveau
b. raconter
c. dénoncer

13 ✪✪ **Utilise le verbe *assommer* dans une phrase en fonction du sens proposé.**
a. frapper b. accabler c. ennuyer

14 ✪✪ **Réécris chaque phrase en utilisant le bon contraire parmi les verbes suivants :**
***retarder* – *reculer* – *reporter*.**
a. Ma montre avance.
b. Il faut avancer notre départ.
c. Avance ta chaise !

15 ✪✪✪ **Reformule les phrases suivantes en remplaçant le verbe *attacher* par un synonyme.**
a. Il est très attaché à ce petit chien.
b. Il attache son chien à l'entrée du magasin.
c. Il attache trop d'importance à son jeu vidéo.
d. Elle a attaché ses cheveux avec une jolie barrette.

J'écris

16 **Écris trois phrases avec le verbe *filer*. Tu utiliseras un sens différent pour chacune des phrases.**

J'identifie l'attribut du sujet

Je cherche

Ce costume de théâtre est un vêtement **somptueux**. Il est lourd et ancien. Il parait poussiéreux. Cependant, il reste superbe. Il a l'air d'un habit de la Renaissance. Ce vêtement devient une attraction et attire de nombreux admirateurs. Son propriétaire est un acteur.

- **Relève les éléments qui te permettent de décrire le costume.**
- **Range ces éléments selon leur classe grammaticale.**
- **Réécris le texte en commençant par : *Ces costumes de théâtre*. Que remarques-tu ?**
- **Indique le rôle du mot écrit en couleur.**

Je retiens

✓ Je sais identifier **l'attribut du sujet.**

✓ J'identifie l'attribut du sujet grâce à plusieurs éléments :
- → **il donne une information sur le sujet ;**
- → **il est placé derrière un verbe d'état** (*être, paraitre, devenir, rester, avoir l'air, demeurer…*) ;
- → **il s'accorde avec le sujet ;**
- → **il ne peut être ni déplacé ni supprimé.**

✓ Un sujet peut avoir plusieurs attributs du sujet.

<u>L'abeille</u> (sujet) est <u>fragile</u> (attribut) mais <u>courageuse</u> (attribut). → Les abeilles sont <u>fragiles</u> mais <u>courageuses</u>.

✓ Je sais que **le rôle « attribut » peut être tenu par un nom, un groupe nominal ou un adjectif.**

Cet homme est <u>écrivain</u>. Ce vieux costume est <u>un souvenir du passé</u>. Ce vêtement parait <u>sale</u>.

Je repère et je manipule

1 ✪ **Copie les phrases. Souligne en noir les attributs du sujet. Relie-les aux noms qu'ils qualifient.**

a. Ce véhicule est extraordinaire.

b. Ses pneus sont lumineux et ne touchent pas le sol.

c. Les portières sont larges et transparentes.

d. Cette automobile écologique est étonnante.

2 ✪ **Copie les phrases. Souligne en noir les attributs du sujet.**

a. Le renard apprivoisé est l'ami du Petit Prince.

b. Milou a l'air fatigué.

c. Rantanplan, le chien stupide de la bande dessinée, reste célèbre.

d. Dans le *Roman de Renart*, Ysengrin est un loup naïf.

3 ✪✪ **Copie le texte.**
Encadre les verbes d'état.
Le lion est un grand félin. On dit qu'il est le roi des animaux. Les lionnes sont affectueuses avec leurs petits et deviennent féroces si on les menace. Même si les lionceaux paraissent sympathiques et ont l'air de gros chats, ils restent des fauves que l'on doit respecter.

Je m'entraine

4 ✪ **Copie les phrases. Souligne en noir les attributs du sujet. Indique leur classe grammaticale.**
a. Mon oncle est musicien.
b. La prairie reste humide.
c. Ce spectacle est une réussite.
d. Je suis la première.

5 ✪ **Copie les phrases. Souligne en noir chaque attribut. Relie-le au nom qu'il qualifie.**
Enfin, le chanteur est sur la scène. Il parait dynamique. Il commence sa première chanson. Elle est très rythmée et les spectateurs sont enthousiastes. Toute la salle applaudit. Dans son nouveau costume pailleté, l'artiste semble infatigable. Il restera célèbre longtemps.

6 ✪ **Complète chaque phrase par un attribut du sujet.**
a. L'artiste parait … .
b. Le sable de la plage est … .
c. Voyager reste … .
d. Le potage devient … .

7 ✪ **Réécris chaque phrase en mettant le sujet au pluriel.**
a. L'exercice parait long et difficile.
b. Mon cahier est mince.
c. L'élève devient attentif.
d. Cette leçon semble interminable.

8 ✪✪ **Relève l'intrus. Explique ton choix.**
a. Le cheval parait obéissant.
b. Il réussit un beau parcours.
c. Le cavalier semble heureux.
d. La coupe est la récompense.

9 ✪✪ **Dans ce texte, tous les mots en couleur sont des attributs du sujet : vrai ou faux ?**
L'ouie est **le sens** qui détecte les ondes sonores. L'animal s'en sert pour communiquer, trouver une partenaire et chasser. Le principal organe est **l'oreille**, dont la partie importante est **une membrane bien tendue**, le tympan, qui vibre aux sons.

Encyclopédie des sciences,
© Éditions Gallimard Jeunesse, 2013.

10 ✪✪✪ **Réécris chaque phrase en remplaçant le verbe *être* par un autre verbe.**
a. Malgré les médicaments, le malade **est** fatigué.
b. Sous le soleil, les vacanciers **sont** rouges.
c. Le Colisée **est** impressionnant.
d. Cette robe **est** trop grande.
e. Malgré l'incendie, elle **est** calme.

J'écris

11 **Renseigne-toi sur la tour de Pise et écris un court texte pour décrire ce monument. Tu utiliseras des attributs du sujet.**

J'identifie et j'utilise les noms et les adjectifs

Je cherche

La tour Eiffel est l'œuvre de Gustave Eiffel. Elle est située à Paris, en bordure de la Seine. Ce célèbre monument parisien repose sur de gigantesques piliers. Une galerie circulaire fait le tour du premier étage. L'escalier a été démonté et remplacé par un ascenseur moderne. La plateforme supérieure est située à 275 mètres du sol. Des grillages métalliques protègent les touristes d'une chute éventuelle. Sa taille exceptionnelle et sa silhouette reconnaissable font de cette tour le symbole de la capitale et de la France.

- **De quoi parle-t-on dans le texte ?**
- **Relève les différents éléments de la tour qui sont décrits ici.**
- **Relève les mots qui donnent des précisions sur ces éléments.**

Je retiens

✓ Je sais reconnaitre **un nom commun** :
→ il désigne **des êtres vivants, des objets, des idées** : ouvrier, bâtiment, gloire ;
→ il est **précédé d'un déterminant** : **l'**architecte, **un** plan, **son** œuvre.

✓ **Les noms propres** désignent **des personnes** et **des lieux** :
→ ils s'écrivent toujours avec une majuscule : Victor **H**ugo, **B**ordeaux
→ ils sont parfois précédés d'un déterminant : **la** Suisse, **les** Alpes

✓ **L'adjectif** apporte **des précisions sur le nom** qu'il accompagne. Il peut être placé **avant** ou **après** le nom. Plusieurs adjectifs peuvent se rapporter à un même nom :
une **surprenante** construction, un ingénieur **inconnu**, une **célèbre** exposition **universelle**.

✓ L'adjectif attribut est placé après un verbe d'état. Cette œuvre est **grandiose**.

Je repère et je manipule

1 ✪ **Copie les phrases. Souligne les noms communs en bleu.**

a. La pluie a fait pousser les mauvaises herbes.
b. Le bus sera en retard à cause des travaux.
c. Mon gouter est trop copieux. En veux-tu un morceau ?
d. Vos cartables encombrent l'entrée de la chambre.

2 ✪ **Copie les phrases. Souligne les adjectifs en vert.**

a. Le petit lézard vert s'allonge sur le mur chaud.
b. Il se cache parfois dans le lierre aux larges feuilles vernies.
c. Quand un bruit bizarre se fait entendre, il se faufile dans une fente discrète et devient invisible.
d. Dès que le calme revient, l'animal peureux s'installe à nouveau sur le mur.

3 ✪ **Copie les phrases. Souligne les noms communs en bleu et les noms propres en noir.**

a. Mon oncle habite au Canada.

b. La Finlande est un pays nordique.

c. Lors de la Révolution française, Louis XVI a été guillotiné.

d. Le panda est l'emblème de la Chine.

4 ✪✪ **Les mots écrits en couleur dans les phrases sont-ils des noms communs ? Justifie tes réponses.**

a. Les tilleuls de la **place** sont en fleur.

b. Le photographe **place** les élèves sur des bancs.

c. Dimanche prochain, les villageois se réuniront pour la **fête** annuelle.

d. Ma voisine **fête** l'anniversaire de son fils.

e. La petite **souris** grise sort le museau de sa cachette.

f. Ton frère raconte une histoire et tu **souris**.

Je m'entraine

5 ✪ **Dans le texte suivant, relève les adjectifs et les noms auxquels ils se rapportent.**

Les policiers surveillaient leur précieuse cargaison d'un œil attentif, mais bientôt la puissante odeur du roquefort les plongea dans une douce somnolence et, en quelques instants, tous s'endormirent profondément.

B. Stone, *Touchez pas au roquefort !*, trad. J.-F. Ménard, © Éditions Gallimard Jeunesse, 1980.

6 ✪ **Réécris les phrases en ajoutant un adjectif à chaque nom.**

a. L'arbre se balance dans le vent.

b. Le canard se dandine vers la mare.

c. L'inspecteur enfile son imperméable.

d. Cette boite sert à ranger des objets.

7 ✪ **Avec les noms des pays suivants, forme les noms propres désignant leurs habitants.**

la Suède – l'Italie – l'Espagne – l'Allemagne – la Belgique – la Roumanie – la France

8 ✪✪ **Souligne l'intrus dans chaque série. Justifie tes réponses.**

a. dictionnaire – cahier – volumineux – trousse

b. pays – Paris – ville – régions

c. souple – rapide – gourmand – panthère

d. frontière – Pologne – Russie – Chine

9 ✪✪ **Donne trois noms de fleuves et utilise-les chacun dans une phrase.**

10 ✪✪ **À partir de chacun des noms communs, forme un adjectif.**

la petitesse – la blancheur – la longueur – la clarté – l'ancienneté – la tristesse – la joie – la méchanceté – l'ombre – le soleil – la rapidité

11 ✪✪✪ **À partir de chacun des adjectifs suivants, forme un nom commun.**

immense – bon – haut – pelucheux – chevelu – lent – boisé – bruyant – rapide – courageux – paresseux – fragile – solide

12 ✪✪✪ **Copie le texte. Souligne les adjectifs et relie-les au nom qu'ils qualifient.**

Dans ce superbe aquarium, des poissons tropicaux se cachent parmi les plantes aquatiques. Leurs nageoires légères et fines ondulent en mouvements gracieux. De temps en temps, de minuscules coquillages glissent sur la paroi translucide.

J'écris

13 **Écris un court texte pour décrire la statue de la Liberté. Tu utiliseras au moins trois adjectifs et trois noms.**

J'identifie et j'utilise les déterminants

Je cherche

Mes deux grands frères, Sébastien et Jérôme, sont déjà partis au collège. Ce sont de bons élèves, eux.
Moi, je ressemble plutôt à Dorothée, ma sœur, l'aînée de la famille. Elle non plus ne travaillait pas fort à l'école. Elle est maintenant vendeuse à la boulangerie du quartier. **Ce métier** lui plaît.

P. Barbeau, *L'Odeur de la mer*, © Flammarion, 2011.

- **Relève les noms et leurs déterminants.**
- **Classe ces groupes nominaux (GN) en deux colonnes :**
  - **ceux dont les déterminants sont des articles ;**
  - **ceux dont les déterminants précisent à qui quelque chose appartient.**
- **Quel est le rôle du déterminant *ce* dans le groupe nominal *ce métier* ?**

Je retiens

✓ Je sais que **les déterminants sont placés avant le nom** et qu'**ils varient en genre et en nombre**.

✓ J'identifie **différentes catégories de déterminants** :

→ **les articles définis : *le, la, l, l'***

• J'utilise **l'article défini** pour désigner :
– **un groupe, une catégorie, une espèce :** Les ours sont classés parmi les plantigrades.
– **une personne** ou **une chose déjà connue :** J'ai rencontré la sœur de ma voisine.

→ les articles **indéfinis** : ***un, une, des***

• J'utilise **l'article indéfini** pour **désigner une chose** ou une personne **inconnue, imprécise.**
Une vipère dort sur le muret ensoleillé.

⚠ Certains articles sont **contractés avec une préposition.**
Il s'adresse **aux** enfants. (= à + les) Elle parle **du** beau temps (= de + le)

⚠ Je ne dois pas confondre l'article et le pronom : **l'article** est placé **devant un nom.**
Je range **la** (article) vaisselle (nom). Je **la** (pronom) range (verbe).

→ **les déterminants possessifs** indiquent à qui quelque chose appartient.
mon cahier, **vos** livres.

→ **les déterminants démonstratifs** désignent ce que l'on voit ; ils servent aussi à reprendre un mot ou une idée déjà vus dans la phrase précédente.
Ce stylo t'appartient-il ? / Tu as acheté une jupe bleue. / J'aime beaucoup **cette** couleur.

→ **les déterminants interrogatifs** servent à poser une question. **Quel** dessert as-tu choisi ?

Je repère et je manipule

1 ✪ **Copie les phrases.**
Entoure les déterminants.
a. Ce tableau représente la célèbre Joconde.
b. Quel touriste ne vient pas observer cette peinture au Louvre ?
c. Le gardien surveille la salle avec précaution.

2 ✪✪ **Copie le texte. Souligne les GN comportant des déterminants démonstratifs et entoure les mots qu'ils reprennent.**
Imagine les Jeux olympiques de 2028. Cette année-là, Vincent Durand sera très connu. Ce sportif expliquera ses exploits : « J'ai gagné cette coupe en remportant ma 1re course de 100 mètres. Cette médaille d'or m'a été donnée le jour de ma victoire aux derniers Jeux olympiques. Ce moment a été le plus merveilleux de ma vie ! »

Je m'entraine

3 ✪ **Réécris les phrases en mettant le nom écrit en couleur au pluriel.**
a. Les murs du château sont épais.
b. La cane nage avec son caneton.
c. Tu écoutes souvent cette chanson.

4 ✪ **Réécris les phrases en mettant les GN écrits en couleur au singulier.**
a. En hiver, ces animaux hibernent.
b. Mon chat grimpe aux arbres.
c. Vos pulls et vos pantalons sont troués.

5 ✪ **Complète les phrases avec l'article qui convient.**
a. ... coccinelle est ... insecte.
b. ... chat de ma sœur s'appelle Cookie.
c. J'ai acheté ... jupe plissée.

6 ✪✪ **Copie le texte. Entoure les articles définis et relie-les aux noms qu'ils déterminent.**
Papa est libraire. Il adore les livres. C'est un ogre. Il lit toute la journée et parfois la nuit. C'est une maladie incurable mais ça n'a pas l'air d'inquiéter notre médecin de famille. Chaque soir, une nouvelle pile de livres débarque à la maison. Il y en a partout, jusque dans les toilettes. C'est une invasion.

E. Sanvoisin, *Le Buveur d'encre*, © Nathan, 2011.

7 ✪✪ **Copie les phrases en remplaçant le nom écrit en couleur par un nom masculin.**
a. Paul part à la montagne.
b. Élisa téléphone à la directrice.
c. Romain fait de la batterie.
d. Le mur de la propriété est haut.

8 ✪✪✪ **Les mots écrits en couleur sont-ils tous des articles définis ? Justifie ta réponse.**
La fermière ouvre la porte du poulailler et la referme avant la sortie des poussins. La dinde part vers la mare. La cane la suit avec ses canetons. Pendant ce temps le coq reste avec le canard dans la cour puis il l'accompagne dans le pré.

9 ✪✪✪ **Rédige la question qui correspond à la réponse.**
a. « Des pommes de terre et des poireaux. »
b. « Au jeu de l'oie ! »
c. « Je préfère la robe à pois. »
d. « Celles qui sont rapides ! »

J'écris

10 **Décris la scène en utilisant des déterminants différents, au pluriel et au singulier.**

J'enrichis le groupe nominal

Je cherche

Le cake salé

Pour faire un cake salé, la recette est simple.
Il faut de la farine de froment, des œufs de poule, de l'huile de tournesol, de la levure chimique. On mélange ces différents ingrédients dans l'ordre donné puis on ajoute du gruyère râpé. Si l'on veut, il est possible d'ajouter des olives vertes ou noires ou des champignons de Paris. Avant de verser la pâte mélangée dans le moule à cake, il faut le beurrer ou le tapisser avec du papier d'aluminium.

- **Relève tous les groupes nominaux du texte. Souligne les éléments qui complètent les noms.**
- **Classe ces éléments en deux ensembles.**
- **Réécris le texte en supprimant tous les éléments qui complètent les noms.**

Que remarques-tu ?

Je retiens

✓ Je sais repérer **les éléments qui enrichissent le groupe nominal (GN)** en apportant **une information, une précision sur le nom.** Ce sont des expansions du nom.

✓ Je peux enrichir le groupe nominal avec **un adjectif placé devant** ou **derrière** le nom ; il **s'accorde en genre** et **en nombre** avec le nom auquel il se rapporte.

La **petite** mouche **fragile** agace le cheval.
GN

✓ Je peux enrichir le groupe nominal avec un **complément du nom** qui peut être :

→ **un GN** relié au nom par **une préposition.**

Mes chaussures **en cuir** sont humides. La chemise **à rayures** est trop étroite.

→ **un infinitif** relié au nom par **une préposition** : une planche **à découper.**

⚠ Généralement les éléments qui enrichissent le GN peuvent être supprimés. Cependant, dans certains cas, ils sont essentiels pour le sens de la phrase.

L'étoile **de mer** appartient au milieu marin.

Je repère et je manipule

1 ✪ **Copie les phrases. Souligne ce qui enrichit le nom.**

a. Les serviettes à carreaux sont dans le petit tiroir de la commode.

b. La voisine de ma tante a acheté une belle robe en soie.

c. La chouette est un oiseau nocturne.

d. La pluie de printemps arrose les plantes.

2 ✪ **Relève les mots qui enrichissent chaque nom. Indique leur classe grammaticale.**

a. Le bateau de marchandises entre dans le fameux port de commerce.

b. Les petits voiliers ressemblent à une bande de poissons.

c. Les enfants recherchent des coquillages colorés.

d. Quelques véliplanchistes audacieux profitent de la force du vent.

3 ✪✪ **Dans le texte suivant, relève deux adjectifs, deux compléments du nom, ainsi que les noms qu'ils enrichissent.**

Pendant que le peintre paye les porteurs, qui reprennent leur souffle et s'épongent le front après l'effort de leur longue course, le jeune garçon observe les lieux. Une foule nombreuse se presse devant une immense porte encadrée d'échafaudages où sont empilés des tonnelets de saké, soigneusement emballés dans du papier de riz.

F. Place, *Le Vieux Fou de dessin*, © Éditions Gallimard Jeunesse, 2008.

Je m'entraine

4 ✪ **Copie les phrases. Souligne les compléments du nom et entoure le nom qu'ils enrichissent.**

a. Le brouillard automnal enveloppe la vallée du nord.

b. Les chamois des montagnes cherchent des abris surs.

c. Les touristes de la plaine parcourent les sentiers de randonnées.

d. Les lacs d'altitude luisent sous les derniers rayons de soleil.

5 ✪ **Enrichis chaque GN par un complément du nom.**

a. Mon cahier est rangé.

b. Tu as perdu ton ballon.

c. Les pots sont dans le placard.

d. Le joueur a gagné la coupe.

6 ✪ **Enrichis chaque GN par un adjectif.**

a. Tu as jeté ton sac.

b. Où sont mes chaussures ?

c. Mon frère a plié sa chemise.

7 ✪✪ **Réécris les phrases fantaisistes suivantes en changeant le complément du nom.**

a. J'enveloppe le livre avec du papier d'aluminium.

b. Dans le brouillard, les marins utilisent une corne de rhinocéros.

c. L'opticien prépare une paire de couettes.

d. Pour paraitre grande, je mets des chaussures de ski.

8 ✪✪ **Remplace chaque complément du nom par un adjectif.**

la culture des céréales – un magazine de sciences – une enquête de police – une température d'été – un lieu de tourisme

9 ✪✪✪ **Réécris le texte en supprimant les adjectifs et les compléments du nom lorsque cela est possible.**

Les lynx et les caracals sont des félins qui se ressemblent et qui ont la taille de gros chats. Ils vivent aussi bien dans les montagnes enneigées que dans les forêts et même les déserts. Ils ont des pinceaux de poils aux oreilles, une queue courte et de larges pattes. Les lynx ont une ouïe très fine et un odorat très développé.

R. Coupe, *Félins*, © Éditions Gallimard, 2015.

J'écris

10 **Écris la recette du cake sucré en enrichissant les noms avec des adjectifs et des compléments de nom.**

Mes défis en grammaire

1 **Tu viens de découvrir une caverne mystérieuse et tu es surpris(e). Quelles phrases peux-tu prononcer ?**

Quelle caverne magnifique !

Quelle caverne ?

La caverne que je cherchais !

Que la caverne est immense !

2 **Il y a des erreurs dans les phrases ci-dessous. Corrige-les.**

Le monde marin est bizarre. La baleine est pas un poisson. Elle est un mammifère mais n'a pas quatre pattes. L'anémone de mer n'est pas une plante. Elle vit pas dans un jardin. Le poisson-clown fait rire personne.

3 **Les verbes ont disparu ! Complète les sujets en utilisant des verbes qui commencent par la lettre P.**

La fillette .... L'oisillon .... Les villageois ....

4 **Retrouve l'intrus de chaque groupe. Explique ton choix.**

A
1. Quelle place choisis-tu ?
2. Place le vase ici.
3. Il a rendez-vous sur la place.

B
1. Elle a une nouvelle coupe de cheveux.
2. Voici une belle coupe de fruits.
3. Je coupe un morceau de gâteau.

C
1. Ce marin pêche en pleine mer.
2. Mon oncle va à la pêche.
3. La pêche à la ligne est agréable.

5 **Entrez dans le labyrinthe. Écrivez le plus grand nombre possible de phrases. Attention ! Vous ne pouvez vous déplacer que verticalement et horizontalement sans sauter de cases. N'oubliez pas d'ajouter les majuscules et les points.**

l'enfant	découvre	maman	cuisinent
fabriquent	un nid	prépare	le repas
les mésanges	cherchent	à manger	de midi
vole	vers la montagne	ouvrent	le bec
l'aigle	nourrit	les aiglons	s'endort

6 **Plusieurs adjectifs sont tombés par terre et se sont brisés. Reforme-les.**

ma – nus – cia – le – cu – que – mi – cal – me – gni – fi – spé – le

7 **Charade.**

Mon premier est une étendue d'eau.
Mon deuxième est le jour d'avant.
Mon troisième est produit par la poule.
Mon tout est un adjectif synonyme de **magnifique**.

8 **Le mot mystère.**
Réponds à chaque devinette. Tu découvriras, verticalement, le nom d'une couleur.

- Je suis la couleur des végétaux. • • • •
- Je suis une couleur et la matière des défenses de l'éléphant. • • • • • •
- Je suis une couleur que l'on peut manger. • • • • • •
- Je suis une couleur et une fleur. • • • • •
- Je le suis quand je suis très rouge. • • • • • • • •
- Je suis la couleur d'une pierre précieuse bleu vert . • • • • • • • • •

9 **Entre dans la grille. Écris le plus grand nombre de GN enrichis de compléments du nom. Attention ! Tu ne peux te déplacer que verticalement et horizontalement sans sauter de cases.**

une montre	en or massif	des pierres	en argent	une jambe
bavard	un collier	précieuses	des pièces	de bois
un perroquet	de perles rares	une carte	au trésor	des voiles
déserte	un coffre	de pirates	la découverte	à rayures rouges
une ile	fort	une épée	noir	un corsaire

Je conjugue les verbes en *-er* au présent

Je cherche

Les marais salants

Fin mai début juin, le saunage commence. L'eau de mer arrive par un canal et s'écoule dans un grand bassin, le vasier, où elle se décante. La vase et les impuretés tombent dans le fond. L'eau circule ensuite dans une succession de bassins de moins en moins profonds. Puis, sous l'action du soleil et du vent, elle s'évapore pendant plusieurs semaines. La concentration en sel augmente. Une fine couche de sel recouvre alors la surface de l'eau. Le paludier procède à la récolte : il ramène le sel sur les bords avec une grande pelle, ensuite, il cueille le sel.

- **Dans le texte ci-dessus, relève les verbes conjugués au présent.**
- **Indique l'infinitif de ces verbes et cherche dans** les tableaux des verbes repères (p. 194-197) **ceux qui se conjuguent sur le même modèle.**
- **Choisis deux verbes du texte et conjugue-les en regroupant :**
  – les formes verbales qui se prononcent de la même façon ;
  – les formes verbales qui s'écrivent de la même façon ;
  – les autres formes verbales.

Je retiens

✓ Pour conjuguer **un verbe en *-er* au présent**, j'ajoute **au radical la marque de personne du présent** :
je ...**e**, tu ...**es**, il/elle/on ...**e**, nous ...**ons**, vous ...**ez**, ils/elles ...**ent**
D'autres verbes comme ***cueillir***, ***ouvrir***, ***offrir*** se conjuguent de la même manière.

✓ Les verbes qui finissent en *-cer* et en *-ger* ont **un seul radical à l'oral** mais **deux radicaux à l'écrit** :
je trac**e**, nous traç**ons** → J'écris *c* ou *ç* pour toujours prononcer [s].
je rang**e**, nous range**ons** → J'écris *g* ou *ge* pour toujours prononcer [ʒ].

✓ Des verbes comme ***repérer***, ***lever*** se conjuguent avec **deux radicaux**, à l'oral comme à l'écrit. Pour bien les écrire, je dois **dire la forme verbale à l'oral**.
je **lèv**e, nous **lev**ons   je **repèr**e, nous **repér**ons

⚠ Certaines formes verbales se prononcent de la même manière mais s'écrivent différemment : je **fonce**, il **fonce**, tu **fonces**, ils **foncent**

Je repère et je manipule

1 ✪ **Copie les verbes. Sépare le radical de la marque de personne par un trait.**
tu ramènes – nous laçons – ils rangent – vous coupez – nous espérons

2 ✪ **Pour chaque verbe, écris les formes du présent qui se prononcent de la même manière.**
passer – promener – préférer – arriver

3 ✪✪ **Pour chaque verbe, écris les formes verbales qui se prononcent et qui s'écrivent de la même manière.**
acheter – ronger – déplacer – relever

4 ✪✪ **Écris l'infinitif de chaque forme verbale.**
nous espérons – nous glaçons – j'aspire – tu préfères – vous offrez – il récupère – nous dévisageons – il se promène

Je m'entraine

5 ✪ **Choisis la forme verbale qui convient.**
a. Mes parents l'(accompagnes/accompagne/accompagnent) à la gare.
b. Tu (complète/complètes/complètent) les phrases avec un adjectif.
c. Tu les (emmènes/emmène/emmènent) avec toi.
d. Le lustre (éclaires/éclaire/éclairent) les tables du restaurant.

6 ✪ **Dans les tableaux p. 194-197, trouve un verbe repère qui se conjugue au présent comme :**
a. promener
b. éponger
c. remplacer
d. préférer

7 ✪✪ **Trouve l'intrus et explique ton choix.**
a. il dessine – il dépasse – il cueille – il oublie
b. tu découvres – tu trouves – tu testes – tu distribues

8 ✪✪ **Copie les phrases en les complétant avec le radical qui convient.**
a. Les élèves ...ent un cercle sur leur feuille. (trac/traç)
b. Kaïna et moi ...ons une grosse pierre. (soulèv/soulev)
c. Nous ...ons notre gouter. (partag/partage)
d. Ton sac ...e trop lourd. (pes/pès)

9 ✪✪ **Conjugue les verbes aux premières personnes du singulier et du pluriel.**
a. crever – voyager – oublier – découvrir
b. adresser – monter – lancer – remercier
c. percer – tromper – amener – charger

10 ✪✪✪ **Réécris ce texte au présent en commençant par *tu*.**
Mesurer un segment de 8 cm et le tracer. Repérer son milieu et l'indiquer par un point. Dessiner un cercle de 5 cm de rayon à partir de ce centre avec son compas. Recommencer un cercle de même rayon à chaque extrémité du segment pour obtenir trois cercles identiques. Effacer le segment de départ et colorier la figure obtenue.

11 ✪✪✪ **Réécris le texte de l'exercice précédent en commençant par *vous*.**

J'écris

12 **Choisis six verbes dans la liste et rédige un petit texte au présent.**
répéter – se déplacer – réciter – bouger – se costumer – mimer – jouer – se lever

Je conjugue les verbes en *-ir* au présent

Je cherche

obéir élargir sortir durcir partir remplir envahir
guérir mentir maigrir servir bondir

- **Classe les verbes ci-dessus en distinguant ceux qui se conjuguent au présent comme *finir* ou ceux qui se conjuguent comme *dormir*.**

finir		dormir	
je	finis	je	dors
tu	finis	tu	dors
il/elle/on	finit	il/elle/on	dort
nous	finissons	nous	dormons
vous	finissez	vous	dormez
ils/elles	finissent	ils/elles	dorment
....		....	
....		....	

- **Souligne les radicaux des verbes conjugués et entoure les marques de personnes.**
- **Compare ces marques de personnes à celles du présent des verbes en *-er*.**
- **Choisis un verbe de chaque colonne et conjugue-le en regroupant :**
  - **les formes verbales qui se prononcent de la même façon ;**
  - **les formes verbales qui s'écrivent de la même façon ;**
  - **les autres formes verbales.**

Je retiens

✓ **Les verbes** en *-ir* comme *finir* ont **deux radicaux** : je finis, nous finissons

✓ Pour conjuguer les verbes en *-ir* au présent, **j'ajoute aux radicaux les marques de personne suivantes** : je ...**s**, tu ...**s**, il/elle/on ...**t**, nous ...**ons**, vous ...**ez**, ils/elles ...**ent**

⚠ Certaines formes se prononcent de la même manière mais s'écrivent différemment.
je **finis**, tu **finis**, il **finit** / je **dors**, tu **dors**, il **dort**

Je repère et je manipule

1 ✪ **Parmi ces verbes, relève ceux qui forment leurs radicaux comme *finir* au présent.**

ralentir – éblouir – accomplir – ouvrir – franchir – mentir – choisir – démolir – tenir

2 ✪ **Copie les formes verbales et sépare le radical de la marque de personne par un trait.**
a. tu aplatis – nous alourdissons – ils dorment – vous partez
b. je punis – tu fournis – il définit – nous mourons

3 ✪ **Pour chaque verbe, écris les formes du présent qui se prononcent de la même manière.**
a. sentir – mourir – fleurir - guérir
b. rougir – jaunir – offrir - remplir

4 ✪✪ **Pour chaque verbe, écris les formes verbales qui se prononcent et qui s'écrivent de la même manière.**
a. bondir – démolir – servir
b. aplatir – noircir – nourrir

Je m'entraine

5 ✪ **Choisis la forme verbale qui convient.**
a. La foule se (réunit/réunissent) sur la place.
b. Tu (démolis/démolit) le château de sable.
c. Elle (agrandis/agrandit) sa maison de campagne.
d. Le malade (guéris/guérit) rapidement.

6 ✪ **Complète les phrases avec un sujet qui convient.**
a. … réfléchit à la solution du problème.
b. … réussissent leurs examens.
c. … obéis au moniteur.
d. … grossissez trop vite.

7 ✪✪ **Copie les phrases en les complétant avec le radical qui convient.**
a. Vous …ez le gâteau de copeaux de chocolat. (garni/garniss)
b. Ce dentifrice …t les dents. (blanchi/blanchiss)
c. Le ballon …t très haut. (rebondi/rebondiss)
d. Nous …ons les parents par écrit. (averti/avertiss)
e. Les chevaux …ent dans les écuries. (henni/henniss)

8 ✪✪ **Trouve l'intrus et explique ton choix.**
a. réfléchir – cueillir – courir - accomplir
b. nous massons – vous servez – nous remplissons – vous agissez
c. vous vieillissez – vous plissez – nous saisissons – nous surgissons

9 ✪✪ **Conjugue les verbes aux premières personnes du singulier et du pluriel.**
a. aplatir – remplir – mentir – découvrir
b. rugir – sortir – réunir – raidir

10 ✪✪✪ **Réécris ce texte au présent.**
La lionne grossira de jour en jour. Elle choisira un lieu isolé pour accoucher. Elle les nourrira de son lait pendant quelques mois. Quand ils grandiront, les lionceaux se nourriront de viande. Pour apprendre à chasser, ils bondiront et courront dans la savane.

11 ✪✪✪ **Réécris ce texte au présent en commençant par *tu*.**
Choisir des fruits murs et sucrés. Les éplucher et les couper en morceaux. Aplatir la pâte au rouleau et la disposer dans le moule. Garnir la pâte avec les fruits et sucrer. Enfourner 30 minutes, sortir la tarte et la partager entre amis.

12 ✪✪✪ **Réécris le texte de l'exercice 11 en commençant par *nous*.**

J'écris

13 **Choisis six verbes parmi ceux de la liste et rédige un petit texte au présent.**
bondir – assouplir – nourrir – bouger – franchir – courir – saisir – réunir

Je conjugue les verbes en *-oir*, *-dre*, *-re* au présent

Je cherche

attendre son tour | **battre** son record | **rire** aux éclats | **promettre** d'être sage | **conduire** l'auto tamponneuse | **tendre** la main à son père | **suivre** ses amis | **descendre** du manège | **savoir** pêcher à la ligne | **lire** le règlement | **boire** un soda

- **Utilise les verbes écrits en violet dans des phrases au présent.**
- **Écris les radicaux de chaque verbe, puis classe-les dans un tableau en fonction du nombre de radicaux.**
- **Pour chaque verbe, cherche dans** les tableaux des verbes repères (p. 194-197) **celui qui se conjugue de la même manière. Compare les marques de personnes avec celles du présent que tu connais déjà.**
- **Conjugue les verbes écrits en violet en regroupant :**
  - **les formes verbales qui se prononcent de la même manière ;**
  - **les formes verbales qui se prononcent et s'écrivent de la même manière ;**
  - **les autres formes verbales.**

Je retiens

✓ **Les verbes** en *-oir*, *-dre* et *–re* peuvent avoir **un ou plusieurs radicaux au présent** :
- ➜ **1 radical** : rire (ri-), tendre (tend-)
- ➜ **2 radicaux** : lire (li-, lis-), conduire (condui-, conduis-)
- ➜ **3 radicaux** : boire (boi-, buv-, boiv-)

✓ Pour conjuguer ces verbes au présent, j'utilise **les marques de personne des verbes en *-ir*** :
je ...**s**, tu ...**s**, il/elle/on ...**t**, nous ...**ons**, vous ...**ez**, ils/elles ...**ent**

✓ **Les verbes** comme ***attendre*** et ***battre*** n'ont **aucune marque de personne à la 3e personne du singulier** : elle **attend** – elle **bat**

⚠ Certaines formes se prononcent de la même manière mais s'écrivent différemment.
je **rends**, tu **rends**, il **rend** / je **ris**, tu **ris**, il **rit**

Je repère et je manipule

1 ✪ **Écris l'infinitif de chaque forme verbale.**
nous apparaissons – nous construisons – j'apprends – tu sais – vous cousez – il entretient – nous recevons – il écrit

2 ✪ **Copie les verbes et sépare le radical de la marque de personne par un trait.**
a. nous buvons – ils entendent – vous inscrivez
b. ils fondent – nous reconnaissons

3 ✪ **Pour chaque verbe, écris les formes du présent qui se prononcent de la même manière.**

a. mordre – écrire – connaitre

b. vivre – croire – perdre – battre

4 ✪✪ **Pour chaque verbe, écris les formes verbales qui se prononcent et qui s'écrivent de la même manière.**

a. répondre – suivre – boire

b. recevoir – tordre – vivre

Je m'entraine

5 ✪ **Dans les tableaux p. 194-197, trouve un verbe repère qui se conjugue au présent comme :**

a. construire

b. remplir

c. suivre

d. débattre

e. couvrir

f. étendre

6 ✪ **Écris six phrases en associant chaque pronom personnel à une forme verbale.**

Elle •	• suis ses aventures au cinéma.
Tu •	• entend le signal du départ.
Ils •	• reçois peu de courrier.
Je •	• savent le train.
Nous •	• vit à la campagne.
Il •	• écrivons sur les lignes.

7 ✪✪ **Classe les verbes dans le tableau suivant.**

rendre – partir – suivre – sourire – défendre – boire – souffrir – écrire – promettre – recevoir – coudre – combattre – savoir

1 radical	2 radicaux	3 radicaux

8 ✪✪ **Conjugue au présent à la 3e personne du singulier et du pluriel.**

a. coudre un bouton – naitre au printemps – lire un manga

b. écrire un poème – descendre l'escalier – sourire pour la photo

9 ✪✪ **Réécris ces phrases au présent.**

a. Tu courais très vite.

b. Vous buviez l'eau du puits.

c. Il perdait son sac.

d. Blanchette ne battra pas le loup.

10 ✪✪ **Réécris les phrases en commençant par la personne indiquée.**

a. Vous apprenez des poèmes. → Elle

b. Je sais parler anglais. → Nous

c. Vous battez l'autre équipe. → Il

d. Tu réponds à la question. → Elle

e. Je conduis ma sœur au cinéma. → Il

11 ✪✪✪ **Réécris ce texte au présent.**

Je me rendais à l'école à pied, quand il pleuvait, je courais pour ne pas être mouillé.
Le maitre nous accueillait et nous conduisait dans la classe. Pendant la récréation, je riais avec mes amis, mais parfois, je me battais aussi.
Les jours sans classe, je dormais plus longtemps et je construisais des cabanes dans les bois.

12 ✪✪✪ **Réécris le texte de l'exercice 11 en commençant par *il*.**

J'écris

13 **Écris un petit texte au présent en utilisant les verbes suivants :**
reconnaitre* – *courir* – *accueillir* – *descendre* – *attendre

Je conjugue les verbes fréquents au présent

Je cherche

je vais   vous faites   vous devez   elles prennent   nous voyons

tu veux   je vois   vous dites   vous voulez   je peux

je dois   nous faisons   nous disons   nous pouvons   nous sommes   je suis

ils ont   j'ai   tu prends   elle va

- **Regroupe ces formes verbales par deux et indique leur infinitif.**
- **Indique le nombre de radicaux de chacun de ces verbes au présent.**
  Aide-toi **des tableaux des verbes repères, pages 194-197****.**
- **Repère les marques de personne que tu connais déjà.**
  Avec quel type de verbes sont-elles souvent employées ?

Je retiens

✓ **Les verbes fréquents** (*être*, *avoir*, *aller*, *dire*, *faire*, *voir*, *vouloir*, *pouvoir*, *devoir*, *prendre*) sont **très irréguliers au présent : leur radical change beaucoup**.

✓ Pour conjuguer les verbes fréquents au présent, j'utilise le plus souvent **les marques de personne du présent** :
je …**s**, tu …**s**, il/elle/on …**t**, nous …**ons**, vous …**ez**, ils/elles …**ent**

✓ Les verbes ***vouloir*** et ***pouvoir*** prennent **un -x aux deux premières personnes du singulier** : je **peux**, tu **peux** – je **veux**, tu **veux**

✓ Les verbes ***faire*** et ***dire*** se conjuguent avec **la même particularité à la 2e personne du pluriel** : vous **faites** – vous **dites**

⚠ Lorsque je conjugue l'un de ces verbes, je dois penser à identifier les formes verbales qui se prononcent de la même manière mais qui s'écrivent différemment.

Je repère et je manipule

1 ✪ **Écris l'infinitif de chaque forme verbale.**
elles prennent – nous faisons – nous sommes – elles ont – tu vas – vous dites – il peut – nous voyons – elles veulent – tu dois

2 ✪ **Copie les formes verbales. Sépare le radical de la marque de personne par un trait.**
a. tu as – je fais – ils doivent – vous prenez – il voit – tu prends
b. nous allons – il dit – tu peux – nous faisons – vous voulez

3 ✪ **Pour chaque verbe, écris les formes du présent qui se prononcent de la même manière.**

a. être – avoir – dire

b. voir – vouloir – prendre

4 ✪✪ **Pour chaque verbe, écris les formes verbales qui se prononcent et qui s'écrivent de la même manière.**

a. pouvoir – prendre – vouloir

b. faire – devoir – aller

Je m'entraine

5 ✪ **Conjugue au présent à toutes les personnes.**

a. dire un secret – prendre des risques – voir des détails

b. faire un voyage – devoir attendre – aller voir des amis

6 ✪ **Complète les phrases par un pronom personnel ou un groupe nominal.**

a. .... vont choisir la couleur de la voiture.

b. .... es presque arrivé.

c. .... veux rester auprès de lui.

d. .... faites des tours de magie.

e. .... a des réserves d'eau.

7 ✪✪ **Trouve l'intrus et explique ton choix.**

a. tu suis – il est – nous sommes – ils sont

b. tu vas – elle va – nous valons – je vais

c. nous voulons – vous pouvez – vous allez – nous sommes

8 ✪✪ **Réécris les phrases en mettant les sujets au singulier.**

a. Vous allez souvent à la piscine.

b. Les lions peuvent chasser en bande.

c. Nous voulons retrouver le chemin.

d. Ils ne peuvent encore rien dire.

e. Elles prennent du temps pour arriver.

9 ✪✪ **Réécris les phrases au présent.**

a. J'étais très en retard.

b. Ils avaient tort de s'inquiéter.

c. Vous ne disiez rien à vos amis.

d. Ils faisaient leur pain eux-mêmes.

e. Elle devait attendre le bus seule.

10 ✪✪✪ **Réponds aux questions par des phrases.**

a. Es-tu un garçon ou une fille ?

b. Vas-tu souvent au cinéma ?

c. Veux-tu voyager dans le monde ?

d. Combien de crayons de couleur as-tu ?

11 ✪✪✪ **Réécris ce texte au présent.**

Soudain, l'élan se mit à fredonner. Tout doux pour commencer, puis de plus en plus fort. La table commença à vibrer. M. Breton la sentait frémir sous ses doigts chaque fois qu'il prenait une pomme. Mêlée aux senteurs de pomme, de raisins secs et de cannelle, la mélodie fit fondre le givre aux carreaux. Le soleil inonda la cuisine. Par-dessus l'odeur de compote, M. Breton crut détecter comme un parfum de sève et de fleurs. Puis il vit les fleurs pour de bon.

D. Pinkwater, *L'Élan bleu*, © Flammarion, 2011.

J'écris

12 **Écris un texte au présent avec les groupes verbaux suivants.**

avoir un ordinateur – devoir le brancher – prendre la souris – voir l'écran – pouvoir jouer en ligne – faire une sauvegarde

Je conjugue les verbes en *-er* à l'imparfait

Je cherche

En colonie de vacances, les enfants logent dans des tentes. Durant la journée, ils marchent en montagne et portent leur équipement dans un sac à dos. Ils se **déplacent** chaque jour, de camp en camp. Parfois ils restent deux jours au même endroit. Ils jouent et **soulèvent** des pierres pour chercher des lézards. Fatigués, ils **s'allongent** dans l'herbe et se reposent. Les enfants plongent ensuite dans des ruisseaux avec plaisir.

- **En t'aidant** des tableaux des verbes repères, p. 194-197**, réécris ce texte à l'imparfait.**
- **À l'aide des tableaux des verbes repères, conjugue les verbes écrits en couleur en regroupant :**
  – les formes verbales qui se prononcent de la même manière ;
  – les formes verbales qui se prononcent et s'écrivent de la même manière ;
  – les autres formes verbales.
- **Souligne le radical des formes verbales obtenues à la deuxième question. À quelles personnes du présent retrouves-tu ce radical ?**
- **Entoure les marques de personne que tu connais déjà. Quelle partie reste-t-il des terminaisons ?**

Je retiens

✓ Pour conjuguer les verbes en *-er* à l'imparfait :
→ j'utilise le **radical de la 1re personne du pluriel du présent**.
→ j'ajoute au radical **la terminaison de l'imparfait formée** :
– **de la marque de temps :** -ai- ou -i-
– **des marques de personne :** -s, -s, -t, -ons, -ez, -ent

nous marchons → je marchais (présent / imparfait) nous levons → nous levions (présent / imparfait) nous repérons → vous repériez (présent / imparfait)

✓ Pour **les verbes qui finissent en *-cer* et *-ger***, j'utilise **deux radicaux à l'écrit** :
je traçais, nous tracions je rangeais, nous rangions

✓ Aux deux premières personnes du pluriel, les **verbes en *-ier*** prennent **deux i** :
nous pliions, vous pliiez

⚠ Certaines formes verbales se prononcent de manière identique mais s'écrivent différemment : je/tu **pliais**, il/elle/on **pliait**, ils/elles **pliaient**

Je repère et je manipule

1 ✪ **Copie les phrases dans lesquelles le verbe est conjugué à l'imparfait.**
a. Nous plions la tente.
b. Nous partageons le segment en quatre.
c. Je hissai la voile et je filai vers le large.
d. Vous rédigiez vos mémoires.

2 ✪ **Écris l'infinitif de chaque forme verbale.**
tu libérais – nous effectuions – j'achetais – tu espérais – nous exigions – ils traçaient

3 ✪ **Copie les verbes et sépare le radical de la terminaison par un trait.**
tu rangeais – nous lacions – ils piégeaient – vous coloriiez – nous nous promenions

4 ✪✪ **Pour chaque verbe, écris les formes verbales de l'imparfait qui se prononcent de la même manière.**
prolonger – forcer – peser – remuer

Je m'entraine

5 ✪ **Dans les tableaux p. 194-197, trouve le verbe repère qui se conjugue à l'imparfait comme :**
a. assiéger b. élever c. prononcer d. fatiguer

6 ✪ **Choisis la forme verbale qui convient.**
a. Les élèves (**trouvais**/**trouvait**/**trouvaient**) la marche trop longue.
b. Tu (**dégageais**/**dégageait**/**dégageaient**) l'objet du sol.
c. Mon frère se (**contentais**/**contentait**/**contentaient**) du moindre effort.
d. Tu les (**préférais**/**préférait**/**préféraient**) cuisinées à la sauce tomate.

7 ✪✪ **Choisis le radical qui convient.**
a. Il ...ait ses chaussures. (**lac/laç**)
b. Nous nous ...ions tard. (**lev/lèv**)
c. Elle ...ait des chèvres. (**élev/élèv**)
d. Je ...ais des graines. (**sem/sèm**)

8 ✪✪ **Trouve l'intrus dans chaque liste. Justifie ta réponse**
a. ils pariaient – tu reliais – il oubliait – nous plions
b. nous laverions – vous hésitiez – tu inspirais – j'osais

9 ✪✪ **Réécris les phrases à l'imparfait.**
a. Nous respirons un air pollué.
b. Il renonce à venir avec nous.
c. Vous publiez un livre intéressant.
d. Tu pièges les lapins.

10 ✪✪✪ **Réécris ce texte à l'imparfait.**
Tous les étés, nous allons à la mer. Mes parents achètent des billets de train et nous annoncent la destination. Le jour venu, nous montons dans les wagons. Le train n'avance jamais assez vite ! Puis, nous voyageons en car jusqu'au village et marchons jusqu'à la maison.

11 ✪✪✪ **Réécris le texte de l'exercice précédent à l'imparfait en commençant par** « *Tous les étés, ils...* »

J'écris

12 **Écris un court texte en utilisant les verbes suivants à l'imparfait.**
étouffer – *s'allonger* – *fermer* – *croiser* – *rêver* – *se reposer*

Vincent Van Gogh, *La Sieste* (1890).

Je conjugue les verbes en *-ir* à l'imparfait

Je cherche

Alerte météo !

Le temps **devenait** orageux, le ciel se remplissait de nuages.
Les habitants accouraient pour se réfugier dans la grande salle du village. Un homme les accueillait calmement et leur offrait de quoi boire et manger. Chacun obtenait une place où s'installer pour dormir si l'alerte durait.
Dehors, des éclairs surgissaient dans la nuit, la pluie s'abattait sur les collines, l'eau des torrents **jaillissait** et inondait les rues.

- **Relève tous les verbes conjugués de ce texte.**
- **À l'aide du** **tableau des verbes repères p. 194-197****, conjugue les verbes écrits en couleur en regroupant :**
  - **les formes verbales qui se prononcent de la même manière ;**
  - **les formes verbales qui se prononcent et s'écrivent de la même manière ;**
  - **les autres formes verbales.**
- **Souligne le radical de chaque forme verbale trouvée à la question précédente. À quelle personne du présent retrouves-tu le même radical ?**
- **Compare les marques de personne avec celles de l'imparfait des verbes en *-er*.**

Je retiens

✓ Pour conjuguer les verbes en *-ir* à l'imparfait :

→ j'utilise le **radical de la 1re personne du pluriel du présent**.

→ j'ajoute au radical **la terminaison de l'imparfait formée** :
- **de la marque de temps :** -ai- ou -i-
- **des marques de personne :** -s, -s, -t, -ons, -ez, -ent

nous jaillissons (présent) → je jaillissais (imparfait) → nous jaillissions (imparfait)

nous devenons (présent) → je devenais (imparfait) → vous deveniez (imparfait)

⚠ Certaines formes verbales se prononcent de manière identique mais s'écrivent différemment : je /tu **offrais**, il/elle/on **offrait**, ils/elles **offraient**

Je repère et je manipule

1 ✪ **Écris l'infinitif de chaque forme verbale.**
tu réfléchissais – nous mentions – vous mainteniez – il pourrissait – nous saisissions

2 ✪ **Copie les verbes et sépare le radical de la terminaison par un trait.**
a. nous saisissions – tu offrais – ils atterrissaient – vous cueilliez – je tenais
b. il définissait – vous couriez – elle sortait – nous fournissions – tu faiblissais

3 ✪✪ **Pour chaque verbe, écris les formes verbales de l'imparfait qui se prononcent de la même manière.**
contenir – salir – offrir – obéir – sentir

4 ✪✪ **Pour chaque verbe, écris les formes verbales de l'imparfait qui se prononcent et s'écrivent de la même manière.**
ouvrir – élargir – réunir – sortir – refroidir – adoucir

Je m'entraine

5 ✪ **Dans les tableaux p. 194-197, trouve le verbe repère qui se conjugue à l'imparfait comme :**
a. saisir
b. se souvenir
c. fleurir
d. courir
e. garnir
f. couvrir

6 ✪ **Choisis la forme verbale qui convient.**
a. Les feuilles (jaunissais/jaunissait/jaunissaient) lentement.
b. Le public (retenais/retenait/retenaient) son souffle.
c. Tu (parcourais/parcourait/parcouraient) de longues distances.
d. Je (cueillais/cueillait/cueillaient) des fleurs.

7 ✪✪ **Trouve l'intrus dans chaque liste. Justifie ta réponse.**
a. ils ouvraient – tu appartenais – il mentirait – nous réussissions
b. nous souffririons – vous gravissiez – tu agissais – elle vernissait
c. ils appartenaient – tu découvrais – vous réussissez – tu dormais

8 ✪✪ **Complète avec un GN ou un pronom qui convient.**
a. ... sortions dès le matin.
b. ... engloutissaient les navires.
c. Le soir, ... desservais la table.
d. Parfois, ... choisissiez vos places.
e. ... vernissait son tableau.

9 ✪✪ **Réécris les phrases à l'imparfait.**
a. Nous dormons dans la même chambre.
b. Tu remplis les verres des invités.
c. Le mécanicien se noircit les mains.
d. La gazelle court très vite.

10 ✪✪✪ **Réécris les phrases à l'imparfait.**
a. Le cerf fuit les chasseurs.
b. Le ciel s'obscurcit et ils courent s'abriter.
c. Ils viennent souvent en voiture.

11 ✪✪✪ **Réécris le texte à l'imparfait.**
Chaque matin, il agit de la même manière : il remplit son panier de nourriture, sort de la maison et cueille une pomme dans le verger. Ensuite, il franchit la rivière et gravit la colline. Là-haut, il emplit ses poumons d'air pur et se saisit de son déjeuner qu'il déguste avec plaisir.

12 ✪✪✪ **Réécris le texte de l'exercice 11 à l'imparfait en commençant par** *« Chaque matin, nous... »*

J'écris

13 **Écris un texte de dix lignes sur la vie des hommes préhistoriques dans lequel tu utiliseras les verbes suivants conjugués à l'imparfait :**
se servir – se blottir – dormir – se munir – cueillir

Je conjugue les verbes en *-oir*, *-dre*, *-re* à l'imparfait

Je cherche

je buvais — tu connaissais — elles apercevaient — nous apprenions — ils rendaient

il conduisait — vous vous taisiez — elle suivait — je combattais

elle recevait — elles riaient — nous savions

- **Copie les verbes ci-dessus. Souligne le radical de chaque verbe et entoure la terminaison.**
- **À quelle personne du présent retrouves-tu ce radical ?**
- **Dans les terminaisons, surligne les marques de personne que tu connais déjà. Quelle partie reste-t-il des terminaisons ?**
- **Choisis deux verbes de cette liste et conjugue-les à l'imparfait en regroupant :**
  – les formes verbales qui se prononcent de la même façon ;
  – les formes verbales qui s'écrivent de la même façon ;
  – les autres formes verbales.

Je retiens

✓ Pour conjuguer les verbes en *-oir*, *-dre*, *-re* à l'imparfait :

→ j'utilise **le radical de la 1re personne du pluriel du présent.**

→ j'ajoute au radical **la terminaison de l'imparfait formée** :

– **de la marque de temps : -ai- ou -i-**

– **des marques de personne : -s, -s, -t, -ons, -ez, -ent**

nous recevons (présent) → je recevais (imparfait)   nous attendons (présent) → nous attendions (imparfait)   nous buvons (présent) → vous buviez (imparfait)

⚠ Certaines formes verbales se prononcent de manière identique mais s'écrivent différemment : je/tu **rendais**, il/elle/on **rendait**, ils/elles **rendaient**

▸ **Tableaux des verbes repères p. 194-197.**

Je repère et je manipule

1 ✪ **Écris l'infinitif de chaque forme verbale.**

tu descendais – nous décrivions – vous buviez – il disparaissait – nous savions – elle suivait – ils apprenaient

2 ✪ **Copie les verbes et sépare le radical de la terminaison par un trait.**

a. nous prenions – tu conduisais – ils promettaient – vous suiviez – je riais

b. il étendait – tu tendais – elle vivait – nous riions – vous battiez

3 ✪✪ **Pour chaque verbe, écris les formes verbales de l'imparfait qui se prononcent de la même manière.**
lire – paraitre – savoir – apprendre

4 ✪✪ **Pour chaque verbe, écris les formes verbales de l'imparfait qui se prononcent et s'écrivent de la même manière.**
suivre – décevoir – entendre – promettre – suspendre – rendre – apercevoir

Je m'entraine

5 ✪ **Dans les tableaux p. 194-197, trouve le verbe repère qui se conjugue à l'imparfait comme :**
a. descendre
b. produire
c. battre
d. savoir

6 ✪ **Choisis la forme verbale qui convient.**
a. L'instituteur leur (lisais/lisait/lisaient) des poèmes.
b. Le jardinier (tondais/tondait/tondaient) la pelouse.
c. Tu (cousais/cousait/cousaient) des boutons sur ta veste.
d. Les troupeaux les (suivais/suivait/suivaient) calmement.

7 ✪✪ **Trouve l'intrus dans chaque liste. Justifie ta réponse.**
a. ils partaient – tu relisais – il oubliait – nous rendrions
b. nous battions – vous appreniez – tu écrirais – je recevais
c. ils tordaient – je produirai – nous écrivions – tu plaisais

8 ✪✪ **Choisis le radical qui convient.**
a. Les coureurs ...aient souvent. (boiv-/buv-)
b. Il ...ait tout en anglais. (tradui-/traduis-)
c. Tu ...ais de nombreux romans. (li-/lis-)
d. Qui ...ait la viande ? (cui-/cuis-)
e. Nous ...ions à la campagne. (vi-/viv-)

9 ✪✪ **Complète avec un GN ou un pronom qui convient.**
a. ... attendions que le jour se lève.
b. ... descendaient les pistes noires.
c. Le soir, ... posais un verre près du lit.
d. Autrefois, ... écriviez souvent à mamie.
e. ... rejoignait ses frères dans la forêt.

10 ✪✪✪ **Réécris les phrases à l'imparfait.**
a. Ils disparaissent dans la brume.
b. Je sais tracer des rosaces avec un compas.
c. Vous battez les œufs avec un fouet.
d. Vous répondez au téléphone.
e. Je conduis souvent cette voiture.

11 ✪✪✪ **Réécris les phrases à l'imparfait.**
a. Le ciel se couvre et ils courent s'abriter.
b. Ils étendent le linge.
c. Le petit enfant boit son biberon.
d. Nous produisons du miel d'acacia.

12 ✪✪✪ **Réécris ce texte à l'imparfait.**
Jour de remise de prix. La foule attend et se tait avant le discours du jury et du lauréat. Chacun suit attentivement les préparatifs de la cérémonie. Ceux du premier rang aperçoivent l'heureux vainqueur qui rit aux éclats.

J'écris

13 **Écris un texte de six lignes dans lequel tu utiliseras les verbes suivants à l'imparfait.**
écrire – apprendre – connaitre – suivre – interdire

Je conjugue les verbes fréquents à l'imparfait

Je cherche

elles devaient — nous étions — nous voulions — vous voyiez — il pouvait — je prenais — tu disais — nous faisions — elle allait — j'avais — ils étaient

- **Copie les verbes ci-dessus. Souligne le radical de chaque verbe et entoure la terminaison.**
- **À quelle personne du présent retrouves-tu ce radical ?**
- **Dans les terminaisons, surligne les marques de personne que tu connais déjà. Quelle partie reste-t-il des terminaisons ?**
- **Choisis deux verbes de cette liste et conjugue-les à l'imparfait en regroupant :**
  – les formes verbales qui se prononcent de la même façon ;
  – les formes verbales qui s'écrivent de la même façon ;
  – les autres formes verbales.

Je retiens

✓ Pour conjuguer les verbes fréquents (*être*, *avoir*, *aller*, *dire*, *faire*, *voir*, *vouloir*, *pouvoir*, *devoir*, *prendre*) à l'imparfait :

→ j'utilise **le radical de la 1re personne du pluriel du présent.**

→ j'ajoute au radical **la terminaison de l'imparfait formée** :
- **de la marque de temps : -ai- ou -i-**
- **des marques de personne : -s, -s, -t, -ons, -ez, -ent**

nous devons (présent) → je devais (imparfait) — nous allons (présent) → nous allions (imparfait) — nous faisons (présent) → vous faisiez (imparfait)

⚠ Le radical du verbe *être* à l'imparfait est **ét-** : j'étais, nous étions…

⚠ Certaines formes verbales se prononcent de manière identique mais s'écrivent différemment : j'/tu **avais**, il/elle/on **avait**, ils/elles **avaient**

▸ **Tableaux des verbes repères p. 194-197.**

Je repère et je manipule

1 ✪ **Écris l'infinitif de chaque forme verbale.**

tu prenais – nous disions – vous voyiez – il devait – nous étions – elles pouvaient – je faisais – nous allions – ils prenaient

2 ✪ **Copie les verbes et sépare le radical de la terminaison par un trait.**

a. nous avions – tu allais – ils devaient – vous faisiez – je voulais

b. il était – tu disais – elle prenait – nous pouvions – vous vouliez

3 ✪✪ **Pour chaque verbe, écris les formes verbales de l'imparfait qui se prononcent et s'écrivent de la même manière.**
faire – être – dire – aller – avoir

Je m'entraine

4 ✪ **Relève les verbes à l'imparfait.**
Tom ne savait plus que faire. Devait-il éteindre l'ordinateur ? Non, cela ne ferait sûrement qu'aggraver les choses. Il attendit. Le voyant continuait à clignoter. Soudain, plus rien ! Approchant un doigt tremblant du bouton marche/arrêt, Tom éteignit l'unité centrale. Tout allait peut-être rentrer dans l'ordre quand il la rallumerait.

M. Coleman, Internet detective, vol 6, *Le Pirate du Web*, trad. N. Grenier, © Éditions Gallimard Jeunesse, 1998.

5 ✪ **Choisis la forme verbale qui convient.**
a. Le chauffeur (voyais/voyait/voyaient) la route défiler.
b. Le géant (pouvais/pouvait/pouvaient) arriver à tout moment.
c. Tu (allais/allait/allaient) au cinéma à Paris.
d. Les écoliers (prenais/prenait/prenaient) leurs repas dans la classe.
e. Tu (disais/disait/disaient) le mot de passe à voix basse.

6 ✪✪ **Trouve l'intrus dans chaque liste. Justifie ta réponse.**
a. nous voyions – tu voudrais – il était – vous preniez
b. nous pouvions – vous verriez – tu étais – elle prenait
c. ils allaient – tu pouvais – vous voyez – tu disais

7 ✪✪ **Complète avec un GN ou un pronom qui convient.**
a. … prenions le train tous les dimanches.
b. … ne faisait pas peur.
c. Le soir, … allais faire une promenade dans les bois.
d. L'an dernier, … pouviez traverser le pont sans danger.
e. … voyait le dragon sur la colline.

8 ✪✪✪ **Complète le texte avec les verbes suivants conjugués à l'imparfait :**
être – avoir – aller – dire – prendre – vouloir – voir

Nous … en colonie de vacances. Nous … nos sacs à dos pour partir en camp, et le moniteur nous … de marcher vite car nous … un long chemin à parcourir. En marchant, nous … de magnifiques paysages. Après une longue marche, nous … arriver au camp où nous … poser nos tentes.

9 ✪✪✪ **Réécris les phrases à l'imparfait.**
a. Elle va visiter la Grèce.
b. Ma sœur est souvent en colère.
c. Tu as un vélo rouge.
d. Le clown fait des farces à son complice.
e. Elle ne dit rien à ses parents.

10 ✪✪✪ **Réécris les phrases à l'imparfait.**
a. Je peux terminer ce travail rapidement.
b. Ils prennent des mesures dans la maison.
c. Je ne veux pas rentrer en train.
d. Tu ne vois rien dans ce tunnel.
e. Elle doit partir avant l'été.

J'écris

11 **Écris un texte de dix lignes dans lequel tu utiliseras les formes verbales suivantes dans l'ordre que tu veux :**
voulaient – partais – venions – pouviez – voyait.
Tu peux utiliser le dialogue et le récit.

Je conjugue les verbes en *-er* au futur

Je cherche

Du nord-est à l'Auvergne, les nuages dominent et déversent quelques gouttes de pluie. L'après-midi, ces ondées **se raréfient** et les éclaircies **commencent** à s'élargir. Du nord de la Seine au centre, des cumulus se forment mais laissent encore une belle place aux éclaircies. Le risque d'ondées reste très isolé, plutôt réservé aux frontières du nord. Dans le sud du pays, le vent souffle entre 70 et 80 km/h. Sous l'influence des vents marins, la journée **s'achève** sous la grisaille.

- **En t'aidant** **des tableaux des verbes repères, p. 194-197****, réécris ce texte au futur.**
- **Pour chaque forme verbale, souligne le radical et entoure la terminaison. Dans cette terminaison, surligne la marque de temps du futur des verbes en *-er*.**
- **Existe-t-il des points communs entre les marques de personne du futur et celles des temps déjà étudiés ?**
- **À l'aide des tableaux des verbes repères, conjugue les verbes écrits en couleur au futur en regroupant :**
  – les formes verbales qui se prononcent de la même manière ;
  – les autres formes verbales.

Je retiens

✓ Au futur, les verbes en *-er* conservent **le même radical**.

✓ Pour conjuguer ces verbes au futur, j'ajoute au radical **la terminaison du futur formée** :
– **de la marque de temps :** -er-
– **des marques de personne :** -ai, -as, -a, -ons, -ez, -ont

je marcherai – elles chanteront

✓ Pour les verbes de type *lever* et *repérer*, j'utilise **le radical de la 1re personne du singulier du présent**.

je lève (présent) → je lèverai (futur)   je repère (présent) → je repèrerai (futur)

✓ Pour les verbes en *-ier* et *-uer*, je n'oublie pas d'écrire -er- comme marque de temps :

je plierai, je remuerai, je nouerai

⚠ Certaines formes verbales se prononcent de manière identique mais s'écrivent différemment : tu plieras, il/elle/on pliera nous plierons, ils/elles plieront

Je repère et je manipule

1 ✪ **Copie les formes verbales qui sont au futur.**
je mangeai – il pliera – tu admireras – nous désirions – ils verseront – tu demandas – je chercherai – elle signa – je tracerai

2 ✪ **Copie les verbes et sépare le radical de la terminaison par un trait.**
ils sonneront – tu joueras – vous démarrerez – je lancerai – tu parleras

3 ✪✪ **Dans le texte suivant, copie les verbes qui sont au futur.**
Comme tous les matins, mon père me dit : « En partant, tu penseras à bien fermer la porte à clé. Tu n'oublieras pas ?
– Non, Papa. Tu peux partir tranquille. »

4 ✪✪ **Pour chaque verbe, écris les formes verbales du futur qui se prononcent de la même manière.**
visiter – oublier – amuser – fêter – marquer

Je m'entraine

5 ✪ **Écris le radical qui convient.**
a. Le tigre affamé …era sa proie. (repér-/repèr-)
b. Tu …eras ton petit frère à la piscine. (emmen-/emmèn-)
c. Nous …erons les fruits avant de les manger. (pel-/pèl-)
d. Les pêcheurs …eront leurs filets. (relev-/relèv-)

6 ✪ **Choisis la forme verbale qui convient.**
a. À quelle heure te (coucheras/couchera)-tu ?
b. L'orage (éclateras/éclatera) dans quelques minutes.
c. Au signal, les voitures (démarrerons/démarreront).
d. Je t'(inviterai/inviterez) à mon anniversaire.

7 ✪✪ **Trouve l'intrus dans chaque liste. Justifie ta réponse.**
a. vous confierez – vous publierez – vous offrirez – vous scierez
b. tu courras – tu joueras – tu loueras – tu avoueras

8 ✪✪ **Complète avec un GN ou un pronom qui convient.**
a. … complèterons le rang.
b. … compteront sur leurs doigts.
c. … dessineras un quadrillage.
d. … tournera à droite puis à gauche.

9 ✪✪✪ **Réécris les phrases au futur.**
a. Les enfants jouent dans leur chambre.
b. Mon père loue un garage pour sa voiture.
c. Nous n'oublions pas de dire au revoir.
d. Je remercie mes amis pour cette idée.

10 ✪✪✪ **Réécris le texte au futur à la 2e personne du singulier.**

Sur la première carte, observe le parcours qui mène au trésor. Rédige l'itinéraire en t'aidant de la rose des vents : une case vers le sud, une case vers l'est… Puis pose un calque sur la seconde carte et trace le parcours qui mène au trésor. Soigne ton tracé.

J'écris

11 **Ton cousin va entrer au CP. Pour le rassurer, tu lui expliques comment ses journées vont se dérouler, en utilisant ces verbes au futur :**
travailler – écouter – chanter – réciter – dessiner – préparer – parler – porter

Je conjugue les verbes en *-ir* au futur

Je cherche

Le coureur **part** au signal. Il court de plus en plus vite et ne ralentit jamais. Il tient ce rythme rapide jusqu'au bout de la course. Il couvre la distance en moins d'une heure et **franchit** la ligne d'arrivée parmi les premiers.

- **En t'aidant des tableaux des verbes repères p. 194-197, réécris ce texte au futur.**
- **Pour chaque forme verbale, souligne le radical et entoure les marques de personne du futur. Dans cette terminaison, surligne la marque de temps du futur des verbes en *-ir*.**
- **À l'aide des tableaux des verbes repères, conjugue les verbes écrits en violet au futur en regroupant :**
  – les formes verbales qui se prononcent de la même manière ;
  – les autres formes verbales.

Je retiens

✓ Au futur, les verbes en *-ir* conservent **le même radical**.

✓ Pour conjuguer ces verbes au futur, j'ajoute au radical **la terminaison du futur formée** :

– **de la marque du temps : -r-**

– **des marques de personne : -ai, -as, -a, -ons, -ez, -ont**

j'**obéirai** – vous **découvrirez**

⚠ Certaines formes verbales se prononcent de manière identique mais s'écrivent différemment :

tu **finiras**, il/elle/on **finira** nous **finirons**, ils/elles **finiront**

Je repère et je manipule

1 ✪ **Copie les phrases dans lesquelles le verbe est conjugué au futur.**

a. Le chevalier brandira son épée.
b. Tu bâtirais une maison avec tes frères.
c. Nous ne punirions pas ces élèves.
d. Les maçons agrandiront la maison.
e. Je courrai le marathon.

2 ✪ **Copie les formes verbales qui sont au futur et donne leur infinitif.**

tu ralentiras – nous nous nourrirons – je me souvenais – ils vont – vous découvriez – je réfléchirai – il réunira – vous obéissiez – nous trahirons – vous périrez

3 ✪✪ **Pour chaque verbe, écris les formes verbales du futur qui se prononcent de la même manière.**

obtenir –maigrir– réfléchir – endormir – cueillir – venir

4 ✪✪ **Copie les verbes et sépare le radical de la terminaison par un trait.**

a. nous parviendrons – tu surgiras – ils appartiendront – vous vous évanouirez

b. nous dormirons – vous offrirez – il remplira – tu dormiras – elle vernira

Je m'entraine

5 ✪ **Choisis la forme verbale qui convient.**

a. Tu (réfléchiras/réfléchira) après.

b. Mes parents ne (viendrons/viendront) pas avec nous.

c. (Nourriras/Nourrira)-t-il le chat pendant nos vacances ?

d. Le signal (retentiras/retentira) à midi.

e. Nous nous (réjouirons/réjouiront) de venir vous voir.

f. Le professeur (réuniras/réunira) les parents.

6 ✪ **Conjugue ces verbes au futur à la personne indiquée.**

a. agir → nous

b. grandir → tu

c. guérir → elle

d. choisir → je

e. avertir → vous

f. remplir → ils

7 ✪✪ **Complète avec un GN ou un pronom qui convient.**

a. ... grandirons ensemble.

b. ... raccourcirai l'ourlet de cette jupe.

c. ... fournirez les médicaments à cette dame.

d. ... dormiras dans un duvet.

e. ... dormira dans la chambre d'amis.

f. ... fleuriront au printemps.

8 ✪✪ **Trouve l'intrus dans chaque liste. Justifie ta réponse.**

a. ils couvriront – je conviendrai – il rougirait – nous agirons

b. nous retiendrons – vous agrandissiez – tu sentiras – elle arrondira

c. il tomba – elles rajeuniront – il remplira – nous polirons

9 ✪✪✪ **Réécris les phrases au futur.**

a. Les touristes envahissent les magasins.

b. Nous servons le repas à huit heures.

c. L'alpiniste secourt le promeneur perdu.

d. Tu couvres tes livres pour l'école.

e. Vous tenez vos bras en l'air.

10 ✪✪✪ **Réécris les phrases au futur.**

a. Mon père et moi faisons la cuisine.

b. Tu dis ce que tu veux à tes amis.

c. La chèvre peut brouter à son aise.

d. Je vois ce que je mets dans mon sac.

11 ✪✪✪ **Réécris ce texte au futur.**

C'est le printemps. Les arbres fleurissent à nouveau, les cerises rougissent et les branches fléchissent sous leur poids. Nous choisissons les plus belles, les saisissons délicatement et remplissons nos poches. Les cerises salissent nos vêtements, mais ce n'est pas grave.

J'écris

12 **Imagine une matinée au collège. Écris un petit texte en utilisant six des verbes suivants au futur.**

mettre – aller – devoir – apprendre – écrire – comprendre – réussir – réfléchir – obtenir

Je conjugue les verbes en *-oir*, *-dre*, *-re* au futur

Je cherche

surprendre ses amis
combattre ses ennemis
voir de nombreux pays
comprendre les animaux
connaitre les sciences
coudre les plus beaux vêtements
rire de tout
recevoir de nombreux cadeaux
suivre ses désirs
interdire les injustices
vivre tranquillement

- **En t'aidant** **des tableaux des verbes repères, p. 194-197****, conjugue, à la 2e personne du singulier du futur, les verbes en gras.**
- **Pour chaque, souligne le radical et entoure les terminaisons. Surligne la marque de temps du futur des verbes en *-oir*, *-dre* et *-re*.**
- **À l'aide des tableaux des verbes repères, conjugue deux de ces verbes au futur en regroupant :**
  – les formes verbales qui se prononcent de la même manière ;
  – les autres formes verbales.

Je retiens

✓ Au futur, les verbes en *-oir*, *-dre* et *-re* conservent **le même radical à toutes les personnes.**

✓ Pour conjuguer ces verbes au futur, j'ajoute au radical **la terminaison du futur formée** :
- **de la marque du temps :** -r-
- **des marques de personne :** -ai, -as, -a, -ons, -ez, -ont

j'entendrai – vous rirez

⚠ Certaines formes verbales se prononcent de manière identique mais s'écrivent différemment :

tu **vivras**, il/elle/on **vivra** — nous **vivrons**, ils/elles **vivront**

Je repère et je manipule

1 ✪ **Copie les phrases dans lesquelles le verbe est conjugué au futur.**

a. Tu recevras ton colis lundi.
b. Je lirais des romans policiers.
c. Nous n'entendions pas la musique.
d. Il pleuvra toute la journée et tu ne pourras pas jouer au football.
e. Je vivrai en Chine.

2 ✪ **Copie les formes verbales qui sont au futur et donne leur infinitif.**
tu croiras – nous mettrons – nous comprendrions – ils connaitront – vous entendriez – j'attendrai – il perdra – vous descendiez – nous apprendrons – vous vendrez

3 ✪✪ **Copie les verbes et sépare le radical de la terminaison par un trait.**
a. nous écrirons – tu conduiras – ils plairont – vous recevrez
b. nous répondrons – vous ouvrirez – il reprendra – tu battras

4 ✪✪ **Pour chaque verbe, écris les formes verbales du futur qui se prononcent de la même manière.**
mettre – comprendre – connaitre – entendre – lire – revoir

Je m'entraine

5 ✪ **Complète avec un GN ou un pronom qui convient.**
a. ... croiront que tu te caches.
b. ... rirons de bon cœur.
c. ... rendrai les livres à la bibliothèque.
d. ... lirez ce conte ce soir.
e. ... peindras un portrait de femme.
f. ... peindra la Joconde en 1503.

6 ✪ **Choisis la forme verbale qui convient.**
a. Tu nous (rejoindras/rejoindra) après.
b. Mes frères (apprendrons/apprendront) à lire l'an prochain.
c. (Écriras/Écrira)-tu à ton grand-père ?
d. Nous les (mettrons/mettront) dans nos poches.
e. Ils nous (prévoirons/prévoiront) à boire.
f. La mariée (souriras/sourira) pour la photo.

7 ✪✪ **Trouve l'intrus dans chaque liste. Justifie ta réponse.**
a. ils répondront – je boirai – il promettra – nous suivons
b. nous conduirons – vous poursuiviez – tu boiras – elle paraitra
c. je descendrai – vous promettez – ils boiront – nous atteindrons

8 ✪✪✪ **Réécris les phrases au futur.**
a. Le soleil apparait à l'horizon.
b. Les élèves de CM2 apprennent les échecs.
c. Le chercheur conclut son exposé.
d. Tu interromps les autres.
e. Vous vous inscrivez au club de natation.

9 ✪✪✪ **Réécris les phrases au futur.**
a. Nous battons cette équipe de foot.
b. Tu sais tailler les rosiers.
c. La neige fond au soleil.
d. Je couds mes vêtements moi-même.
e. Vous voyez les papillons dans la serre.

10 ✪✪✪ **Réécris ce texte au futur.**
Le magicien connait de nombreux tours et ne dit jamais ses secrets. Il met une rose dans un chapeau et un lapin apparait. L'instant d'après, il introduit une colombe dans une boite et dit une formule magique. Quand il ouvre la boite, le public ne voit plus la colombe mais un chaton qui boit du lait.

11 ✪✪✪ **Réécris le texte de l'exercice 10 au futur en commençant par :**
a. Les magiciens...
b. Je...

J'écris

12 **Raconte l'arrivée des cosmonautes sur la Lune en utilisant les verbes suivants au futur :**
apercevoir – *descendre* – *atteindre* – *vivre* – *conduire*

Je conjugue les verbes fréquents au futur

Je cherche

- **Relève les verbes et écris-les à l'infinitif.**
- **Choisis deux de ces verbes et conjugue-les au futur à l'aide** des tableaux des verbes repères, p. 194-197**, en regroupant :**
  – les formes verbales qui se prononcent de la même façon ;
  – les autres formes verbales.
- **Souligne le radical de chaque forme verbale, entoure la terminaison et surligne la marque de personne.**

Je retiens

✓ Au futur, les verbes fréquents (***être***, ***avoir***, ***aller***, ***dire***, ***faire***, ***voir***, ***vouloir***, ***pouvoir***, ***devoir***, ***prendre***) conservent **le même radical à toutes les personnes.**
Je m'appuie sur ce que j'entends **à l'oral** pour trouver ce radical.
être → **se-** avoir → **au-** aller → **i-** faire → **fe-** voir → **ver-** pouvoir → **pour-**

✓ Pour conjuguer ces verbes au futur, j'ajoute au radical **la terminaison du futur formée** :
– de la marque du temps : -r-
– des marques de personne : -ai, -as, -a, -ons, -ez, -ont

je **dirai** – nous **devrons**

⚠ Certaines formes verbales se prononcent de manière identique mais s'écrivent différemment :
tu **seras**, il/elle/on **sera** nous **serons**, ils/elles **seront**

Je repère et je manipule

1 ✪ **Copie les phrases dans lesquelles le verbe est conjugué au futur.**
a. Nous pourrons choisir nos places.
b. Elles iront au marché souvent.
c. Vous feriez de magnifiques expériences.
d. Je voudrais partir avec vous.
e. Le tailleur devra prendre tes mesures.

2 ✪ **Copie les formes verbales qui sont au futur et donne leur infinitif.**
tu iras – nous devrons – nous serions – ils pourront – vous verriez – j'aurai – il fera – vous devriez – nous dirons – vous voudrez

3 ✪✪ **Copie les verbes et sépare le radical de la terminaison par un trait.**
a. nous pourrons – tu verras – ils voudront – vous prendrez – j'aurai
b. nous devrons – vous irez – elle sera – tu diras – vous ferez

4 ✪✪ **Pour chaque verbe, écris les formes verbales du futur qui se prononcent de la même manière.**
être – aller – avoir – entendre – dire – faire

Je m'entraine

5 ✪ **Complète avec un GN ou un pronom qui convient.**
a. … iront en classe le mercredi.
b. … irons à la patinoire avec lui.
c. … prendrai ton sac ce soir.
d. … prendrez des médicaments le soir.
e. … verras ce film au cinéma.
f. … verra le train arriver.

6 ✪ **Choisis la forme verbale qui convient.**
a. Tu (devras/devra) nous attendre.
b. Les joueurs ne (voudrons/voudront) jamais rentrer au vestiaire.
c. (Pourras/Pourra)-t-il manger ici ?
d. Nous ne (reverrons/reverront) jamais cet homme.
e. Ils (dirons/diront) leur secret à leurs amis.
f. Le voyageur (prendras/prendra) l'avion pour rentrer.

7 ✪✪ **Trouve l'intrus dans chaque liste. Justifie ta réponse.**
a. nous serons – vous serez – tu sers – elle sera
b. ils iront – je ferai – il verra – nous pouvons
c. je devrai – vous voudrez – ils feront – nous prenons

8 ✪✪ **Réécris les phrases au futur.**
a. Vous faites ce que vous pouvez au plus vite.
b. Elles ne doivent rien dire ce soir.
c. Le chasseur est caché dans les fourrés.
d. Tu vas en classe et tu dis la nouvelle à tes camarades.
e. Vous avez le temps et vous prenez le chemin le plus long.

9 ✪✪✪ **Réécris ce texte au futur.**
Pour faire du papier recyclé, tu prends du papier journal que tu déchires en lambeaux. Tu le mets à tremper, tu attends deux jours, puis tu le réduis en bouillie à l'aide d'un mixeur. Tu étends une louche de ce mélange sur une grille fine, tu retournes la grille pour détacher la feuille et tu la fais sécher.

10 ✪✪✪ **Réécris le texte de l'exercice 9 précédent au futur en commençant par :**
a. Pour faire du papier recyclé, vous …
b. Pour faire du papier recyclé, je …

11 ✪✪✪ **Réécris ce texte au futur.**
Thomas se cache et attend dans le noir. Il regarde autour de lui et ouvre de grands yeux. Il voit un chat qui bondit et renverse une poubelle. Peu après, Thomas entend le vent se lever et sent la pluie arriver. Il se raidit de peur et prend la décision de rentrer.

J'écris

12 **Imagine une matinée au collège. Écris un petit texte en utilisant six des verbes suivants au futur.**
faire – aller – devoir – apprendre – écrire – réfléchir – dire – avoir – être – vouloir

Je conjugue les verbes au passé simple aux 3es personnes du singulier et du pluriel (1)

Je cherche

Texte A

Des gazelles jaillirent d'un taillis et aussitôt le lionceau, tapi dans l'herbe haute, bondit sur l'une d'elles qui cria de douleur.
La lionne, fière de son petit chasseur, rugit. Son cri retentit dans toute la savane.
Les autres gazelles détalèrent.
Le lionceau mangea sa proie avec sa mère.

Texte B

Des gazelles jaillissent d'un taillis et aussitôt le lionceau, tapi dans l'herbe haute, bondit sur l'une d'elles qui crie de douleur.
La lionne, fière de son petit chasseur, rugit. Son cri retentit dans toute la savane.
Les autres gazelles détalent. Le lionceau mange sa proie avec sa mère.

- **Compare les verbes de ces deux textes, trouve leur infinitif. Aide-toi des tableaux des verbes repères, p. 194-197, pour dire à quels temps ils sont conjugués.**
- **Souligne le radical et entoure la terminaison de chaque forme verbale.**
- **Surligne les marques de personne que tu connais déjà.**
  Existe-t-il des points communs entre les marques de personne du passé simple et du présent ?
- **Tu peux maintenant écrire les marques de temps du passé simple des 3es personnes des verbes en *-er* et en *-ir* (comme *finir*).**

Je retiens

✓ Je forme le passé simple d'un verbe en *-er* aux 3es personnes en regroupant :

→ **au singulier :** radical + marque de temps
elle cria — elle détala

→ **au pluriel :** radical + marque de temps + marque de personne
elles crièrent — elles détalèrent

✓ Je forme le passé simple d'un verbe en *-ir* comme *finir* aux 3es personnes en regroupant :

→ **au singulier :** radical + marque de temps + marque de personne
elle rugit — elle bondit

→ **au pluriel :** radical + marque de temps + marque de personne
elles rugirent — elles bondirent

✓ D'autres verbes comme *partir*, *faire* ou *dire* se conjuguent au passé simple comme le verbe *finir*.

✓ Les verbes qui finissent en *-cer* et en *-ger* ont **deux radicaux à l'écrit**.
il mangea – ils mangèrent — elle commença – elles commencèrent

Je repère et je manipule

1 ✪ **Copie les phrases qui sont au passé simple.**
a. Il arriva juste après nous.
b. Ils échangèrent les bonnets et les couronnes.
c. Ils réfléchissent à la solution du problème.
d. Elles rentrèrent tard ce soir-là.
e. Elles aèrent la classe pendant la récréation.
f. Le jardinier agrandit le trou et y plante l'arbuste.

2 ✪ **Écris l'infinitif de chaque forme verbale.**
il lança – elles placèrent– ils pâlirent – il conjugua – elle annonça – elles partirent

3 ✪✪ **Copie les verbes, souligne le radical et entoure la marque de personne.**
ils supplièrent – il commença – il salit – ils atterrirent – il investit – elles rentrèrent

4 ✪✪ **Dans les tableaux des verbes repères, p. 194-197, trouve le verbe repère qui se conjugue au passé simple comme :**
a. piéger b. prélever c. menacer d. réussir

Je m'entraine

5 ✪ **Complète les phrases par un groupe nominal.**
a. .... raconta une histoire de géants.
b. ... franchit l'obstacle en un éclair.
c. ... aboyèrent toute la nuit.
d. ... oublia les clés dans la maison.
e. ... enfouirent leur trésor au fond d'un trou.

6 ✪✪ **Conjugue ces verbes aux 3es personnes du singulier et du pluriel du passé simple. Tu peux t'aider des tableaux des verbes repères, p. 194-197.**
rafraichir – préférer – proposer – rétrécir

7 ✪✪ **Trouve l'intrus et justifie ta réponse.**
a. il grossit – ils bleuirent – il accomplissait – il subit
b. il hésita – il pensera – il rangea – il inspira
c. ils s'allongèrent – il dirigea – ils jugèrent – il tracera

8 ✪✪ **Réécris ces phrases en commençant par la personne indiquée.**
a. Les fraises murirent au soleil. → Elle
b. Ils regardèrent partir les soldats. → Il
c. Elles frappèrent et entrèrent. → Elle
d. Ils s'accroupirent et s'aplatirent au sol. → Il

9 ✪✪✪ **Réécris ce texte à la 3e personne du pluriel.**
Il souleva le couvercle d'une grande marmite et renifla ; puis il trempa un doigt dans une barrique pour goûter une masse jaune et visqueuse ; puis il alla à grands pas vers l'une des machines et tourna à gauche et à droite une demi-douzaine de boutons ; puis il jeta un long regard inquiet par la portière vitrée d'un gigantesque fourneau, se frotta les mains [...].

Roald Dahl, *Charlie et la chocolaterie*,
trad. E. Gaspar

10 ✪✪✪ **Réécris ce texte au passé simple.**
L'enfant s'accroupit au bord de l'eau, observe les poissons et choisit son emplacement. Puis il aplatit un peu les herbes, installe sa canne à pêche et pose son appât sur l'hameçon. Il pétrit son amorce et la lance dans l'eau. Il ferme doucement les yeux et respire calmement, puis lance sa ligne.

J'écris

11 **Écris la suite de l'histoire en utilisant les verbes suivants au passé simple :**
marcher – manger – se rafraichir – trouver – se reposer – réfléchir – repartir
Robinson débarqua sur une ile déserte...

Je conjugue les verbes au passé simple aux 3es personnes du singulier et du pluriel (2)

Je cherche

elle courut ils moururent ils revinrent elles purent il but

elle retint elles connurent il parvint il crut

elles disparurent il intervint ils obtinrent elle reçut

- **Aide-toi** des tableaux des verbes repères, p. 194-197, **pour retrouver l'infinitif de ces verbes.**
- **Souligne le radical et entoure la terminaison de chaque forme verbale.**
- **Surligne les marques de personne que tu connais déjà.**
- **Tu peux maintenant écrire les marques de temps du passé simple des 3es personnes des autres verbes.**
- **Quels sont les points communs et les différences entre ces terminaisons au passé simple et celles des verbes en** *-er* **et en** *-ir* **?**

Je retiens

✓ Je forme le passé simple d'autres verbes aux 3es personnes en regroupant :

→ **au singulier :** radical + marque de temps + marque de personne
elle voulut elle apparut

→ **au pluriel :** radical + marque de temps + marque de personne
elles voulurent elles apparurent

✓ Je forme le passé simple des verbes comme *tenir* et *venir* aux 3es personnes en regroupant :

→ **au singulier :** radical + marque de temps + marque de personne
elle tint elle parvint

→ **au pluriel :** radical + marque de temps + marque de personne
elles tinrent elles parvinrent

✓ Je mémorise la forme des verbes *être* et *avoir* au passé simple.
il fut – ils furent il eut – ils eurent

Je repère et je manipule

1 ✪ **Copie les phrases qui sont au passé simple.**

a. Il courut toute la nuit.
b. Elle venait avec nous au marché.
c. Ils revinrent le voir le lendemain.
d. Il devint rapidement aussi grand que son frère.
e. Elles se taisent immédiatement.
f. Ils aperçurent le navire au loin.

2 ✪ **Copie les verbes et sépare le radical de la terminaison par un trait.**
ils disparurent – il revint – elles burent – elle retint – ils reçurent – ils surent

3 ✪✪ **Indique l'infinitif de chaque forme verbale.**
a. ils revinrent – ils surent – elle reçut – ils purent – elle revint
b. Ils devinrent – ils durent – elle crut – il apparut – ils moururent
c. Il connut – il plut – ils burent – elle courut – ils vinrent

4 ✪✪ **Relève les verbes au passé simple.**
Les lumières s'éteignirent et le vieux vagabond disparut... Une couronne d'or et d'argent s'alluma mystérieusement, éclaboussant d'étincelles la scène vide, jetant des lueurs dans les yeux des spectateurs, puis l'obscurité se fit, une odeur de poudre flottait dans le théâtre et les applaudissements fusèrent.

M. Delerm, *Crime en coulisses*, © Magnard Jeunesse, 2000.

Je m'entraine

5 ✪ **Conjugue ces verbes aux 3es personnes du singulier et du pluriel du passé simple. Tu peux t'aider des tableaux des verbes repères,** **p. 194-197.**
a. retenir – être – pouvoir
b. devoir – vouloir – avoir
c. connaitre – appartenir - venir

6 ✪✪ **Trouve l'intrus et justifie ta réponse.**
a. elle prit – ils vécurent – tu conçus – ils cuisent
b. il voulut – elles purent – elles suent– elle connut
c. ils reçurent – elles voulurent – il se souvient – elle vint

7 ✪✪ **Réécris ces phrases en commençant par la personne indiquée**
a. Il voulut repartir le matin même. → **Ils ...**
b. Il crut avoir de la chance. → **Ils ...**
c. Elles accoururent pour les aider. → **Elle ...**
d. Elle connut le roi d'Angleterre. → **Ils ...**
e. Elle lut toute la nuit. → **Ils ...**

8 ✪✪ **Complète les phrases avec un GN ou un pronom personnel qui convient.**
a. ... eurent de magnifiques cadeaux.
b. ... obtint le permis de conduire.
c. ... se souvinrent de ce jour très longtemps.
d. ... revint en ville l'hiver suivant.

9 ✪✪✪ **Réécris les phrases au passé simple.**
a. Elle sait ce texte par cœur.
b. Les fleurs plaisent à mon amie.
c. Il pleut toute la journée.
d. Elles courent dans les bras de leurs parents.
e. Ils savent nager dès leur plus jeune âge.

10 ✪✪✪ **Réécris ce texte au passé simple.**
Le général Bonaparte s'est fait remarquer par ses victoires et son génie militaire. Face aux difficultés de la Première République, certains hommes politiques veulent un pouvoir fort pour rétablir l'ordre. Le 9 novembre 1799, Bonaparte prend le pouvoir par un coup de force. Il devient Premier consul. Il est le chef du gouvernement.

11 ✪✪✪ **Réécris ce texte au passé simple.**
Les pneus crissent, le bolide s'arrête en face du portail de la maison mystérieuse. Les enfants s'aplatissent dans l'herbe et ne bougent plus. Un homme long et maigre sort du véhicule et va appuyer sur le bouton d'un parlophone, dans lequel il dit laconiquement :
– C'est Fred.

C. Missonnier, *Opération caleçon au CE2*, © Rageot éditeur, 2006.

J'écris

12 **Réécris ce texte au passé simple.**
Un matin, un jeune bucheron met sa veste, prend sa hache et va dans la forêt. Il aperçoit un très vieux chêne et l'abat. Puis il réduit l'arbre en buches. Ensuite, il fait des fagots de petites branches, et part pour le marché où il vend le bois un bon prix.

Je conjugue les verbes au passé composé avec l'auxiliaire *avoir*

Je cherche

- **Écris cinq phrases qui racontent chaque exploit du grand-père Maurice, en utilisant ces verbes conjugués au passé composé : *gravir* – *lire* – *voyager* – *parcourir* – *découvrir*.**
- **Copie chaque phrase en remplaçant *Maurice* par *Maurice et Maria*.**
- **Pour chaque forme verbale, souligne l'auxiliaire et encadre le participe passé.**
- **Pour chacun des verbes conjugués, cherche dans** **les tableaux des verbes repères, p. 194-197****, celui qui forme son participe passé de la même manière.**

Je retiens

✓ Je sais que **le passé composé est un temps du passé**. Il peut être composé :
→ **de l'auxiliaire *avoir* conjugué au présent ;**
→ **et du participe passé du verbe conjugué.**

✓ Le participe passé des verbes en *-er* se termine par *-é* : parler → parlé

✓ Le participe passé des autres verbes se termine par *-i* ou *-u* ou *-s* ou *-t* :
finir → fini voir → vu mettre → mis ouvrir → ouvert

✓ Quand un verbe est complété par un complément du verbe, je choisis l'auxiliaire *avoir*.
Nous avons pris le bus. Vous avez parlé à vos parents.

Je repère et je manipule

1 ✪ **Relève les verbes conjugués au passé composé et écris leur infinitif.**

a. Vous avez dit des poèmes ensemble.
b. Mes brebis ont donné beaucoup de lait cette année.
c. Nous avons participé à cette course l'an dernier.
d. J'ai lu la lettre de ton frère.
e. En CE2, vous avez déjà étudié cette leçon.

2 ✪ **Relève les verbes conjugués au passé composé.**

Alors les gens de mon quartier se sont mis en colère. Ils ont pris la sorcière et l'ont menée chez le commissaire.
Et le commissaire lui a demandé :
« Sorcière, sorcière, qu'as-tu dans ton jardin ?
– Dans mon jardin ? a dit la sorcière. Je n'ai rien d'extraordinaire ! »

P. Gripari, *La Sorcière et le Commissaire*, © Grasset, 2013.

3 ✪✪ **Dans les tableaux p. 194-197, trouve un verbe repère qui forme son participe passé comme :**

a. comprendre
b. envahir
c. dormir
d. remplacer
e. permettre
f. éteindre

4 ✪✪ **Pour chaque verbe, écris les formes verbales du passé composé qui se prononcent de la même manière.**

a. courir
b. répartir
c. ramasser
d. mettre

Je m'entraine

5 ✪ **Copie le texte suivant et encadre les verbes conjugués au passé composé. Indique leur infinitif.**

C'est une histoire étonnante. En 2 mois, un renard a volé 38 boules de pétanque devant la maison d'un habitant du Gers, dans le sud-ouest de la France. Énervé de voir ses boules disparaître, il a installé une caméra devant sa maison. C'est comme cela qu'il a découvert qui était le voleur.

Le Petit Quotidien, mai 2012.

6 ✪✪ **Conjugue les verbes au passé composé aux premières personnes du singulier et du pluriel.**

a. attendre – couvrir – proposer
b. vouloir – tendre – permettre
c. voir – découper – courir
d. réfléchir – faire – construire

7 ✪✪ **Copie les phrases dans lesquelles *avoir* n'est pas un auxiliaire.**

a. Il a pris son cartable avant de partir.
b. Les coureurs ont attendu le signal.
c. La mer a des reflets argentés.
d. Tu as l'air bien fatigué !

8 ✪✪ **Réécris les phrases au passé composé.**

a. Ma sœur ralentit le pas.
b. Tu ne réussis pas ton gâteau.
c. Nous remplissons nos verres d'eau.
d. Comprends-tu le devoir ?
e. La chèvre combat le loup toute la nuit.

9 ✪✪✪ **Écris une phrase avec ces groupes verbaux au passé composé à la personne de ton choix.**

a. faire des courses
b. prendre la voiture
c. choisir ses articles
d. payer ses achats

10 ✪✪✪ **Réécris le texte suivant au passé composé.**

Pour fêter l'anniversaire des 60 ans de règne de la reine d'Angleterre, on ouvrira le palais de Buckingham au public. Les visiteurs admireront le trône et toutes les belles salles utilisées pour les cérémonies. La reine ouvrira un défilé sur la Tamise. Le monde entier pourra voir ce défilé sur les écrans de télévision.

J'écris

11 **Rédige un court article de journal dont le titre sera : Découverte étonnante dans le potager de l'école ! Tu conjugueras les verbes au passé composé.**

Je conjugue les verbes au passé composé avec l'auxiliaire *être*

Je cherche

Texte A	Texte B
Mes frères sont allés au zoo. Ils sont passés par l'enclos des chèvres et sont arrivés dans celui des kangourous. Avec un gardien, ils sont entrés dans la salle des vétérinaires. Ensuite, ils sont montés sur un chameau qui a gravi une dune de sable !	Ma sœur est allée au zoo. Elle est passée par l'enclos des chèvres et est arrivée dans celui des kangourous. Avec un gardien, elle est entrée dans la salle des vétérinaires. Ensuite, elle est montée sur un chameau qui a gravi une dune de sable !

- **Compare ces textes, entoure ce qui change et justifie-le.**
- **Aide-toi de tes remarques pour réécrire ces textes en commençant par** *mon frère* **et** *mes sœurs*.
- **Pour chaque forme verbale, souligne l'auxiliaire et encadre le participe passé. Que remarques-tu ?**
- **Pour chacun des verbes conjugués, cherche dans** les tableaux des verbes repères, p. 194-197**, celui qui forme son participe passé de la même manière.**

Je retiens

✓ **Le passé composé peut aussi être composé :**
→ **de l'auxiliaire *être* conjugué au présent ;**
→ **et du participe passé du verbe conjugué.**

✓ Pour conjuguer **un verbe qui indique un mouvement ou un déplacement,** j'utilise le plus souvent l'auxiliaire *être*.
Tu **es venu(e)** en train. Il **est parti** en courant.

✓ Je sais que **le participe passé s'accorde avec le sujet quand il est accompagné de l'auxiliaire *être*.**

✓ Je sais que **certains verbes peuvent être utilisés avec les deux auxiliaires :** ils n'auront **pas le même sens.**
Julie **est montée** à cheval. / Lucie **a monté** les escaliers quatre à quatre.

Je repère et je manipule

1 ✪ **Relève les verbes conjugués au passé composé et écris leur infinitif.**

a. Vous êtes revenus à temps.
b. Mes amis sont venus ce jour-là.
c. Je me suis coupé le doigt.
d. Je suis passée par le chemin de terre.
e. Nous sommes rentrés très tard.

2 ✪ **Relève les verbes conjugués au passé composé.**

On entend le vent qui souffle au-dehors. Les parents sont allés se coucher, eux aussi. Ils croient qu'on a éteint depuis longtemps. Mais on n'a vraiment pas envie de dormir. On a juste gardé la lumière de la petite lampe de chevet qui fait un cercle jusqu'au milieu des couvertures.

Philippe Delerm, *C'est bien*, © Éditions Milan, 2007.

3 ✪✪ **Dans les tableaux de verbes p. 194-197, trouve un verbe repère qui forme son participe passé comme :**

a. arriver c. sortir e. mourir
b. naitre d. tomber f. venir

4 ✪✪ **Pour chaque verbe, écris les formes verbales du passé composé qui se prononcent de la même manière.**

a. aller b. rester c. partir d. descendre

Je m'entraine

5 ✪ **Copie le texte suivant et encadre les verbes conjugués au passé composé. Indique leur infinitif.**

Il est entré par les souterrains du château. Dès qu'il a passé la salle de garde, il a pris l'escalier en pierre. Quand il est arrivé dans la grande salle, il a soulevé un rideau sur le mur du fond. Il a trouvé un passage secret, mais les gardes sont arrivés et l'ont arrêté. Ils l'ont mis au cachot.

6 ✪✪ **Conjugue les verbes au passé composé aux 3es personnes du singulier et du pluriel, au féminin et au masculin.**

a. descendre – sortir c. jeter – partir
b. arriver – naitre

7 ✪✪ **Copie les phrases dans lesquelles *être* n'est pas un auxiliaire.**

a. Nous étions surpris par sa venue.
b. Natacha est repartie avec Pierre.
c. Les fleurs sont fanées.
d. Ils sont heureux de prendre le bus.

8 ✪✪ **Réécris les phrases au passé composé.**

a. L'infirmière reste toute la nuit.
b. Tu te laves avec l'eau de pluie.
c. Nous arrivons à l'école à midi.
d. Tu retournes en colonie de vacances tous les ans.
e. Une pluie glaçante tombe du ciel.

9 ✪✪✪ **Choisis l'auxiliaire qui convient pour écrire ces phrases au passé composé :**

a. Mon père monte une maquette de voilier.
b. Il rentre la voiture dans le garage.
c. Les voyageurs montent dans les wagons.
d. Les élèves entrent en silence dans la classe.
e. Le skieur descend la piste noire.

10 ✪✪✪ **Réécris le texte suivant au passé composé.**

Toute la classe éclate de rire, ce qui tire le ronfleur en question de sa somnolence. Il sursaute, ouvre les yeux, se redresse, regarde autour de lui d'un air stupide. Et se retrouve nez à nez avec M. Pennac, son prof de français.

A. Gudule, *La Bibliothécaire*, © Le Livre de Poche, 2014.

J'écris

11 **Raconte le voyage d'un explorateur qui a découvert une ile. Tu utiliseras au moins six des verbes suivants au passé composé.**

voyager – monter – tomber – sortir – partir – descendre – arriver – aller – entrer – rester – retourner

Je sais utiliser le présent

Je cherche

Texte A

Texte B

À partir de la fin du XVIIIe siècle, des savants européens explorent les terres inconnues de l'Afrique et de l'Asie. Tout au long du XIXe siècle, des pays d'Europe comme la France conquièrent des territoires sur ces deux continents.

Texte C

Chaque année, les touristes sont nombreux à emprunter l'autoroute du Sud pour regagner la Côte d'Azur.

Texte D

Le marathon est une course à pied qui se court sur 42,195 km. C'est la distance qui sépare la ville de Marathon et Athènes, en Grèce.

- **Observe les verbes de ces quatre textes. À quel temps sont-ils conjugués ?**
- **Quel texte pourrait-on réécrire au passé ? Pourquoi ?**
- **Dans quel texte exprime-t-on une généralité (c'est-à-dire un fait qui est toujours vrai) ? Justifie ta réponse.**
- **Quels autres emplois du présent reconnais-tu dans ces textes ?**

Je retiens

✓ J'utilise le présent pour **raconter un fait qui se déroule au moment où je parle**.
« Allô, **j'écoute** ! » dit ma sœur en décrochant le téléphone.

✓ Je peux utiliser le présent :
- pour **raconter un fait historique** : c'est le **présent historique** qui permet de rendre le passé plus proche de nous.
  Napoléon **devient** empereur le 2 décembre 1804.
- pour **exprimer des faits toujours vrais** à n'importe quelle époque : c'est **le présent de vérité générale**.
  L'escargot **a** une coquille en colimaçon.
- pour **raconter des faits qui se répètent** : c'est le **présent de répétition** qui est souvent accompagné d'expressions comme ***toujours***, ***tous les ans***, ***habituellement***…
  Tous les étés, je **pars** en vacances chez ma grand-mère.

Je repère et je manipule

1 ★ **Copie les phrases dans lesquelles tu reconnais le présent de répétition.**

a. Le bois brule bien.
b. Tu restes à la cantine tous les jours.
c. Les voitures consomment de l'essence.
d. Chaque hiver, il s'approvisionne en bois.
e. Il vient souvent nous voir le jeudi.

2 ★ **Copie les phrases dans lesquelles tu reconnais le présent historique.**

a. En juillet 1789, le peuple prend la Bastille.
b. Les os de notre squelette sont robustes.
c. De nombreux soldats meurent pendant la guerre de Cent Ans.
d. Les Jeux olympiques ont lieu tous les quatre ans.

3 ★ **Copie les phrases dans lesquelles tu reconnais le présent de vérité générale.**

a. Les fourmis vivent en colonies organisées.
b. La cordillère des Andes se trouve en Amérique du Sud.
c. Les Bleus gagnent le championnat.
d. Mon père se lève toujours très tôt.

Je m'entraine

4 ★ **Indique quel type de présent est utilisé dans chaque phrase. Justifie ta réponse.**

a. Les serpents muent lorsqu'ils grandissent.
b. « J'arrive ! » dit ma mère.
c. La Lune est le satellite de la Terre.
d. Napoléon devient l'empereur des Français.

5 ★★ **Indique quel type de présent est utilisé dans ce texte. Justifie ta réponse.**

La statue de la Liberté « éclairant le monde » est une œuvre gigantesque : elle mesure 46,5 m de haut. La France l'offre aux États-Unis d'Amérique en 1886. La statue, installée sur une ile à l'entrée du port de New York, regarde vers l'Europe.

6 ★★★ **Réécris ce texte au présent. De quel présent s'agit-il ?**

Chaque printemps, quand les températures se réchauffaient, Gustave recommençait à travailler au jardin : il taillait ses rosiers, retournait la terre, ratissait et tondait la pelouse. Puis il plantait quelques bulbes de tulipes, semait des graines de tomates dans son potager et vérifiait l'état des arbustes.

7 ★★★ **Réécris ce texte au présent. De quel présent s'agit-il ?**

Durant la guerre de 1914-1918, les soldats vivaient dans des tranchées. Le froid hivernal les paralysait, la pluie et la boue les envahissaient, ils manquaient parfois de nourriture. Ils subissaient une absence presque totale d'hygiène : ils ne pouvaient pas toujours se raser ou se couper les cheveux (on les surnommait les poilus), les rats les mordaient, les poux envahissaient leurs têtes.

8 ★★★ **Rédige une phrase comportant deux verbes conjugués au présent en respectant les types de présent demandés.**

a. présent de répétition
b. présent de vérité générale
c. présent d'habitude
d. présent du moment où l'on parle

J'écris

9 **À l'aide des verbes donnés, explique à tes camarades ce à quoi tu es attentif quand tu écris un texte. De quel présent s'agit-il ?**

vérifier – *accorder* – *ponctuer* – *choisir* – *employer* – *conjuguer* – *écrire* – *utiliser* – *préciser* – *organiser*

Pour bien rédiger mon texte, je cherche d'abord mes idées, puis je…

Je sais utiliser l'imparfait et le passé simple

Je cherche

Le moteur du vaisseau du capitaine Blix était en panne. Seule sa fille Pénélope pouvait entrer dans le conduit pour tenter de le réparer.

Les minutes s'écoulaient, interminables. Le capitaine tremblait, mais ce n'était pas seulement de froid. Des bruits étouffés parvenaient du fond du conduit. Pénélope travaillait dans les entrailles de la machine.
Soudain, le sifflement rassurant du générateur d'énergie retentit. Les lumières du vaisseau se rallumèrent. Quelques secondes plus tard, les pieds de Pénélope apparurent à l'entrée du conduit. Les hommes hurlèrent de joie. Le capitaine Blix aida sa fille à sortir et la prit dans ses bras.

Philippe Barbeau, *Un ami dans les étoiles*, © Rageot, 2001.

- **Copie le texte et encadre les verbes conjugués.**
- **Entoure en rouge le paragraphe qui permet de poser le cadre de l'histoire, et en vert celui dans lequel les actions font avancer le récit. À quel temps les verbes de chacun de ces paragraphes sont-ils conjugués ?**
- **Quel effet produit l'utilisation de l'adverbe *soudain* dans ce texte ?**

Je retiens

✓ J'utilise **l'imparfait** et **le passé simple pour écrire un récit au passé**.

✓ **Le passé simple** sert à :
- **mettre au premier plan les actions** qui font avancer le récit ;
  Il **arriva** en courant et m'**attrapa** par le bras.
- **raconter des actions soudaines et brèves**, qui se succèdent.
  Le coureur **accéléra**, **dépassa** son adversaire et **franchit** la ligne d'arrivée.

✓ **L'imparfait sert à :**
- **poser le décor** en décrivant et en **racontant des faits de second plan** ;
  Le soleil **se levait** et la rosée **inondait** les champs.
- **raconter des actions habituelles**, qui se répètent ;
  Tous les matins, elle **entrait** dans la classe en souriant.
- **raconter des faits qui durent** dans le temps.
  Lucie et Jordan **habitaient** à la sortie du village.

✓ **Certains indices** peuvent m'aider à **choisir le bon temps de conjugaison** :
- ***soudain***, ***tout à coup***, ***brusquement***… sont souvent utilisés avec des **verbes au passé simple** quand le texte est au passé.
- ***depuis longtemps***, ***toujours***, ***tous les lundis***… sont souvent utilisés avec des **verbes à l'imparfait** quand le texte est au passé.

Je repère et je manipule

1 ✪ **Copie les phrases qui indiquent une action soudaine. Entoure les mots qui t'aident à les identifier.**

a. L'orage éclata brutalement au petit matin.
b. Tout d'un coup, la mer se retira.
c. Elle portait souvent une magnifique robe.
d. En un instant, la voiture disparut.

2 ✪ **Copie les phrases qui indiquent une action qui dure. Entoure les mots qui t'aident à les identifier.**

a. Lou jouait du piano depuis une heure.
b. Le bruit retentit dans toute la maison.
c. Depuis le matin la neige tombait et recouvrait le jardin.
d. Quand il ne voulait pas réveiller ses parents, il avançait sur la pointe des pieds.

3 ✪✪ **Souligne en rouge l'action qui dure et en vert l'action soudaine. Entoure les mots qui t'aident à répondre.**

a. Il lisait depuis un moment quand il referma brusquement son livre.
b. Le garçon observait le ciel quand il remarqua un point lumineux.
c. L'oiseau planait au-dessus du champ. Soudain, il piqua droit sur le lapin et le saisit.

Je m'entraine

4 ✪ **Indique quel paragraphe raconte des faits de second plan.**

Le village semblait abandonné. Les volets des maisons étaient fermés. Le courrier tombait des boites aux lettres. Le silence régnait dans les rues. Aussi, Arthur s'avança prudemment. Il regarda autour de lui mais n'aperçut pas l'ombre cachée derrière le mur. Il s'assit et attendit.

5 ✪ **Indique quel paragraphe raconte des actions de premier plan.**

Il faisait très chaud et Léonie attendait assise sur le bord de la piscine. Tout à coup, Julia sauta en boule et l'éclaboussa en riant. Léonie la rejoignit aussitôt en plongeant la tête la première dans l'eau fraiche.

6 ✪✪ **Complète les phrases avec :** ***toujours*** **–** ***habituellement*** **–** ***soudain*** **–** ***tout à coup*** **–** ***tous les soirs*****.**

a. Yanis trébucha et tomba.
b. Boris lisait le journal.
c. Julie prenait le train pour aller travailler.
d. Le chat bondit et attrapa la souris.

7 ✪✪ **Écris les phrases en choisissant la forme verbale qui convient.**

a. Elle (regarda/regardait) la télévision lorsque le téléphone (sonna/sonnait).
b. L'embouteillage (dura/durait) depuis plusieurs heures.
c. La maison (fut/était) entourée de champs de blé.

8 ✪✪✪ **Réécris ce texte au passé.**

De minuscules gouttes d'eau mouillent les lunettes de Tom. Il les enlève, les essuie, les remet sur son nez et découvre le personnage qui se tient devant lui. C'est un homme trapu, vêtu d'une longue robe brune. Il a une bonne figure ronde, et une couronne de cheveux gris entoure son crâne chauve.

Mary Pope Osborne, *L'Attaque des Vikings*,
© Bayard Poche, 2005.

J'écris

9 **Utilise les expressions suivantes pour rédiger un récit au passé. Tu emploieras l'imparfait et le passé simple.**

chaque mercredi – *souvent* – *soudain* – *se rendre* – *attraper* – *basculer* – *lire* – *tomber* – *préférer*

Mes défis en conjugaison

1 **Combien peux-tu obtenir de formes verbales au présent en associant ces cartes ? Tu peux utiliser plusieurs fois la même carte.**

-ez	relev-	-ons	mang-	-s
-t	réfléchi-	-e	sav-	-es

2 **Conjugue les verbes à l'imparfait pour retrouver les lettres d'un mot que tu peux employer quand tu es content(e).**

espérer à la 3ᵉ personne du pluriel	
suspendre à la 1ʳᵉ personne du singulier	
épaissir à la 3ᵉ personne du singulier	
venir à la 2ᵉ personne du pluriel	
arranger à la 2ᵉ personne du singulier	

3 **Trouve toutes les formes verbales du futur des verbes *être*, *avoir*, *aller*, *dire* et *faire* qui ont 5 lettres.**

4 **Retrouve au moins 10 formes verbales des verbes *être*, *avoir* et *aller* au présent dans cette grille. Tu ne peux lire que verticalement et horizontalement.**

e	t	a	r	i	n	s	u	i	s
a	o	l	e	s	f	f	r	c	o
c	a	l	l	o	n	s	n	e	n
j	b	e	u	m	o	w	a	c	t
l	m	z	s	m	s	t	e	c	i
o	d	p	o	e	t	e	s	m	t
t	v	a	i	s	o	e	t	u	s
e	o	l	g	r	a	v	o	n	s
o	n	t	c	s	r	r	y	b	t
a	t	s	i	a	v	e	z	u	x

5 Quelles cartes dois-tu ajouter pour obtenir toutes les formes verbales des verbes *prendre* et *venir* au présent et au futur ?

-a | -ons | -ez | -s

vienn- | prend- | -ent | -as | ven-

6 Tom et Elsa ne sont pas d'accord. Tom dit qu'il y a deux intrus parmi ces mots, Elsa dit qu'il n'y en n'a qu'un. Qui a raison à ton avis ? Explique ta réponse.

rêvions | allions | avions | placions | coulions | pions

7 Mélange les lettres des verbes suivants pour obtenir des formes verbales aux 3e personnes du passé simple.

Exemple : *nagera* → *rangea*

retrouvent | ravira | tournera

8 En groupes, trouvez le plus grand nombre de participes passés qui se terminent en *-t*.

9 Qui dit quoi ? Fais le tri entre les phrases que Paulo et Samia ont pu prononcer.

J'ai retrouvé mes chaussettes !

Je suis resté sur le bateau.

Je suis rentrée à pied.

J'ai participé au tirage au sort.

J'ai allumé la lumière.

Je suis revenu avec lui.

J'ai fait mon lit.

Je suis retournée le voir.

LA CONJUGAISON DES VERBES REPÈRES

	Présent	Imparfait	Passé simple	Futur
être Passé composé j'ai **été**	je suis tu es il/elle est nous sommes vous êtes ils/elles sont	j' étais tu étais il/elle était nous étions vous étiez ils/elles étaient	je fus tu fus il/elle fut nous fûmes vous fûtes ils/elles furent	je serai tu seras il/elle sera nous serons vous serez ils/elles seront
avoir Passé composé j'ai **eu**	j' ai tu as il/elle a nous avons vous avez ils/elles ont	j' avais tu avais il/elle avait nous avions vous aviez ils/elles avaient	j' eus tu eus il/elle eut nous eûmes vous eûtes ils/elles eurent	j' aurai tu auras il/elle aura nous aurons vous aurez ils/elles auront
aller Passé composé je suis **allé(e)**	je vais tu vas il/elle va nous allons vous allez ils/elles vont	j' allais tu allais il/elle allait nous allions vous alliez ils/elles allaient	j' allai tu allas il/elle alla nous allâmes vous allâtes ils/elles allèrent	j' irai tu iras il/elle ira nous irons vous irez ils/elles iront
plier Passé composé j'ai **plié**	je **pli**e tu **pli**es il/elle **pli**e nous **pli**ons vous **pli**ez ils/elles **pli**ent	je **pli**ais tu **pli**ais il/elle **pli**ait nous **pli**ions vous **pli**iez ils/elles **pli**aient	je **pli**ai tu **pli**as il/elle **pli**a nous **pli**âmes vous **pli**âtes ils/elles **pli**èrent	je **pli**erai tu **pli**eras il/elle **pli**era nous **pli**erons vous **pli**erez ils/elles **pli**eront
repérer Passé composé j'ai **repéré**	je **repèr**e tu **repèr**es il/elle **repèr**e nous **repér**ons vous **repér**ez ils/elles **repèr**ent	je **repér**ais tu **repér**ais il/elle **repér**ait nous **repér**ions vous **repér**iez ils/elles **repér**aient	je **repér**ai tu **repér**as il/elle **repér**a nous **repér**âmes vous **repér**âtes ils/elles **repér**èrent	je **repèr**erai tu **repèr**eras il/elle **repèr**era nous **repèr**erons vous **repèr**erez ils/elles **repèr**eront
ranger Passé composé j'ai **rangé**	je **rang**e tu **rang**es il/elle **rang**e nous **range**ons vous **rang**ez ils/elles **rang**ent	je **range**ais tu **range**ais il/elle **range**ait nous **rang**ions vous **rang**iez ils/elles **range**aient	je **range**ai tu **range**as il/elle **range**a nous **range**âmes vous **range**âtes ils/elles **rang**èrent	je **rang**erai tu **rang**eras il/elle **rang**era nous **rang**erons vous **rang**erez ils/elles **rang**eront

	Présent	Imparfait	Passé simple	Futur
tracer Passé composé j'ai **tracé**	je **trac**e tu **trac**es il/elle **trac**e nous **traç**ons vous **trac**ez ils/elles **trac**ent	je **traç**ais tu **traç**ais il/elle **traç**ait nous **trac**ions vous **trac**iez ils/elles **traç**aient	je **traç**ai tu **traç**as il/elle **traç**a nous **traç**âmes vous **traç**âtes ils/elles **trac**èrent	je **trac**erai tu **trac**eras il/elle **trac**era nous **trac**erons vous **trac**erez ils/elles **trac**eront
lever Passé composé j'ai **levé**	je **lèv**e tu **lèv**es il/elle **lèv**e nous **lev**ons vous **lev**ez ils/elles **lèv**ent	je **lev**ais tu **lev**ais il/elle **lev**ait nous **lev**ions vous **lev**iez ils/elles **lev**aient	je **lev**ai tu **lev**as il/elle **lev**a nous **lev**âmes vous **lev**âtes ils/elles **lev**èrent	je **lèv**erai tu **lèv**eras il/elle **lèv**era nous **lèv**erons vous **lèv**erez ils/elles **lèv**eront
acheter Passé composé j'ai **acheté**	j' **achèt**e tu **achèt**es il/elle **achèt**e nous **achet**ons vous **achet**ez ils/elles **achèt**ent	j' **achet**ais tu **achet**ais il/elle **achet**ait nous **achet**ions vous **achet**iez ils/elles **achet**aient	j' **achet**ai tu **achet**as il/elle **achet**a nous **achet**âmes vous **achet**âtes ils/elles **achet**èrent	j' **achèt**erai tu **achèt**eras il/elle **achèt**era nous **achèt**erons vous **achèt**erez ils/elles **achèt**eront
conjuguer Passé composé j'ai **conjugué**	je **conjugu**e tu **conjugu**es il/elle **conjugu**e nous **conjugu**ons vous **conjugu**ez ils **conjugu**ent	je **conjugu**ais tu **conjugu**ais il/elle **conjugu**ait nous **conjugu**ions vous **conjugu**iez ils **conjugu**aient	je **conjugu**ai tu **conjugu**as il/elle **conjugu**a nous **conjugu**âmes vous **conjugu**âtes ils **conjugu**èrent	je **conjugu**erai tu **conjugu**eras il/elle **conjugu**era nous **conjugu**erons vous **conjugu**erez ils **conjugu**eront
finir Passé composé j'ai **fini**	je **fini**s tu **fini**s il/elle **fini**t nous **finiss**ons vous **finiss**ez ils/elles **finiss**ent	je **finiss**ais tu **finiss**ais il/elle **finiss**ait nous **finiss**ions vous **finiss**iez ils/elles **finiss**aient	je **fin**is tu **fin**is il/elle **fin**it nous **fin**îmes vous **fin**îtes ils/elles **fin**irent	je **fini**rai tu **fini**ras il/elle **fini**ra nous **fini**rons vous **fini**rez ils/elles **fini**ront
mettre Passé composé j'ai **mis**	je **met**s tu **met**s il/elle **met** nous **mett**ons vous **mett**ez ils/elles **mett**ent	je **mett**ais tu **mett**ais il/elle **mett**ait nous **mett**ions vous **mett**iez ils/elles **mett**aient	je **m**is tu **m**is il/elle **m**it nous **m**îmes vous **m**îtes ils/elles **m**irent	je **mettr**ai tu **mettr**as il/elle **mettr**a nous **mettr**ons vous **mettr**ez ils/elles **mettr**ont

LA CONJUGAISON DES VERBES REPÈRES

	Présent	Imparfait	Passé simple	Futur
dire Passé composé j'ai **dit**	je dis tu dis il/elle dit nous disons vous dites ils/elles disent	je disais tu disais il/elle disait nous disions vous disiez ils/elles disaient	je dis tu dis il/elle dit nous dîmes vous dîtes ils/elles dirent	je dirai tu diras il/elle dira nous dirons vous direz ils/elles diront
faire Passé composé j'ai **fait**	je fais tu fais il/elle fait nous faisons vous faites ils/elles font	je faisais tu faisais il/elle faisait nous faisions vous faisiez ils/elles faisaient	je fis tu fis il/elle fit nous fîmes vous fîtes ils/elles firent	je ferai tu feras il/elle fera nous ferons vous ferez ils/elles feront
partir Passé composé je suis **parti(e)**	je pars tu pars il/elle part nous partons vous partez ils/elles partent	je partais tu partais il/elle partait nous partions vous partiez ils/elles partaient	je partis tu partis il/elle partit nous partîmes vous partîtes ils/elles partirent	je partirai tu partiras il/elle partira nous partirons vous partirez ils/elles partiront
venir Passé composé je suis **venu(e)**	je viens tu viens il/elle vient nous venons vous venez ils/elles viennent	je venais tu venais il/elle venait nous venions vous veniez ils/elles venaient	je vins tu vins il/elle vint nous vînmes vous vîntes ils/elles vinrent	je viendrai tu viendras il/elle viendra nous viendrons vous viendrez ils/elles viendront
vouloir Passé composé j'ai **voulu**	je veux tu veux il/elle veut nous voulons vous voulez ils/elles veulent	je voulais tu voulais il/elle voulait nous voulions vous vouliez ils/elles voulaient	je voulus tu voulus il/elle voulut nous voulûmes vous voulûtes ils/elles voulurent	je voudrai tu voudras il/elle voudra nous voudrons vous voudrez ils/elles voudront
pouvoir Passé composé j'ai **pu**	je peux tu peux il/elle peut nous pouvons vous pouvez ils/elles peuvent	je pouvais tu pouvais il/elle pouvait nous pouvions vous pouviez ils/elles pouvaient	je pus tu pus il/elle put nous pûmes vous pûtes ils/elles purent	je pourrai tu pourras il/elle pourra nous pourrons vous pourrez ils/elles pourront

	Présent	Imparfait	Passé simple	Futur
voir Passé composé j'ai **vu**	je **vois** tu **vois** il/elle **voi**t nous **voy**ons vous **voy**ez ils/elles **voi**ent	je **voy**ais tu **voy**ais il/elle **voy**ait nous **voy**ions vous **voy**iez ils/elles **voy**aient	je **v**is tu **v**is il/elle **v**it nous **v**îmes vous **v**îtes ils/elles **v**irent	je **ver**rai tu **ver**ras il/elle **ver**ra nous **ver**rons vous **ver**rez ils/elles **ver**ront
prendre Passé composé j'ai **pris**	je **prend**s tu **prend**s il/elle **prend** nous **pren**ons vous **pren**ez ils/elles **prenn**ent	je **pren**ais tu **pren**ais il/elle **pren**ait nous **pren**ions vous **pren**iez ils/elles **pren**aient	je **pr**is tu **pr**is il/elle **pr**it nous **pr**îmes vous **pr**îtes ils/elles **pr**irent	je **prend**rai tu **prend**ras il/elle **prend**ra nous **prend**rons vous **prend**rez ils/elles **prend**ront
ouvrir Passé composé j'ai **ouvert**	j' **ouvr**e tu **ouvr**es il/elle **ouvr**e nous **ouvr**ons vous **ouvr**ez ils/elles **ouvr**ent	j' **ouvr**ais tu **ouvr**ais il/elle **ouvr**ait nous **ouvr**ions vous **ouvr**iez ils/elles **ouvr**aient	j' **ouvr**is tu **ouvr**is il/elle **ouvr**it nous **ouvr**îmes vous **ouvr**îtes ils/elles **ouvr**irent	j' **ouvri**rai tu **ouvri**ras il/elle **ouvri**ra nous **ouvri**rons vous **ouvri**rez ils/elles **ouvri**ront
rendre Passé composé j'ai **rendu**	je **rend**s tu **rend**s il/elle **rend** nous **rend**ons vous **rend**ez ils/elles **rend**ent	je **rend**ais tu **rend**ais il/elle **rend**ait nous **rend**ions vous **rend**iez ils/elles **rend**aient	je **rend**is tu **rend**is il/elle **rend**it nous **rend**îmes vous **rend**îtes ils/elles **rend**irent	je **rend**rai tu **rend**ras il/elle **rend**ra nous **rend**rons vous **rend**rez ils/elles **rend**ront
devoir Passé composé j'ai **dû**	je **doi**s tu **doi**s il/elle **doi**t nous **dev**ons vous **dev**ez ils/elles **doiv**ent	je **dev**ais tu **dev**ais il/elle **dev**ait nous **dev**ions vous **dev**iez ils/elles **dev**aient	je **d**us tu **d**us il/elle **d**ut nous **d**ûmes vous **d**ûtes ils/elles **d**urent	je **dev**rai tu **dev**ras il/elle **dev**ra nous **dev**rons vous **dev**rez ils **dev**ront
écrire Passé composé j'ai **écrit**	j' **écri**s tu **écri**s il/elle **écri**t nous **écriv**ons vous **écriv**ez ils/elles **écriv**ent	j' **écriv**ais tu **écriv**ais il/elle **écriv**ait nous **écriv**ions vous **écriv**iez ils/elles **écriv**aient	j' **écriv**is tu **écriv**is il/elle **écriv**it nous **écriv**îmes vous **écriv**îtes ils/elles **écriv**irent	j' **écri**rai tu **écri**ras il/elle **écri**ra nous **écri**rons vous **écri**rez ils/elles **écri**ront

J'écris les mots commençant par *ap-*, *ac-*, *af-*, *ef-* et *of-*

Je cherche

Les élèves sont allés au cirque. Ils ont aperçu les affiches qui étaient collées sur les murs de la ville depuis un mois. Le spectacle a commencé par un numéro d'acrobates qui effectuaient de spectaculaires acrobaties avec différents accessoires, tandis qu'un clown jouait de l'accordéon. Ensuite, des techniciens ont monté une cage solide afin de pouvoir accueillir des fauves venus d'Afrique. Les enfants ont applaudi et acclamé les artistes longuement.

- **Relève des mots commençant par *ap-*, *ac-*, *af-*, *ef-* et classe-les en deux colonnes.**
- **Recherche dans le dictionnaire des mots commençant par *of-*.**
- **Qu'observes-tu pour chacun de ces mots ?**

Je retiens

✓ La plupart du temps, j'écris les mots commençant par ***ap-***, ***af-***, ***ef-*** et ***of-*** **en doublant la consonne**.

✓ Les mots commençant par ***ac-*** s'écrivent avec **deux c** mais **la prononciation varie** :
– j'entends [ks] devant un « i » ou un « e » : accident, accélérer ;
– j'entends [k] devant « a », « o », « u » : accabler, accorder, accueillir.

⚠ J'apprends les **principales exceptions** (sans consonne double) et je pense aux mots de la même famille.
→ un apache, apaiser, apitoyer, apercevoir, aplanir, aplatir, apeuré, apéritif
→ afin, Afrique, Africain
→ un acacia, l'acajou, une académie, un acompte, une acrobatie

Je repère et je manipule

1 ✪ **Classe les mots suivants dans un tableau.**
accessoire – appartenir – acajou – effrayer – offrir – affaire – apercevoir – appel – accélérer – effort – offrande – Afrique

2 ✪ **Copie les mots où tu entends [ks].**
un accélérateur – un accord – un accusé – un accent – accidenté – accabler – accepter – un accès

3 ✪✪ **Copie les mots et souligne l'intrus dans chaque série.**

a. affronter – affreux – africain – affolé – affaibli

b. apparaitre – appartenir – appartement – appeler – aplati

c. effort – effacer – offrir – efficace – effectuer

d. accident – accélérer – accéder – accusé – accès

Je m'entraine

4 ✪ **Pour chaque nom, écris le verbe de la même famille.**

a. une affirmation

b. un affront

c. un appareil

d. un effondrement

e. une offre

f. une offense

5 ✪ **Réécris les phrases en remplaçant les mots écrits en couleur par un synonyme commençant par *ap-*, *ac-*, *of-*, *ef-* ou *af-*.**

a. Ma mère nous interpelle pour diner.

b. Il était mort de faim.

c. Le toit s'est brisé suite à la tempête.

d. Pour sa fête, nous lui avons acheté des fleurs.

e. Léo a escorté son frère jusqu'à la gare.

6 ✪ **Complète chaque liste avec trois mots.**

a. affaire – accordéon – apporte

b. acajou – apaiser – apéritif

7 ✪✪ **Complète les phrases avec des mots commençant par *ac-*.**

a. Lili voudrait jouer de l'… .

b. Pour compléter nos déguisements, nous avons besoin d'… .

c. La foule … les artistes.

d. Le conducteur du véhicule … dans les lignes droites.

8 ✪✪ **Copie dans chaque série de mots ceux qui appartiennent à la même famille.**

a. accélération – accélérer – accéder – accélérateur

b. affichage – afficher – affirmer – affichette – affiche

c. offrir – offense – offre – offrande – officiel

d. effacer – effarer – effaçable – effacement

9 ✪✪✪ **Complète les phrases avec des mots commençant par *ef-*.**

a. Le maitre … le tableau.

b. Il … un numéro périlleux.

c. Le vent … les épis de blé.

d. … par les aboiements, le chat reste caché.

10 ✪✪✪ **Réécris les phrases en remplaçant les mots écrits en couleur par un synonyme faisant partie des exceptions.**

a. Les ouvriers doivent niveler le terrain avant de commencer les travaux.

b. Il ne peut pas s'empêcher de se lamenter sur son sort.

c. Au cirque, les artistes ont accompli de multiples pirouettes.

d. L'enfant est épouvanté par ce qu'il voit à la télévision.

J'écris

11 **Écris un court texte sur le thème de la course automobile en utilisant au moins cinq mots commençant par *ap-*, *ac-*, *af-*, *ef-* ou *of-*.**

J'écris les noms en *-té* et en *-tié*

Je cherche

Ne négligez pas à moitié votre beauté et votre santé !
Mangez cinq fruits et légumes de qualité !
N'hésitez pas à préparer de belles assiettées de crudités !
Ajoutez une brouettée de gaité…
Vous retrouverez votre vitalité et vous oublierez la morosité !

- **Relève tous les noms se terminant par *-té* ou *-tié*.**
- **À quel genre appartiennent ces noms ?**
- **Quelle remarque peux-tu faire concernant les mots *assiettée* et *brouettée* ?**

Je retiens

✓ Lorsque j'entends [te] ou [tje] à la fin d'un nom féminin, j'écris **-té** ou **-tié** à la fin du mot.
la beauté, la moitié

⚠ J'apprends les principales exceptions :
– les noms qui expriment **un contenu** : une assiettée, une brouettée…
– **les cinq exceptions** suivantes : la dictée, la jetée, la montée, la pâtée, la portée.

Je repère et je manipule

1 ✪ **Copie les phrases et entoure les noms qui se terminent par [te] et qui font exception à la règle ci-dessus.**
a. Le bébé mange son assiettée de nouilles.
b. Le maçon charge une dernière brouettée de sable.
c. La montée fut difficile, mais la descente était encore plus accidentée !
d. Le chien a dévoré la moitié de la pâtée puis il s'est enfui avec agilité.

2 ✪ **Écris les mots et entoure l'intrus pour chaque série.**
a. qualité – beauté – dictée – cruauté
b. fermeté – amitié – moitié – pitié
c. efficacité – diversité – hésité – qualité

3 ✪✪ **Écris le nom féminin en *-té* qui correspond à chaque adjectif.**
a. dur
b. timide
c. habile
d. humide
e. honnête
f. vulgaire

Je m'entraine

4 ✪ **Cherche un mot de la famille de *ami* se terminant par *-tié*, et écris une phrase avec ce mot.**

5 ✪ **Transforme les GN en suivant le modèle.**
l'eau limpide → la limpidité de l'eau
a. un exercice difficile
b. un enfant curieux
c. un endroit obscur
d. un médecin disponible

6 ✪ **Complète la série avec un nom appartenant à la même famille se terminant par *-té* ou *-tié*.**

a. ami – amical – amicalement – …
b. brute – brutal – brutalement – …
c. simple – simplement – simplet – …
d. action – actif – activer – …

7 ✪ **Trouve le nom exprimant le contenu pour chacun des mots proposés et écris une phrase.**

a. une pelle
b. un pot
c. une brouette
d. une assiette

8 ✪✪ **Copie les phrases en remplaçant les mots écrits en couleur par un mot contraire se terminant par *-té*.**

a. Elle lui répond avec **douceur**.
b. La **richesse** de la princesse se percevait dans ses tenues.
c. Cet artisan fait preuve de beaucoup de **maladresse**.
d. Fais attention, cet homme est connu pour sa **malhonnêteté** !

9 ✪✪ **Trouve pour chacun des adjectifs proposés un nom en *-té* et écris une phrase avec ce mot.**

a. fidèle
b. limpide
c. léger
d. ferme
e. obscure
f. naïf

10 ✪✪ **Copie les phrases en remplaçant les mots écrits en couleur par un synonyme se terminant par *-tée*.**

a. Il prépare **le repas** de son chien.
b. **La digue** s'avance sur la mer.
c. Je ne peux pas gravir **cette côte** à vélo.
d. La chatte vient présenter **ses petits**.

11 ✪✪ **Réponds aux questions à l'aide de phrases et en utilisant des noms se terminant par *-té*.**

a. Comment appelle-t-on une personne mondialement connue ?
b. Comment appelle-t-on des légumes que l'on mange crus ?
c. Quel est le contraire de « solidité » ?

12 ✪✪✪ **Copie les phrases en remplaçant les mots écrits en couleur par un synonyme se terminant par *-té* ou *-tié*.**

a. Le chat supporte en silence **la cruauté** de cet enfant qui lui tire les moustaches.
b. **La splendeur** de ce tableau m'impressionne.
c. Il m'a donné **une partie** de son gouter.
d. Mon frère trouve toujours **un travail** à faire.

13 ✪✪✪ **Écris la comptine et complète-la à l'aide de noms féminins se terminant par *-té*, ou *-tié*.**

Au printemps !
La nature reprend ses …
Et se transforme avec …
Les paysages sont de toute …
Le pinson chante, avec …
On sent un air de …

14 ✪✪✪ **Transforme les phrases en remplaçant les mots en couleur par un nom en *-té* ou *-tié*.**

*Ce cheval est **agile**, il est étonnant.*
*→ **L'agilité** de ce cheval est étonnante.*

a. Ce paysage est **beau**, il me rappelle les monts d'Auvergne.
b. La pelouse est trop **humide**, je ne peux pas la tondre.
c. Ce lion est **tranquille**, cela inquiète le dompteur.
d. Ces chaussures sont **rigides**, elles me font souffrir.

J'écris

15 **Écris un slogan publicitaire en utilisant trois mots parmi ceux proposés : *moitié*, *curiosité*, *qualité*, *responsabilité*, *activité*, *difficulté*.**

J'écris les noms se terminant par un « e » muet

Je cherche

une partie	un génie
une sortie	un parapluie
une année	le lycée
la roue	un scarabée
une pelle	un musée
une fourchette	un incendie

- **Lis les mots du tableau et explique leur classement.**
- **Complète chaque colonne avec deux autres mots.**

Je retiens

✓ J'écris la **plupart des noms féminins avec un e à la fin**. C'est un « **e muet** » que je n'entends pas : une amie, la boue, une araignée, une haie, la joie.

✓ **Certains noms féminins** ne prennent **pas de « e » à la fin**, ce sont **des exceptions** : une fourmi, une clé, une souris, une perdrix, la nuit, la toux, la paix, une loi, une noix, une paroi.

✓ **Certains noms masculins** s'écrivent avec un « **e muet** » à la fin : un génie, le foie, un incendie, un parapluie, un musée, un lycée, un scarabée.

Je repère et je manipule

1 ✪ **Copie l'intrus.**

a. la moue – la toux – la joue – la boue
b. roue – revue – pincée – noix
c. la banlieue – une dictée – un incendie – la prairie
d. un brie – un génie – un parapluie – un ami

2 ✪✪ **Trouve le mot demandé qui s'écrit avec un « e » muet et utilise-le dans une phrase.**

a. Comment s'appelle la discipline qui permet d'étudier les paysages du monde ?
b. Comment appelle-t-on un magasin où l'on vend des livres ?
c. Quelle est la femelle du jars ?

3 ✪✪✪ **Remplace les mots en couleur par un synonyme qui se termine par un « e muet ».**

a. Sa **copine** est partie au Canada l'année dernière.
b. Plus qu'un **an** à l'école primaire et tu iras en sixième.
c. Ils ont découvert le **microbe** responsable de la **contagion**.

4 ✪✪✪ **Écris quatre vers en utilisant des noms comportant un « e muet ».**

C'est une petite souris
Qui s'en va sous la pluie…

Je distingue les homophones *on, on n', ont*

Je cherche

– On est arrivé !
– Quelle randonnée ! On n'a même pas fait une pause !
– Regardez tous ces moutons qui arrivent d'on ne sait où ! Ils ont la tête et le bas des pattes noirs !
– C'est décidé, on s'installe ici pour le piquenique !

- **Relis le texte en remplaçant *on* par *nous*. Quels changements entends-tu ?**
- **Explique la présence du *n'* dans la deuxième phrase.**
- **Réécris la phrase : *Ils ont la tête et le bas des pattes noirs !*, à l'imparfait. Quelle est la nature du mot *ont* ?**

Je retiens

on

pronom indéfini

On apprend une leçon.
↓
Nous apprenons une leçon.

on n'…

pronom indéfini dans **une phrase négative**

On n'aime pas cette musique !
↓
Nous n'aimons pas cette musique !

Il parle d'on ne sait qui !
↓
Il parle de je ne sais qui !

ont

verbe *avoir*

Elles ont leur billet pour Londres
Ils ont leur billet pour Londres.
↓
Ils avaient leur billet pour Londres.

Je repère et je manipule

1 ✪ **Indique la classe des mots écrits en couleur pour justifier leur écriture.**

a. **On** a souvent besoin d'un stylo.
b. Les gendarmes **ont** arrêté les voleurs.
c. Ils **ont** une heure de retard et on attend dehors !
d. **On** n'arrive jamais à l'heure à la gare !
e. Il parle d'**on** ne sait quoi.

2 ✪✪ **Transforme les phrases à la forme négative.**

a. On a vingt ans.
b. Demain, on ira voir ta grand-mère.
c. On a mangé toutes les crêpes.
d. On a triché à ce jeu.

3 ✪✪ **Écris un court dialogue entre trois amis en utilisant *on* et *ont*.**

Je distingue les homophones *ces, c'est, ses, sait, sais*

Je cherche

C'est au XVe siècle que Christophe Colomb voyage vers les Indes. Il sait que la Terre est ronde ; il part de l'Espagne le 3 aout 1492 avec ses **caravelles**. Le 12 octobre, il découvre un nouveau monde, mais ces **terres** ne sont pas celles du continent asiatique.

- **Réécris le texte en commençant par *C'était*. Quels changements observes-tu ?**
- **Donne la classe grammaticale des mots surlignés.**
- **Transforme au singulier les mots écrits en violet et réécris les phrases. Qu'entends-tu qui te permet d'identifier les deux homophones *ces* et *ses* ?**

Je retiens

ces

déterminant démonstratif pluriel

Ces enfants chantent.
↓
Cet enfant chante.
Cette fille chante.
Ce garçon chante.

ses

déterminant possessif pluriel

Il emporte ses vêtements.
↓
Il emporte son pantalon.
Il emporte sa chemise.

sais / sait

verbe *savoir*

Je sais la vérité.
Tu sais la vérité.
Il sait la vérité.

c'est

présentatif

C'est mon stylo !
↓
C'était mon stylo !
Ce sont mes stylos !

Je repère et je manipule

1 ✪ **Réécris les phrases au présent.**
a. Je savais situer le Japon sur une carte.
b. C'était facile de nommer les capitales.
c. Il savait observer des documents.

2 ✪ **Complète les phrases avec : *sais*, *sait*, *c'est*, *ces* ou *ses*.**
a. Vendredi, … le jour du marché !
b. Je … où se trouve … cascades dont tu parles.
c. … Jules qui … jouer de la clarinette.
d. Mario viendra avec … outils.
e. Arthur a apporté … rollers.

3 ✪✪ **Réécris les phrases en mettant au pluriel les mots écrits en couleur.**
a. Je recherche le nom de ce **fleuve**.
b. Cette **région** est très peuplée.
c. C'est son **fleuve** préféré.
d. Il a apporté sa **collection** de timbres.

4 ✪✪ **Écris une phrase avec chacun des homophones suivants : *sais*, *c'est*, *ses*, *ces*, *sait*.**

Je distingue les homophones *a/à/as, est/es/et, sont/son*

Je cherche

La circulation est difficile dans les grandes villes et les embouteillages sont fréquents, surtout si chacun utilise son véhicule personnel. La mise en place de transports en commun a facilité les déplacements d'un grand nombre de personnes. Le cycliste est davantage en sécurité depuis qu'il a des pistes cyclables à sa disposition.

- **Réécris le texte à l'imparfait, en remplaçant *véhicule* par *véhicules*.**
- **Réécris la dernière phrase en remplaçant *le cycliste* par *tu*.**
- **Quels changements observes-tu ? Justifie ces changements.**

Je retiens

es/est — verbe être
*Tu **es** là.*
*Il **est** là.*
*On **est** là.*

sont — verbe être
*Ils **sont** là.*
*Elles **sont** là.*

as/a — verbe avoir
*Tu **as** chaud.*
*Il **a** chaud.*
*On **a** chaud.*

et — conjonction de coordination
*Il écrit **et** il dessine.*
↓
Il écrit ou il dessine.

son — déterminant possessif
*Il joue avec **son** ami.*
↓
Il joue avec ses amis.

à — préposition invariable
*Je pars **à** la campagne.*
*Il prend sa brosse **à** dents.*

Je repère et je manipule

1 ✪ **Réécris ces phrases au présent.**
a. L'avion était sur la piste dès le matin.
b. Tu étais dans le vestiaire du stade.
c. Les chemins étaient déserts sur des kilomètres et tu étais inquiet.

2 ✪ **Écris ces phrases au passé composé.**
a. Le TGV avait battu le record de vitesse.
b. Ils avaient pris le métro dans Paris.
c. Le TGV était parti en retard.

3 ✪✪ **Transforme les phrases au singulier.**
a. Vous êtes en retard.
b. Les vélos sont un bon moyen de transport.
c. À l'aéroport, ils ont fouillé ses sacs.

Je distingue les homophones *ou*, *où*

Je cherche

– **Où** vas-tu ce week-end ? Pars-tu à La Rochelle **ou** au Mont-Saint-Michel ?
– Je pars à La Rochelle. Je me baignerai **ou** je visiterai l'aquarium, suivant le temps.
– Est-ce le musée **où** tu voulais aller l'année dernière pour voir les requins ?

- **Réécris les phrases en remplaçant *ou* par *et* et souligne les mots reliés par *et*. Par quels mots peux-tu remplacer *où* ?**
- **Quelle est la classe grammaticale du mot *où* dans la dernière phrase ? Quel mot remplace-t-il ?**

Je retiens

ou

conjonction de coordination

▶ indique **un choix**.
Elle relie deux mots ou deux groupes de mots.

J'achète un CD ***ou*** *un livre.*
↓
J'achète un CD et un livre.

Je lis ***ou*** *je dessine.*
↓
Je lis ou bien je dessine.

où

pronom relatif

▶ indique **un lieu**.
Il est précédé d'un nom.

C'est l'armoire ***où*** *sont rangés les livres.*
↓
C'est l'armoire dans laquelle sont rangés les livres.

où ?

adverbe interrogatif

▶ interroge sur **le lieu**.
Il est suivi d'un verbe conjugué.

Où *es-tu ?*
↓
À quel endroit es-tu ?

Je repère et je manipule

1 ✪ **Réécris les phrases et souligne les mots ou groupes de mots reliés par *ou*.**

a. Les élèves lisent ou copient.
b. Vous regardez un film ou vous écoutez de la musique.
c. Vous avez le choix entre vanille ou chocolat.
d. Cette maison est-elle vide ou abandonnée ?

2 ✪ **Réécris les phrases en remplaçant les mots écrits en couleur par *ou* ou par *où*.**

a. Je cherche un livre **et** une revue.
b. Il vit dans la maison **dans laquelle** il est né.
c. **À quel endroit** se place cette chaise ?
d. Prendrez-vous du fromage **et** un dessert ?

3 ✪✪ **Écris des phrases à l'aide des groupes de mots en utilisant *ou*/*où*.**

César – ira à la piscine – je sais – tes patins à roulettes – restera chez lui – sont-elles cachées – trouver des coquillages – Prends ton vélo

Je distingue les homophones *peu/peux/peut*

Je cherche

Qui peut pédaler sans vélo ?
Qui peut voler sans ailes ?
Je peux. Tu peux ? Il peut !
Peut-être un peu…
Ou pas du tout !

- **Réécris le texte au futur. Quelle est la classe grammaticale des mots qui changent ? Comment fais-tu pour trouver leur terminaison ?**
- **Recherche par quels mots de sens contraire tu pourrais remplacer *un peu*.**

Je retiens

peux/peut

verbe *pouvoir*

*Je **peux** nager.*
*Tu **peux** nager.*
*Il **peut** nager.*
*On **peut** nager.*

peu

adverbe

▸ exprime **une quantité**.

*Il parle **peu**.*
*Il avance **peu à peu**.*
*Elle est **un peu** émue.*

peut-être

adverbe

▸ contraire de *surement*.

*Il viendra **peut-être** à notre spectacle.*
↓
Il viendra surement à notre spectacle.

Je repère et je manipule

1 ✪ **Copie les phrases et encadre le verbe *pouvoir*.**

a. Quels instruments peux-tu nommer ?
b. Un guépard peut courir à 110 km/h.
c. Peut-il te donner un peu de monnaie ?
d. C'est peut-être un peu facile de répondre à ces questions quand on peut voir les réponses.

2 ✪ **Réécris les phrases au présent.**

a. Je pourrai venir te voir demain après-midi.
b. Il pouvait te donner un peu d'aide.
c. Pourras-tu m'envoyer un message ?

3 ✪✪ **Complète les phrases avec [pø].**

a. Si tu travailles, tu … passer en sixième.
b. Il ne … pas se concentrer avec tout ce bruit !
c. Un … de sport tous les jours … aider à garder la santé !
d. Maintenant, je … conduire seule.
e. …-être …-il venir avec nous ?

Je forme le genre des noms et des adjectifs

Je cherche

Les récifs coralliens

Comparables aux forêts pluviales pour la richesse des formes de vie qui les habitent, les récifs coralliens constituent de spectaculaires écosystèmes marins qui prospèrent dans les eaux peu profondes, chaudes, et claires. Une extraordinaire variété d'animaux colorés y vit et y chasse.

La Grande Encyclopédie, © Éditions Gallimard Jeunesse, 2013.

- **Relève les groupes nominaux du texte et classe-les en fonction de leur genre.**
- **Souligne les adjectifs dont les marques du genre s'entendent.**

Je retiens

✓ **Le nom** et **l'adjectif** ont **un genre** : **le féminin** ou **le masculin**. Le genre est marqué dans tout le groupe nominal (GN).

✓ **Certains déterminants** donnent **des indications sur le genre** : *la, le, une, un, cette, cet, sa*…
Cette oie imposante est impressionnante ! (GN au féminin singulier).

✓ Je sais que la plupart du temps, **la marque du féminin est un e**.
Mon meilleur ami s'appelle Ivan. Ma meilleure amie s'appelle Samia.

✓ J'entends souvent les marques du genre sur l'adjectif, sauf quand il se termine déjà par un **e** :
Le canard **bruyant** et **sauvage** cancane. (GN masculin)
La cane **bruyante** et **sauvage** cancane. (GN féminin)

Je repère et je manipule

1 ✪ **Relève les GN au féminin singulier dans les phrases suivantes.**

a. Les rapaces affamés survolent la montagne obscure.
b. La buse a la tête ronde et la queue courte.
c. Sa vue perçante lui permet de repérer ses proies.
d. La perruche verte est menacée.

2 ✪ **Copie les phrases et entoure, dans les GN, les marques du féminin qui s'entendent.**

a. La mouette rieuse possède une drôle de tête.
b. De nombreuses espèces animales sont protégées.
c. L'hirondelle a une queue fourchue.
d. Cette gracieuse aigrette ressemble à une danseuse étoile.

3 ✪ **Copie les phrases et entoure, dans les GN, les marques du féminin qui ne s'entendent pas.**

a. Une mouette blanche vole au-dessus de la mer agitée.
b. La petite caille dorée s'agite dans le nid.
c. La femelle royale et imposante est plus grande que le mâle.
d. La buse, patiente, plane au-dessus de la forêt immense et verdoyante.

4 ✪✪ **Entoure la lettre *e* lorsqu'elle marque le féminin.**

a. ma fidèle amie
b. le lycée renommé
c. une journée ensoleillée
d. une cosmonaute avertie

Je m'entraine

5 ✪ **Relève tous les mots dans lesquels la marque du genre s'entend.**

a. Ce cri particulier est celui d'un rapace.
b. J'entends le chant délicieux d'un merle.
c. Un oiseau migrateur vit sur cette ile sablonneuse.
d. Les oies blanches voyagent sur des milliers de kilomètres.

6 ✪ **Écris les GN au féminin singulier.**

a. un grand chanteur
b. son petit chat
c. cet habile voleur de nid
d. un acteur génial
e. un boulanger sérieux

7 ✪ **Écris une phrase avec chacun des adjectifs.**

longues – étonnante – bruyant – sérieux

8 ✪ **Enrichis un GN de chaque phrase par un adjectif qui convient : *noir* – *petite* – *affamé* – *rapide* – *amoureux*.**

a. Le pigeon roucoule sur le toit.
b. Le chat s'approche de la colombe.
c. Le corbeau survole les champs.
d. La fille lance des miettes.
e. Le poisson évite les pièges.

9 ✪✪ **Écris les GN au masculin singulier.**

a. des canes tapageuses
b. des juments musclées
c. les oies majestueuses
d. les vaches paisibles.

10 ✪✪ **Enrichis les GN par des adjectifs.**

a. La mer apporte des coquillages.
b. Le nageur parvient à terminer la course.
c. Cette revue parle d'une espèce.
d. La fusée a décollé au milieu d'une foule.

11 ✪✪✪ **Complète les phrases à l'aide d'un ou deux GN au singulier composés d'un déterminant, d'un nom et d'un adjectif.**

a. … vole gracieusement.
b. Dans les arbres se cachent … .
c. … a détruit … .
d. … est attirée par … .

12 ✪✪✪ **Réécris les phrases au féminin.**

a. Ce scientifique, sérieux et appliqué, étudie les rapaces.
b. Un homme maigre, blond et discret est entré dans le musée.
c. L'athlète, épuisé mais fier, reçoit sa médaille.
d. Ce petit écolier, ravi et motivé, part à l'école.

J'écris

13 **Réécris le texte en transformant les GN au féminin singulier.**

Un agriculteur passionné élève un dindon sauvage du Mexique, domestiqué depuis peu, un bouc nain tout blanc, et un poulain allemand gris. Lorsqu'il sera adulte, ce cheval impressionnant pourra peser jusqu'à 800 kilos.

Je forme le nombre des noms et des adjectifs

Je cherche

Dans les eaux chaudes et peu profondes, les dugongs et les lamantins mènent une vie paisible. Ces grands mammifères n'ont pas d'ennemis naturels, sont herbivores et ne se battent jamais.
Les dauphins sont de petits cétacés à dents. Intelligents et curieux, ils peuvent être amis de l'homme. Rapides, les dauphins aiment faire la course en faisant des bonds allongés au ras de l'eau.
Les mères ne donnent naissance qu'à un seul petit à la fois. Le nouveau-né tète sa mère et grandit rapidement. D'autres dauphins peuvent le garder pendant que sa mère s'absente.

Au fond des océans, © Gallimard Jeunesse, 2005.

- **Relève les groupes nominaux et classe-les en fonction de leur nombre.**
- **Souligne les marques du pluriel que tu entends.**

Je retiens

✓ Dans un groupe nominal (GN), **les déterminants indiquent le nombre** : **un**, **la**, **cette**, **des**, **les**, **sa**…
Un piéton traverse la rue. (GN au singulier). Ces piétons traversent les rues. (GN au pluriel)

✓ Je sais que la plupart du temps, **les marques du pluriel des noms et des adjectifs sont -s ou -x.**
Ces chiens féroces et redoutables surveillent la propriété.
Les beaux bijoux plaisent à ma grand-mère.

⚠ Certains mots se terminent par un -s ou un -x sans être au pluriel :
Une souris mange un fromage savoureux.

Je repère et je manipule

1 ✪ **Relève les GN au pluriel.**

a. Des oiseaux marins s'échouent sur les côtes souillées.
b. De nombreux martins-pêcheurs vivent près de cette jolie rivière.
c. Les premières éclosions ont lieu aux beaux jours.
d. Lors de la tempête, des jeunes oisillons fragiles tombent du nid douillet.
e. Les feuilles touffues protègent les petits écureuils.

2 ✪ **Copie les GN au pluriel et entoure les marques du pluriel que l'on entend.**
a. Des écoliers essoufflés montent dans les cars municipaux.
b. Des feux spéciaux indiquent aux conducteurs impatients les travaux.
c. Ces fillettes ravies nagent dans les eaux glaciales de la mer du Nord.
d. Cent-deux cyclistes courageux et matinaux prennent le départ de la course.

3 ✪✪ **Relève dans les phrases des noms et des adjectifs dont le pluriel ne s'entend pas.**
a. Des chevaux sauvages galopent dans les prés verdoyants.
b. Les souris grises sont chassées par les hommes.
c. Des travaux importants sont engagés pour protéger les animaux rares.
d. Deux yeux jaunes et brillants observent les déplacements des petits rongeurs.

4 ✪✪ **Copie les mots comportant un *s* ou un *x* qui n'indique pas la marque du pluriel.**
a. Le passager peureux s'accroche à son siège.
b. En France, l'hirondelle de cheminée, le coucou gris, le martinet et la cigogne blanche sont les principaux grands migrateurs.
c. Des scientifiques passionnés étudient le comportement curieux de différents animaux.
d. La piscine chauffée permet de prendre un bain exquis.

Je m'entraine

5 ✪ **Réécris les GN au pluriel.**
a. un beau héron
b. le rossignol matinal
c. un homme généreux
d. un caillou original
e. un travail sérieux

6 ✪ **Réécris les GN au singulier.**
a. des habitants généreux
b. ces jeunes chevreaux
c. mes chevaux fougueux
d. des carnavals spéciaux

7 ✪ **Enrichis chaque GN avec un adjectif.**
l'herbe – des hôtels – des voitures – des plantes

8 ✪✪ **Relève les mots dont les *s* ou *x* indiquent des marques du pluriel.**
a. Le soleil lumineux brule les jardins assoiffés.
b. Des milliers d'étoiles étincelantes brillent dans le ciel.
c. Certaines roses rouges sont fanées.
d. Mes enfants sont curieux : ils explorent le jardin.

9 ✪✪ **Réécris les phrases en mettant les GN au singulier.**
a. Des poussins jaunes sortent du nid.
b. Les cris de ces oiseaux sont désagréables.
c. Les échasses blanches se nourrissent dans des eaux peu profondes.
d. Dix énormes autruches qui traversent le parc rejoignent leur progéniture.

10 ✪✪✪ **Réécris le texte en transformant chaque GN au pluriel.**
Hier, le journal racontait l'incroyable histoire d'un animal domestique extraordinaire qui parvenait à sauver un petit lionceau abandonné.

J'écris

11 **Écris la liste de ce que tu achèterais au marché. Utilise plusieurs adjectifs.**

J'accorde le verbe avec son sujet

Je cherche

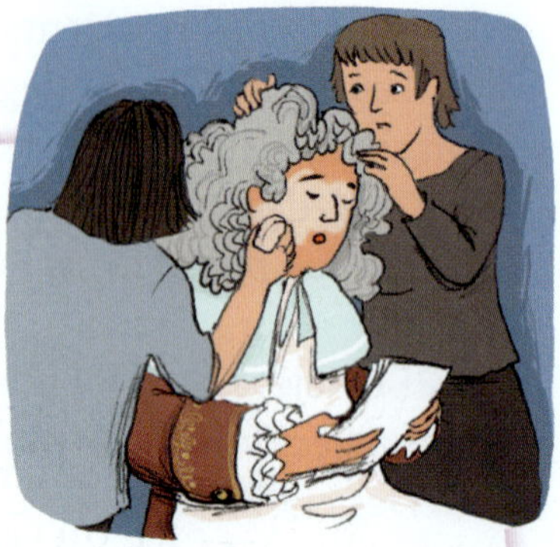

Le comédien est arrivé au théâtre. Il se change dans sa loge. Il se concentre et répète quelques tirades de son texte. La maquilleuse et la coiffeuse qui complètent sa tenue s'appliquent dans chacun de leurs gestes. Puis l'artiste entre sur la scène. Les spectateurs applaudissent. Beaucoup sont assis. Le silence envahit la salle.

- **Réécris le texte en remplaçant *le comédien* par *les comédiens* puis par *la troupe de comédiens*.**
- **Note les changements d'accord des verbes et justifie-les.**
- **Par quels pronoms peux-tu remplacer le sujet dans la première phrase et l'avant-dernière phrase ?**

Je retiens

✓ **J'accorde toujours le verbe avec son sujet**, quelle que soit sa place dans la phrase.
Partirez-vous en vacances cet été ?
Cette robe, bien que très jolie, ne lui **va** pas.

✓ Quand le verbe a **plusieurs sujets**, il est au pluriel.
Le maçon, le menuisier et le plâtrier ***s'entendent*** pour restaurer la maison.

✓ **Plusieurs verbes** peuvent avoir **le même sujet** : j'accorde alors chaque verbe avec le sujet.
La pluie ***tombe*** et ***imprègne*** le sol desséché.

⚠ Pour écrire la terminaison d'un verbe, je peux remplacer le sujet par un pronom personnel.
Les chiens ***ont entendu*** la trompe de chasse. → Ils ***ont entendu*** la trompe de chasse.

Je repère et je manipule

1 ✪ **Copie les phrases : encadre le verbe et relie-le par une flèche à son sujet.**
a. Dimanche, serez-vous à Manchester ?
b. Les touristes poursuivent leur visite.
c. Le match de football comptait pour les championnats d'Europe.
d. Une foule a envahi le stade.

2 ✪ **Relève les verbes et leur sujet.**
a. Nous roulons en direction de Liverpool.
b. Avez-vous visité le musée des Beatles ?
c. J'étais surpris par l'amabilité des gens dans cette ville.
d. Au musée de la Marine, vous admirez les maquettes qui sont exposées.

3 ✪ **Copie les phrases en choisissant le verbe qui convient pour chaque phrase.**

a. Les renards et leurs petits (recherche/recherchent) de la nourriture.
b. Ce chien (aboie/aboient) toute la journée.
c. Le musée (était/étaient) gratuit.
d. Les musiciens (joue/jouent) ce soir.
e. Je (marche/marches) dans la forêt.
f. Tu (habites/habitent) dans un immeuble.

4 ✪✪ **Copie chaque phrase en remplaçant le sujet par un pronom personnel pour justifier l'accord du verbe.**

a. Ces moutons broutent l'herbe fraiche.
b. Ces personnes mangent peu de fruits.
c. Cet élève déjeune à la cantine.
d. Ces tourterelles chantent merveilleusement.

Je m'entraine

5 ✪ **Réécris les phrases en mettant le sujet au pluriel.**

a. J'aimais beaucoup les dessins animés.
b. Tu offriras ces livres à Paul.
c. Examinera-t-il les bagages à l'aéroport ?
d. Il veut aller au cinéma.

6 ✪ **Complète les phrases avec un GN ou un pronom personnel.**

a. ... partira à 18 heures.
b. L'été dernier ... observiez les étoiles.
c. ... conduiront et attendront leurs enfants.
d. ... lessives les murs de la cuisine.
e. ... ne mangerons pas ce dessert !

7 ✪ **Complète les groupes verbaux par un groupe sujet.**

a. ... se rendent dans les pays chauds durant l'hiver.
b. ... ouvrent leurs portes à dix heures.
c. ... s'installe sur la place du village.
d. ... gares la voiture dans le parking souterrain.

8 ✪✪ **Réécris le texte en mettant le nom écrit en couleur au pluriel.**

Le mouton a une bonne ouïe et une excellente vue panoramique… En revanche il a du mal à voir les reliefs (bosses, creux…). Le mouton a un instinct grégaire très développé, c'est-à-dire qu'il cherche la compagnie des autres moutons. C'est surtout vrai quand il se sent menacé.

Mon Quotidien pour les 10-14 ans
www.monquotidien.fr, mars 2011.

9 ✪✪✪ **Réécris les phrases en mettant le sujet au pluriel.**

a. Le guide du musée était très agréable.
b. Ce livre est introuvable.
c. Le chien garde la maison.
d. L'amie de ma sœur part en randonnée tous les samedis.
e. En sortant de la piscine, l'enfant court, s'essuie et enfile son tee-shirt.

10 ✪✪✪ **Complète les sujets par un groupe verbal.**

a. Le magasin … .
b. Les comédiens … .
c. Tous les enfants … .
d. L'équipe de rugby … .

J'écris

11 **Écris quatre phrases pour terminer cette histoire en utilisant au moins une fois les sujets suivants : *le jeune garçon*, *les dromadaires*, *il*.**

Djamel, un enfant de dix ans, décida de partir, un matin, avec son troupeau de dromadaires, à la recherche de l'oasis de Touatmoun…

J'accorde l'adjectif

Je cherche

De nos jours, il est possible d'embarquer à bord d'une montgolfière pour découvrir les différents paysages.
Les ballons multicolores survolent les vallées verdoyantes et les vieux châteaux, les rivières sinueuses et les coteaux fleuris. Depuis la nacelle, les passagers peuvent découvrir les minuscules maisons le long des routes qui ressemblent à de fins lacets. Le pilote, calme et précis, rassure chacun d'entre eux.

- **Relève tous les adjectifs du texte et justifie leur orthographe.**

Je retiens

✓ **J'accorde toujours les adjectifs en genre et en nombre avec le nom qu'ils qualifient.**
Les pavés **glissants** recouvrent le sol. Les musiciennes sont **heureuses**.

✓ **Lorsqu'un adjectif qualifie plusieurs noms**, le masculin l'emporte sur le féminin et **l'adjectif est toujours accordé au masculin pluriel**.
L'entrée et le couloir sont **clairs**.

Je repère et je manipule

1 ✪ **Copie le texte et souligne tous les adjectifs.**

Chez les mammifères, l'oreille externe s'appelle pavillon : celui-ci canalise les ondes sonores vers le tympan. Le fennec est le plus petit des canidés, mais il a les oreilles les plus grandes car il a besoin d'entendre les insectes dont il se nourrit, la nuit.

Encyclopédie des sciences, « Les yeux de la Découverte », © Éditions Gallimard Jeunesse, 2013.

2 ✪✪ **Souligne les adjectifs attributs et entoure les autres adjectifs. Justifie les accords.**

a. Ces spectaculaires jardins sont visibles toute l'année.

b. Le château d'Azay-le-Rideau est élégant et harmonieux.

c. Bassins et fontaines aménagés permettent de rêver.

d. Les buis et les haies taillés sont rangés le long des allées géométriques.

Je m'entraine

3 ✪ **Écris des GN avec l'adjectif et les noms proposés.**
a. épais (des remparts/des tours)
b. harmonieux (des tissus/des couleurs)
c. décoré (des fenêtres/des murs)
d. garni (des jardins/des balcons)

4 ✪ **Réécris les phrases en mettant le sujet au pluriel.**
a. La pièce est vide.
b. La fenêtre est poussiéreuse.
c. L'arbre est frêle.
d. L'allée est sinueuse.

5 ✪ **Réécris les phrases en transformant le sujet au singulier.**
a. Les cantatrices sont remarquables.
b. Ces symphonies du XIXe siècle sont célèbres.
c. Les musiciens paraissent concentrés.
d. Les spectateurs semblent admiratifs.

6 ✪ **Copie les phrases en écrivant les noms écrits en couleur au pluriel.**
a. L'escalier imposant est un chef-d'œuvre.
b. La forteresse royale de Chinon domine la vallée.
c. Le logis restauré offre une vue exceptionnelle.
d. Ce bel édifice construit avec de la brique rose offre un paysage étonnant.

7 ✪ **Réécris les phrases en mettant les GN au pluriel.**
a. La chambre royale est entièrement tapissée et richement meublée.
b. La salle de bal, grandiose, est enrichie d'or.
c. L'ancien donjon carré est transformé.
d. Ce beau meuble sculpté était réservé à un invité prestigieux.

8 ✪✪ **Réécris les phrases en remplaçant les GN par des GN au féminin.**
a. Des cailloux ronds jonchent le chemin qui mène à la plage.
b. Le fort imposant fut rasé au XVIe siècle.
c. Un roi amoureux des lieux fit restaurer la demeure.
d. Le port endommagé par la tempête fut reconstruit.

9 ✪✪ **Réécris les phrases en enrichissant chaque GN avec un adjectif.**
a. Le zoo recueille des animaux.
b. Les grilles entourent l'ile des singes.
c. L'aquarium se trouve au centre du parc.
d. Cette maisonnette fut aménagée en clinique.
e. Le parc s'étend jusqu'à la forêt.

10 ✪✪✪ **Ajoute un groupe nominal au groupe sujet.**
Le mur est solide. → *Le mur et la tour* sont solides.
a. La tapisserie de la salle principale est merveilleuse.
b. La salle des armes est lumineuse.
c. La cheminée est ornée de deux statues.
d. Le jardin est accueillant.

11 ✪✪✪ **Associe un nom et un adjectif de chaque liste pour écrire une phrase.**
Noms : regroupés – petite – coniques – impressionnantes – aménagé
Adjectifs : toitures – terrasse – sculptures – parterres de fleurs – escalier

J'écris

12 **Décris le palais du Taj Mahal situé en Inde. Tu utiliseras des adjectifs.**

J'accorde le participe passé

Je cherche

Au festival de la BD, quatre jeunes dessinateurs seront récompensés. Ils ont travaillé de longs mois sur leur première BD. Ils sont sélectionnés pour la qualité et l'originalité de leur œuvre. **Arthur**, lauréat, témoigne : « J'ai décidé de m'inscrire au concours et j'y suis allé tout seul ! L'année dernière j'étais étonné de voir le nombre de candidats retenus.
Des dessinateurs ont **pris** le temps d'expliquer leur métier et ils ont donné des conseils. Nous avons même mangé avec eux. »

- **Classe les verbes conjugués à des temps composés et justifie la terminaison des participes passés.**
- **Transforme *des dessinateurs* au singulier et réécris la phrase. Quelle remarque peux-tu faire pour le participe passé *pris* ?**
- **Remplace *Arthur* par *Arthur et Chloé* puis réécris les deux premières phrases de son interview. Quels changements observes-tu ?**

Je retiens

✓ Lorsque **le participe passé** est employé **avec l'auxiliaire *être***, je l'**accorde en genre et en nombre avec le sujet**. Pour m'aider à accorder le participe passé, je peux tracer la chaine d'accord.
*Nous sommes **allés** au concours. **Nos amies** étaient **venues** avec nous.*

✓ Parfois **j'entends les marques de genre** sur le participe passé.
***Les souris** sont **prises** au piège.*

✓ Lorsque **le participe passé** est employé **avec l'auxiliaire *avoir*, je n'accorde pas le participe passé avec le sujet.**
***Ils** ont **gagné** le premier prix. **Nous** avions longuement **applaudi** les vainqueurs.*

⚠ Certains participes passés s'écrivent toujours avec un « s » :
*Il a **pris** le train. Elle a **appris** ses leçons. Elle a **mis** les fleurs dans l'eau.*

Je repère et je manipule

1 ✪ **Relève les verbes construits avec *être* dans les phrases.**
a. Qui est caché dans l'herbe ?
b. Le facteur a distribué le courrier.
c. Les salades sont arrosées par le jardinier car il n'a pas plu.
d. Je me suis habillé chaudement.

2 ✪ **Relève les verbes construits avec *avoir* dans les phrases.**
a. Vous n'aviez pas dormi ici.
b. Ils sont rentrés ce matin.
c. Le voyage était bien organisé mais nous n'avons pas aimé l'hôtel.
d. À quelle heure as-tu pris le train ?

3 ✪✪ **Copie les phrases, encadre les verbes conjugués et trace la chaine d'accord du participe passé.**
a. Les chiens étaient perdus dans la forêt.
b. Nous n'avons pas oublié ta fête.
c. Les élèves sont descendus du car.
d. Sera-t-elle arrivée avant nous ?

4 ✪✪ **Souligne les participes passés dont l'accord s'entend à l'oral.**
a. Marie s'est assise sur le banc.
b. Ma mère est allée faire des achats.
c. J'ai perdu les clés de ma voiture.
d. Elles se sont mises à l'abri.
e. Nous sommes surprises par cette invitation mais nous sommes ravies.

Je m'entraine

5 ✪ **Justifie l'orthographe des participes passés dans les phrases suivantes.**
a. Les arbres étaient secoués par le vent.
b. Les tables sont renversées.
c. Nous avons terminé la peinture.
d. Elles sont allées au cinéma et elles ont regardé le film en 3D.

6 ✪ **Copie les phrases en écrivant les sujets au pluriel.**
a. La leçon est apprise et récitée en classe.
b. La mauvaise herbe avait poussé et envahi les parterres.
c. Le pêcheur a accosté et débarqué son matériel.
d. La voiture a ralenti dans le virage.

7 ✪ **Réécris les phrases en mettant le sujet au pluriel.**
a. J'ai passé l'après-midi à la piscine.
b. Elle est partie ce matin pour l'Italie.
c. As-tu mangé ton dessert ?
d. Ce louveteau a appris à se défendre.

8 ✪✪ **Réécris les phrases en mettant le sujet au singulier.**
a. Les robes seront vendues sur le marché du village.
b. Les guides de montagne sont partis de bonne heure.
c. Elles étaient fatiguées.
d. Les draps seront lavés puis étendus dans le jardin.

9 ✪✪ **Réécris les phrases avec un GN sujet au féminin.**
a. Rémi a chanté pour la fête de Noël.
b. Les déchets sont emportés par le courant.
c. Les chiens sont attachés dans le chenil.
d. Les musiciens ont répété et ils sont prêts.

10 ✪✪✪ **Écris les phrases au passé composé.**
a. Elles trouvent le chemin pour rentrer.
b. Mes amies aiment cette musique.
c. Manges-tu de la viande ?
d. Elle se met en colère.
e. Ils utilisent des outils.

11 ✪✪✪ **Complète les phrases avec un GN de ton choix.**
a. … a participé aux festivités.
b. … sont venues avec nous en vacances.
c. … ont adoré son livre.
d. … a vendu sa maison.

J'écris

12 **Réécris ce texte au passé composé.**
Deux filles de 12 et 15 ans échappent à la noyade près du Mont-Saint-Michel. Piégées par la marée, elles essaient de nager mais fatiguent très vite. Heureusement, un guide alerte les secours. Un hélicoptère arrive sur les lieux et des plongeurs sauvent les jeunes filles.

Mes défis en orthographe

1 **Retrouve les mots dont les lettres sont mélangées.**

émaiti — ioje — ésume — riffro

2 **Réponds à chaque devinette.**
Relève la lettre mystère de chaque mot trouvé pour former le nom d'un pays.

- On m'utilise pour écrire. Qui suis-je ? [•] • • • • •
- Je vole mais je ne suis pas un oiseau. Qui suis-je ? • • [•] • •
- Je suis une opération mais pas une division . Qui suis-je ? • • • • • • • [•]
- Je suis le contraire de la distraction. Qui suis-je ? • • • [•] • • • • •
- Je suis le vainqueur d'une épreuve sportive. Qui suis-je ? • [•] • • • • • •

3 **Où te mènent les trois phrases correctes ? Tu peux te déplacer verticalement ou horizontalement. Réécris ces phrases en ajoutant les majuscules et les points.**

je	peut	rien	peux	être	La cabane multicolore
peux	avancer	peu	à	peu	L'ile dorée
il	peut	à	peut	de	Le château mystérieux
peu	marcher	peut	à	peu	Le nuage de perles
tu	et	tu	peux	attendre	La forêt aux licornes
peux	ralentir	peu	à	peu	La montagne enchantée

4 **Forme le plus grand nombre possible de mots avec les syllabes suivantes. Une syllabe peut être utilisée plusieurs fois. Vérifie avec le dictionnaire si les mots sont écrits correctement.**

pa — qua — té — oi — ga — tié — tran — broui
beau — vul — na — li — si — pâ — cra — pi
a — vi — gri — bon — ge — ri — ra — qui
por — ti — gi — mi — tée

5 Forme le plus grand nombre de phrases à l'aide des deux groupes d'étiquettes. Compte ton score (un point par phrase).

- Nous
- Tu
- Lucas et son oncle
- Elle
- Je
- Samia
- Ces élèves

- regardes la télévision.
- lis un roman.
- écoutons un CD.
- mange un gâteau.
- part à la montagne.
- font du vélo.
- aiment nager.
- cueilles des pommes.
- déjeunent à la cantine.
- voulons aller au cinéma.

6 Trouve l'adjectif qui est accordé avec le nom. Relève la lettre associée et trouve le mot mystère.

La neige	glacé	A	La mer	déchainée	A
	poudreuse	B		bleu	B
	épaisses	C		calmes	C
	inattendus	D		furieuses	D
Le sable	humides	P	Les vagues	impressionnants	U
	dorée	Q		gigantesques	V
	fin	R		puissante	W
	brulants	S		violent	X
Les flocons	aérien	M			
	douces	N			
	légers	O			
	fragile	P			

7 Dans la grille de mots mêlés, retrouve le plus grand nombre de mots au singulier. Compte ton score (un point par mot).

P	E	R	D	R	I	X	T	Z	K
J	U	J	O	U	R	N	A	U	X
H	C	H	I	E	N	E	P	B	T
E	C	H	A	C	A	L	I	I	R
R	H	S	O	U	R	I	S	J	A
B	E	L	I	J	E	U	N	O	V
E	V	L	S	U	G	K	O	U	A
P	A	D	E	S	P	A	I	X	I
O	U	R	A	D	I	S	X	W	L
U	X	Y	U	C	A	D	E	A	U

Je construis des familles de mots : les préfixes

Je cherche

redire · impossible · malhabile · transplanter · réarranger
inégal · irréalisable · réaménager · extraire · exporter
défaire · transformer · malheureux · déséquilibrer · illisible
maladroit · déranger · transporter

- **Propose un classement des mots ci-dessus. Justifie ton classement.**
- **Explique comment ces mots sont formés.**

Je retiens

✓ Je sais repérer **le préfixe d'un mot** : il est **ajouté avant le radical** pour **transformer le sens du mot.** possible / **im**possible coudre / **dé**coudre

✓ Lorsque **j'ajoute un préfixe au radical, je ne change pas la classe grammaticale du mot.**
partir (verbe) / **re**partir (verbe) heureux (adjectif) / **mal**heureux (adjectif)

✓ Je retiens **le sens de préfixes très courants** :
- **re-**, **ré-**, **r-** : indique **une répétition** → **re**dire, **ré**approvisionner, **r**acheter
- **trans-** : sens de « **à travers, au-delà** » → **trans**porter, **trans**planter
- **mal-** : sens **négatif** → **mal**heureux, **mal**adroit

⚠ Je remarque que **certains préfixes peuvent avoir deux sens** :
- **im**possible, « qui **n'est pas** possible » (négation) ;
- **im**merger, « plonger **dans** un liquide » (vers l'intérieur).

Je repère et je manipule

1 ✪ **Copie les mots écrits en couleur et entoure les préfixes.**
a. Le sorcier prépare une potion **imbuvable**.
b. Celui qui la boira deviendra **surhumain**.
c. Rien ne lui sera **irréalisable**.
d. Il obtiendra l'**immortalité**.
e. Mais attention aux effets **imprévisibles** de cette **incroyable** potion.

2 ✪ **Dans les phrases suivantes, relève les mots construits avec le préfixe *sur-*.**
a. Le moteur est en surchauffe car le véhicule est surchargé.
b. Cet évènement est surnaturel mais il faut surmonter les difficultés.
c. Le rapace survole son nid pendant que le suricate se réfugie dans son abri.

3 ✪✪ **Relève l'intrus dans chaque série. Justifie ta réponse.**

a. découdre – démolir – déboutonner – déboucher

b. débloquer – déboiser – décliner – décharger

c. déclasser – déchausser – décoller – décevoir

d. décider – décommander – décoiffer – déminer

Je m'entraine

4 ✪ **Copie les mots construits avec un préfixe indiquant la négation.**

impossible – imperméable – impertinent – immense – immobile – imaginaire – impur – impatient – imparfait – impropre – impair – imprécis – important – imprévu

5 ✪ **Copie les mots construits avec un préfixe indiquant la répétition.**

redire – recruter – recommencer – refaire – relire – recoudre – reculer – reboucher – rechercher – refuser – refermer – redonner – reformer – redescendre – reboutonner

6 ✪ **Forme le contraire de chaque mot en utilisant un préfixe.**

a. lisible – limité – légal – légitime

b. réel – réalisable – récupérable – régulier

c. mobile – probable – patient – perméable

7 ✪ **Change le sens de chaque phrase en ajoutant un préfixe à chaque mot écrit en couleur.**

a. Ce fauteuil est confortable.

b. Il est possible de trouver la solution.

c. Papa monte la grande armoire.

d. Il faut boutonner ton manteau.

8 ✪✪ **Réécris chaque phrase en suivant l'exemple.**

*Ce résultat **n'est pas exact** → ce résultat est **inexact**.*

a. Cette odeur n'est pas supportable.

b. Cet endroit n'est pas connu.

c. Ce film n'est pas intéressant.

9 ✪✪ **Pour chaque définition, trouve le mot qui convient, construit avec le même préfixe.**

a. C'est un objet qui protège du tonnerre.

b. C'est un objet qui protège de la pluie.

c. C'est un objet qui protège du vent.

d. C'est un objet qui protège du soleil.

10 ✪✪✪ **Trie les mots selon leur préfixe. Indique la signification de chaque préfixe.**

bicyclette – triangle – bimensuel – trimestriel – tricorne – uniforme – bicorne – unilatéral – tricycle

11 ✪✪✪ **Relève les verbes du texte suivant qui sont construits avec un préfixe.**

Pour ne pas crouler sous les déchets, pensons aux trois R : réduire, réutiliser, recycler.
Réduire notre consommation d'emballages.
Réutiliser ceux qui peuvent l'être.
Puis seulement alors, les recycler.
Jeter des déchets recyclables à la poubelle produit des montagnes d'ordures qu'il faut incinérer, ce qui dégage du CO_2 ou enfouir dans des décharges, ce qui dégage du méthane.

Écologie, Discovery Education,

J'écris

12 **Trouve dans l'illustration trois mots qui ont le même préfixe. Utilise-les dans un court texte.**

Je construis des familles de mots : les suffixes

Je cherche

faiblesse observation lessiver bricolage politesse
planter correction navigable gentillesse décoratrice
invention fourchette directrice lisible maisonnette
affichage redoutable lavage visible fillette risible
crier lavable conductrice

- **Propose un classement des mots ci-dessus. Justifie ton classement.**
- **Explique comment ces mots sont formés.**
- **Indique la classe grammaticale de ces mots.**

Je retiens

✓ Je sais repérer **le suffixe d'un mot** : il est **placé après le radical**.

✓ En ajoutant **un suffixe à un radical**, j'obtiens **un mot de la même famille** : garage / garag**iste**

✓ **L'ajout du suffixe** peut :
– **changer la classe du mot** : honnête (adjectif) / honnête**té** (nom)
– **modifier le sens du mot** : gris / gris**âtre**

✓ Je retiens **les principaux suffixes** :
– ceux qui forment **les noms désignant une qualité** : **-esse** (la gentill**esse**), **-ise** (la franch**ise**), **-itude** (l'exact**itude**), **-té** (la propre**té**), **-eur** (la lent**eur**)
– ceux qui désignent des **noms d'habitants** : Afric**ain**, Ital**ien**, Polon**ais**
– ceux qui désignent **des noms d'action ou le résultat d'une action** : **-tion** (démoli**tion**), **-ment** (tremble**ment**), **-age** (brico**lage**)

⚠ Parfois, l'ajout d'un suffixe **modifie la forme du radical** : dirig**er** / direc**tion**

Je repère et je manipule

1 ✪ **Copie les mots. Entoure les suffixes.**
a. une soustraction – une application – une motivation – une addition
b. applicable – impensable – inestimable
c. lentement – facilement – rapidement
d. la construction – la nutrition

2 ✪ **Classe les mots suivants selon leur suffixe.**
pharmacien – étroitesse – gommage – électricien – éditrice – faiblesse – rougeâtre – affichage – finesse – rédactrice – opticien – blanchâtre – surement – bleuâtre – institutrice – largesse – difficilement

3 ✪✪ **Relève les mots de la famille de *laver*. Entoure les suffixes.**
un lavage – un lavoir – une lavallière – une laverie – un lavabo – délaver – la lave – relaver – lavable – la lavande

4 ✪✪ **Complète chaque liste avec un nom de métier ayant le même suffixe.**
a. chimiste – fleuriste – violoniste
b. professeur – couvreur – tailleur

Je m'entraine

5 ✪ **Ajoute un suffixe à chaque mot pour changer sa classe grammaticale.**
jardin – large – laver – grand – blanc

6 ✪ **Utilise un suffixe pour construire un mot correspondant à chaque définition.**
a. action de soustraire
b. action d'opérer
c. action d'inspecter
d. action de construire
e. action de diviser

7 ✪ **Construis un verbe en changeant le suffixe des mots suivants.**
une habitation – l'agitation – une patinoire – un tremblement – un éternuement

8 ✪✪ **Ajoute des suffixes à chacun des mots pour former deux mots de la même famille.**
a. arroser
b. arbitrer
c. chauffer
d. conduire

9 ✪✪ **Ajoute un suffixe pour écrire le nom des habitants de chacun des pays suivants.**
Amérique – Hongrie – Italie – Allemagne – Espagne – Angleterre – Belgique – Bosnie

10 ✪✪ **Cherche l'intrus dans chaque liste. Justifie ton choix.**
a. une voiturette – une recette – une fourgonnette – une fourchette
b. un jardinet – un garçonnet – un cochonnet – un fouet
c. une galipette – une maisonnette – une tablette – une bouclette

11 ✪✪✪ **Cherche le radical des mots suivants. Écris les mots au féminin.**
a. pharmacien – comédien – musicien
b. boulanger – horloger – boucher – fromager
c. correcteur – directeur – illustrateur

12 ✪✪✪ **Dans le texte, trouve des mots de la même famille. Entoure les suffixes.**
Neil Armstrong nait en 1930 aux États-Unis. Enfant, il est passionné d'aviation. À 15 ans, il prend des cours de pilotage. Un an plus tard, il obtient son brevet. Il pilote plus de cinquante sortes d'avions différents.

J'écris

13 **Écris un court texte qui décrit cette illustration. Tu utiliseras des noms de magasins qui contiennent un suffixe.**

J'identifie les familles de mots

Je cherche

le vent – ensablé – amerrir – venteux – maritime – un éventail – le sable – outremer – sablonneux – marin – un paravent – un sablier – sablé – venter – la mer – un ventilateur

- **Classe les mots ci-dessus. Justifie ton classement avec précision.**
- **Explique la formation de ces mots.**

Je retiens

✓ Je peux réunir **dans une même famille les mots qui ont un même radical.** Ils sont tous **liés par un sens commun.**

✓ Je peux identifier **leur classe grammaticale** en identifiant **leur suffixe** et **comprendre les nuances de sens** en identifiant **le préfixe.**
connaitre – connaissance – méconnaissance – connaisseur

✓ **Certains mots ont un radical qui peut être modifié.**
lire – lecture – lectrice – lecteur – lisible

Je repère et je manipule

1 ✪ **Copie les mots de la famille de *vol*.**
envol – voler – volatiliser – volant – volcan – voleter – survol – survoler – volet

2 ✪ **Classe les mots en deux familles différentes. Souligne le radical.**
tranquille – transporteur – tranquilliser – transport – transporter – tranquillité – tranquillement – tranquillisant

3 ✪✪ **Cherche l'intrus dans chaque série. Justifie ton choix.**
a. un chant – chanter – un chanteur – un champ
b. le courage – le courant – courageux – encourager
c. le coffre – un coffret – la confiture – un coffrage

4 ✪✪ **Classe les mots de la même famille selon leur classe grammaticale.**
a. faiblir – faiblesse – faiblement – faible – affaiblir
b. expéditeur – expédier – expéditif – expédition
c. mourir – morte – mortel – mortellement – mortalité – mortuaire

Je m'entraine

5 ✪ **Relève les mots de la famille de *habitude*.**
habituer – habituellement – habit – déshabituer – habillage – inhabituel – réhabituer – habillement

6 ✪ **Trouve un nom de la même famille pour chacun des verbes suivants.**
a. écrire b. nourrir c. polluer d. construire

7 ✪ **Trouve un verbe de la même famille pour chacun des mots suivants.**
a. libre b. calme c. clair d. faible

8 ✪ **Trouve un nom et un adjectif de la même famille pour chacun des verbes suivants.**
a. bronzer
b. obscurcir
c. préciser
d. enlaidir

9 ✪ **Construis deux mots de la même famille en ajoutant un suffixe à chaque radical.**
a. drap-
b. oreill-
c. bross-
d. crèm-
e. dent-
f. montagn-

10 ✪ **Trouve deux verbes de la même famille pour chaque verbe en utilisant un préfixe.**
a. porter b. coudre c. poser d. prendre

11 ✪✪ **Dans chaque série, les mots appartiennent-ils à la même classe grammaticale ? Justifie ta réponse.**
a. paraitre – apparaitre – parution – disparaitre
b. navigation – navigateur – naviguer – navigabilité
c. glacé – glacer – glacial – glaçant

12 ✪✪ **Complète chaque phrase avec un mot de la famille d'*habitat*.**
a. Cette ... est tellement grande qu'elle ressemble à un château.
b. Plusieurs ... logent dans cet immeuble.
c. Cet appartement est en mauvais état : il est ...

13 ✪✪ **Trouve deux verbes de la même famille pour chaque mot en utilisant un préfixe.**
a. une coupure
b. un passage
c. une place
d. un pliage

14 ✪✪ **Cherche dans ton dictionnaire une page qui propose trois mots de la même famille.**

15 ✪✪✪ **Recherche les familles de mots dans ce texte.**
Les machinistes placent les projecteurs et changent les décors au fur et à mesure du déroulement de la pièce. Le régisseur organise les détails matériels du spectacle. Il dirige les machinistes dans leur travail. Les costumiers dessinent les costumes, les courtiers les réalisent. Dans sa loge, l'acteur se coiffe, se maquille, s'habille. Il le fait seul ou avec l'aide d'un coiffeur, d'un maquilleur, d'une habilleuse.

Encyclopédie Méga 6/9 ans, © Nathan, 2011.

16 ✪✪✪ **Relève dans le texte deux mots de la même famille. Pour chaque mot en couleur, trouve un mot de la même famille.**
Les insectes comptent le plus grand nombre d'espèces. On en connaît plus de 1 million, mais d'après les **scientifiques**, il existerait le double, voire le triple d'espèces.
Beaucoup d'autres **organismes** vivants en dépendent : la plupart des **plantes** ont besoin d'eux pour la **pollinisation**, et nombre d'animaux sont insectivores.

La Grande Encyclopédie, © Éditions Gallimard Jeunesse, 2013.

J'écris

17 **Cherche trois mots de la famille de *astral* et utilise-les dans un court texte.**

Je distingue le sens propre et le sens figuré

Je cherche

Monsieur Beau-Pompon raconte son accident de voiture à son voisin Gégé-La-Flemme.

– Je roulais pépère sur la départementale 20 quand un fou qui venait en face a coupé la route, explique-t-il.
– Avec quoi il l'a coupée, la route ? demande Gégé-La-Flemme.
– Avec sa voiture, bien sûr.
Gégé n'en croit pas ses oreilles. C'est la première fois qu'il entend parler d'une voiture à couper la route.
– Et elle coupait bien ?
– Pour couper, elle coupait ! répond le vieux Beau-Pompon.
– Alors c'est qu'on l'avait aiguisée.
– Aiguisée quoi ?
– Ben… La voiture !

Claude Bourgeyx, « Le fou de la départementale 20 », *Le Fil à retordre*, © Nathan Jeunesse, 2005.

- **Explique les différents sens du verbe *couper* dans le texte.**
  Quels sont les indices qui te permettent d'éclaircir les différents sens de ce verbe ?
- **Réécris le texte en remplaçant le verbe *couper* par un synonyme.**
- **Trouve d'autres sens du mot *couper*. Quelle remarque peux-tu faire ?**

Je retiens

✓ **Un mot peut avoir plusieurs sens :**

– **un sens propre** : c'est **le sens premier du mot**, c'est-à-dire celui que l'on trouve en premier dans le dictionnaire.

– **un sens figuré** : c'est **le sens imagé du mot**, c'est-à-dire le sens donné par comparaison avec le sens propre.

✓ **Le contexte** me permet **d'identifier le sens du mot.**

Il ouvre **la bouche** (sens propre) pour montrer ses dents. Il ouvre **la bouche** (sens figuré) d'égout.

Ici, ce sont les mots ***dent*** et ***égout*** qui nous éclairent sur le sens du mot ***bouche***.

Je repère et je manipule

1 ✪ **Copie les mots et leur définition quand ils sont au sens propre.**

a. **disque** n. m. Objet plat et rond qu'un athlète doit lancer le plus loin possible.

b. **souris** n. f. Petit appareil ovale relié à un ordinateur.

c. **ballon** n. m. Sphère de caoutchouc gonflée d'air servant de jeu.

d. **chemise** n. f. Feuille de carton pliée en deux qui sert à ranger des documents.

2 ✪ **Copie les mots et leur définition lorsqu'ils sont au sens figuré.**

a. **défilé** n. m. Passage étroit et encaissé entre deux montagnes.

b. **brillant** adj. Se dit d'une personne qui est intelligente.

c. **tomber** v. Être entrainé de haut en bas par son poids.

3 ✪✪ **Indique si les mots écrits en couleur sont employés au sens propre ou au sens figuré et relève les mots qui t'éclairent sur le sens.**

a. Lorsqu'il parle, il **mange** ses mots.

b. Il a enfin **ouvert** son cœur à sa mère.

c. Il **porte** une cravate.

d. Il a **soulevé** un vrai problème.

Je m'entraine

4 ✪ **Indique si les mots écrits en couleur sont au sens propre ou au sens figuré. Propose un mot ou une expression synonyme pour chacun.**

a. Ce feu d'artifice est le **clou** du spectacle.

b. Papa **aiguise** le couteau.

c. Marylou **est tombée** sur un bon livre.

d. Il n'est pas dans son **assiette** aujourd'hui.

5 ✪ **Écris une nouvelle phrase dans laquelle le mot en couleur sera utilisé au sens figuré.**

a. Paul s'est tordu la **cheville**.

b. Cette petite fille **dévore** une crèpe.

c. La machine **broie** les grains de café.

6 ✪✪ **Retrouve le mot commun aux deux phrases puis recopie la phrase où le mot est employé au sens propre.**

a. Il donne sa … au chat. Il s'est coupé la … en tombant.

b. Les enfants sautent à la … dans la cour. Il pleut des ….

c. César et Rachid sont comme les deux … de la main. Les … du pied sont les orteils.

7 ✪✪✪ **Retrouve le mot employé au sens figuré et écris une nouvelle phrase avec ce même mot au sens propre.**

a. Pour terminer notre travail, il faut mettre les bouchées doubles.

b. Luc a la dent dure lorsqu'il parle d'Éva.

c. À la veille des examens, il est débordé.

8 ✪✪✪ **Explique le sens de chacune des expressions suivantes.**

a. Ne pas avoir la langue dans sa poche.

b. Raccrocher le téléphone au nez de quelqu'un.

c. Se serrer les coudes.

J'écris

9 **Écris un court dialogue à la manière du texte page 226 avec les différents sens du mot *tomber*.**

Je comprends le sens d'un mot inconnu à partir du contexte

Je cherche

Le poisson-clown est **omnivore**, ce qui signifie qu'il mange de tout. Il se nourrit principalement de crevettes et de petites moules, mais certaines espèces préfèrent les algues et le plancton.
Le poisson-clown vit en groupe, dans des **anémones de mer**, des animaux aux tentacules venimeux. Ses écailles sont recouvertes de **mucus**, une substance qui le protège des piqûres de l'anémone. En vivant près d'elles, le poisson est en sécurité : il ne risque pas d'être attaqué par des prédateurs.
En échange, il nettoie l'anémone de tous les parasites qui s'installent entre ses tentacules. Le poisson-clown est **hermaphrodite**, c'est-à-dire qu'il est à la fois mâle et femelle. Mais à la naissance, il est toujours de sexe masculin.
Dans le groupe, seul le plus gros a le rôle d'une femelle. Si elle meurt, le plus gros des mâles prend sa place et deviendra femelle à son tour.

Mon Quotidien pour les 10-14 ans, www.monquotidien.fr, mai 2012.

- **Relève les expressions qui te permettent de comprendre les mots écrits en couleur.**
- **Réécris le début du texte en ajoutant une expression permettant d'expliquer les mots *plancton* et *prédateurs*. Aide-toi du dictionnaire.**

Je retiens

✓ Pour **comprendre un mot inconnu**, je m'appuie sur **le contexte du mot**, c'est-à-dire les phrases qui l'entourent.

✓ Je dois **faire des liens entre les informations et repérer des indices :**

– l'emploi **d'expressions** comme ***ce qui signifie*** et ***c'est-à-dire*** :
Les baleines et les oiseaux de mer se nourrissent de krill, **c'est-à-dire de petits crustacés qui vivent regroupés**.

– l'utilisation de **la ponctuation : la virgule** ou **les deux-points**.
Le krill, **ensemble de très petits crustacés qui vivent regroupés**, est la nourriture principale des oiseaux de mer et des baleines dans les eaux polaires.
Les oiseaux de mer et les baleines se nourrissent de krill : **c'est un ensemble de très petits crustacés qui vivent regroupés.**

Je repère et je manipule

1 ✪ **Relève l'expression qui explique le mot en couleur et l'indice qui t'a aidé.**

Le premier avion qui a vraiment volé fut celui des frères Wright. Il fut construit en Amérique en 1903. C'était un **biplan**, ce qui signifie qu'il possédait deux ailes superposées.

Mon encyclopédie découvertes, © Éditions Gallimard Jeunesse.

2 ✪ **Relève l'expression qui explique le mot en couleur. Justifie ton choix.**

Les cheveux nous protègent des ardeurs du soleil comme de l'air glacial ; cils et sourcils protègent nos yeux de la sueur et de la poussière. Par temps froid, les poils se hérissent pour emprisonner l'air tiède : c'est **la chair de poule**.

La Grande Encyclopédie 8-11 ans, © Rouge et Or.

3 ✪✪ **Relève l'expression qui explique le mot en couleur dans chaque phrase et l'indice qui t'a aidé.**

a. Les cigognes d'Alsace se déplacent chaque année vers les pays chauds pour y passer l'hiver : on les appelle des oiseaux **migrateurs**.

b. Les fraises, les framboises, les pêches sont des fruits **aqueux**, ce qui signifie qu'ils contiennent de l'eau.

c. L'écriture égyptienne s'appuie sur un alphabet de symboles. Ce sont les **hiéroglyphes**.

d. Le dauphin commun a un corps long et fuselé. Sa tête est pourvu d'un **rostre**, c'est-à dire d'un long bec.

Je m'entraine

4 ✪ **Relève l'expression qui explique le mot en couleur. Justifie ta réponse.**

Les Vikings

Ces combattants scandinaves, embarqués à bord de leurs navires robustes et rapides, les **drakkars**, franchirent les mers et remontèrent les fleuves pour mener des raids.

La Grande Encyclopédie 8-11 ans, © Rouge et Or.

5 ✪ **Continue la phrase en expliquant le mot en couleur. Utilise les expressions *ce qui signifie*, *c'est-à-dire*.**

a. Le jardinier veut planter des plantes **vivaces**.

b. Le chêne est un arbre aux feuilles **caduques**.

c. Durant l'hiver, il est possible de nourrir les oiseaux **insectivores**.

d. Les animaux **charognards** comme les hyènes et les vautours ne paraissent pas sympathiques.

6 ✪ **Rédige une définition pour chaque mot dans le domaine de la géométrie.**

a. une figure
b. un disque
c. une règle
d. un pavé

7 ✪✪ **Rédige une phrase qui définit chaque mot en utilisant les expressions : *que l'on appelle* – *ce sont*.**

a. les granivores
b. les caravelles
c. l'aquarelle
d. le flamenco

8 ✪✪ **Identifie les domaines dans lesquels on utilise les mots suivants.**

a. arête
b. sommet
c. espace
d. milieu

J'écris

9 **Rédige une phrase pour chaque mot en utilisant la même construction que l'exemple. Aide-toi d'un dictionnaire.**

Le cyclone, vent dévastateur accompagné de pluie, a détruit des maisons sur son passage.

a. les nébuleuses
b. le lamantin
c. un geyser
d. le plancton

Je distingue les différents sens d'un mot

Je cherche

a. Les Inuits doivent briser la glace de la banquise pour pêcher.
b. Mes parfums de glace préférés sont la poire et la framboise.
c. Tous les matins, Sonia se coiffe devant la glace de la salle de bain.

- **Quel mot apparait dans chaque phrase ?**
- **A-t-il le même sens à chaque fois ?**
- **Trouve un synonyme du mot dans chaque phrase.**

Je retiens

✓ **Un mot** peut avoir **plusieurs sens.**
Le **temps** (météorologie) est mauvais ; ils vont mettre du **temps** (durée) à rentrer.

✓ **Dans le dictionnaire**, je peux trouver **les différents sens d'un mot.**
Je dois repérer **le contexte** pour connaitre le sens qui convient le mieux.

Je repère et je manipule

1 ✪ **Associe le sens du mot *pièce* à la phrase correspondante.**
1. Petit morceau de métal qui sert de monnaie.
2. Texte écrit pour le théâtre.
3. Partie d'une maison.
4. Partie d'un ensemble.

a. Mon logement a quatre pièces.
b. J'ai payé mes fruits avec des pièces.
c. *L'Annonce* est une pièce écrite par Gérard Moncomble.
d. Ce puzzle a cent pièces.

2 ✪ **La définition proposée correspond-elle au sens du mot en couleur ?**
a. Ces lunettes ont des **verres** colorés.
→ Récipient dans lequel on boit.
b. Cette bouteille est en **verre**.
→ Matière dure, cassante et transparente.
c. Je bois un **verre** d'eau.
→ Contenu d'un verre.

3 ✪✪ **Cherche le sens du mot en couleur.**
a. Mes parents aiment beaucoup la **marche**.
b. L'ordinateur est en état de **marche**.
c. Le **loup** a mangé un agneau.
d. Pour le carnaval, tu portais un **loup**.

Je m'entraine

4 ✪ **Associe la phrase avec le sens du mot en couleur qui convient.**

a. Il y a des **moutons** sous le lit. (**flocons de poussière** – **animaux**)

b. Le voyageur a pris un **titre** de transport. (**nom d'un livre** – **ticket**)

c. La **Terre** tourne autour du soleil. (**argile durcie** – **planète**)

5 ✪ **Relève la phrase dans laquelle le mot *souris* n'a pas le même sens que les autres.**

a. La souris s'approche du fromage.

b. Le chat chasse les souris toute la nuit.

c. Il faut cliquer sur la souris pour ouvrir le fichier.

d. Les souris sont de petits rongeurs.

6 ✪ **Écris chaque phrase en remplaçant le mot en couleur par son contraire.**

a. Il fait **doux**.

b. Elle est **douce** avec les enfants.

c. Cuire à feu **doux.**

d. La rue descend en pente **douce**.

7 ✪ **Écris une phrase en utilisant le mot en couleur dans un autre sens.**

a. En rêvant, il perd son **temps**.

b. Le coureur **bat** son record de vitesse.

c. Le roi doit protéger ses **sujets**.

8 ✪✪ **Choisis le sens du mot en couleur parmi les définitions proposées. Relève le mot qui t'a aidé.**

os longs et courbes situés dans le thorax – route qui monte – bord de la mer

Le premier signe d'un fort tsunami est souvent un reflux massif des eaux : la mer se retire rapidement sur plusieurs centaines de mètres puis revient quelques minutes plus tard avec une force inouïe, ravageant les **côtes** et faisant de nombreuses victimes.

Catastrophes naturelles, © Fleurus.

9 ✪✪ **Écris trois phrases dans lesquelles tu emploieras le mot *ordre* avec un sens différent.**

10 ✪✪ **Écris une phrase avec chaque mot. Utilise-les dans un autre contexte.**

a. sommet b. branche c. bouchon

11 ✪✪✪ **Cherche deux sens du mot *plateau*. Écris une phrase pour chaque sens.**

12 ✪✪✪ **Relève dans la phrase deux mots qui ont plusieurs sens. Écris une phrase pour chaque mot en utilisant un sens différent.**

Ce sont les feuilles qui fabriquent la nourriture de la plante grâce à la photosynthèse.

13 ✪✪✪ **Ces phrases sont fantaisistes. En t'aidant du dictionnaire, réécris-les pour que le sens du mot en couleur soit correct.**

a. J'ai posé une **opération** de l'appendicite sur mon cahier.

b. On dit que le climat de la Planète se réchauffe à cause des **émissions** de télévision.

c. J'ai révisé mes **cours** de la Bourse.

J'écris

14 **À l'aide de l'illustration, trouve un mot qui a plusieurs sens. Écris une phrase pour chacun des sens de ce mot.**

Je repère un champ lexical

Je cherche

Une carte est la représentation d'un morceau de territoire sur une surface plane.
Elle indique des informations réelles en utilisant des symboles : des courbes de niveau pour le relief, des points ou des carrés pour les villes et villages, des lignes ou des pointillés pour les routes et les cours d'eau. Les surfaces colorées représentent des zones : un pays, une forêt…
Sur une carte, on trouve également une échelle pour calculer la distance réelle sur le terrain, une orientation indiquant le Nord et une légende pour comprendre les symboles utilisés.

Carte de France.

- **À quel domaine ce texte se rattache-t-il ?**
- **Fais une liste des mots du texte qui justifient ta réponse.**
- **Quel sens ont ici les mots *échelle* et *légende* ? Quel autre sens peuvent-ils avoir ?**
- **Complète la liste avec des mots de différentes classes grammaticales que tu connais.**

Je retiens

✓ **Le champ lexical** est **l'ensemble des mots qui appartient à un même thème.**

✓ **Des noms, des verbes, des adjectifs** peuvent appartenir au même champ lexical.
Le champ lexical de la musique : **chanson, opéra, chanter, note, instrument**…

✓ **Un même mot peut appartenir à différents champs lexicaux.**
Le mot **légende** appartient au champ lexical de **la géographie** mais aussi à celui **des contes.**

Je repère et je manipule

1 ✪ **Relève les mots appartenant au champ lexical de l'*informatique*.**
clavier – rat – courir – souris – écran – imprimante – copier – coller – se connecter

2 ✪ **Trouve le champ lexical de tous ces mots. Complète la liste avec deux mots.**
écrire – timbre – signature – destinataire – expéditeur

3 ✪✪ **Relève l'intrus. Justifie ton choix.**
a. maçon – charpentier – boulanger – couvreur – architecte
b. averse – pleuvoir – déluge – bruine – asséché
c. filmer – médicament – acteur – caméra – cinéaste
d. règne – monarchie – roi – conte – souverain

Je m'entraine

4 ✪ **Relève les mots du texte qui appartiennent au champ lexical du *théâtre*.**

Le rideau se lève. Le magnifique décor apparait. Les comédiens avancent dans leur costume somptueux et commencent le premier acte de cette pièce célèbre.

5 ✪ **Propose trois mots appartenant à chaque champ lexical.**

a. le zoo b. le cirque c. l'école d. la piscine

6 ✪ **Complète chaque série avec trois mots appartenant au même champ lexical.**

a. ordonnance – médicament – malade
b. légumes – fruits – viande
c. traineau – givre – flocon
d. incendie – fumée – pompier

7 ✪ **À quel champ lexical appartiennent les mots en couleur ?**

Ce matin, elle a voulu **conduire** mais l'un des **pneus** était dégonflé. Elle a donc appelé le **garagiste** car elle ne voulait pas avoir d'**accident**.

8 ✪✪ **Identifie le champ lexical des mots en couleur. Relève dans le texte un autre mot appartenant au même champ lexical.**

La Terre **tremble** toutes les 30 secondes dans le monde. Beaucoup de ces **secousses** causent peu de dégâts. Mais des **séismes** violents ont lieu aussi sur notre planète. La violence des secousses n'est pas l'unique raison de la gravité d'un **tremblement de Terre**. Ce sont les sismologues qui mesurent la force d'un séisme.

9 ✪✪ **Les mots de deux champs lexicaux se sont mélangés. Retrouve ces deux champs lexicaux et classe ces mots.**

une tirelire – une constellation – lunaire – dépenser – un billet – spatial – météorite – rembourser – une fusée – bancaire – interstellaire – une galaxie – économique – astronomique

10 ✪✪ **Identifie le champ lexical de chaque série. Complète chaque liste par deux mots.**

a. se réjouir – content – plaisir
b. scène – jouer – comédiens
c. camarade – lien – se confier

11 ✪✪✪ **Fais deux listes de mots : celle du champ lexical de la *météorologie* et celle de l'*archéologie*.**

pleuvoir – brouillard – fouiller – ensoleillé – découverte – ossements – verglacé – ancien – civilisation – pluie – Antiquité

12 ✪✪✪ **Recherche cinq mots appartenant au champ lexical de la *peur*. Varie les classes grammaticales.**

13 ✪✪✪ **Recherche six mots appartenant au champ lexical du *voyage*. Varie les classes grammaticales.**

14 ✪✪✪ **Par deux, cherchez des mots appartenant au champ lexical de la *navigation*. Rangez-les en fonction des différentes classes grammaticales.**

J'écris

15 **Écris un court texte dans lequel tu parles du travail d'un astronome. Tu utiliseras des mots appartenant au champ lexical de l'*astronomie*.**

Je classe les mots en fonction de leur intensité

Je cherche

crier chuchoter hurler parler susurrer

crainte terreur frayeur angoisse peur

blanc blême livide blanchâtre

- **En t'aidant du dictionnaire, propose un classement des mots dans chaque série.**
- **Utilise les expressions *plus ... que* ou *moins ... que* pour expliquer ton classement.**

Je retiens

✓ Je sais que **certains mots de sens proches** correspondent à **des degrés d'intensité différents.**
tiède < chaud < brulant < bouillant

✓ **Pour exprimer une intensité**, je peux aussi **utiliser une comparaison.**
Le TGV est **plus rapide que** les trains classiques.
Les trains classiques sont **moins rapides que** le TGV.
Le TGV est le train **le plus rapide**.

Je repère et je manipule

1 ✪ **Copie le texte. Souligne les adjectifs et les expressions exprimant une intensité.**

Ganymède est la plus grande lune du système solaire. Elle est plus grosse que Mercure et Pluton. Mais comme elle est un satellite de Jupiter et qu'elle ne décrit pas elle-même une orbite autour du Soleil, on ne peut pas lui donner le nom de planète.

L'espace, © Éditions Gallimard Jeunesse, 2014.

2 ✪ **Relève les comparaisons qui expriment une intensité.**

L'autruche est le plus gros oiseau du monde. Elle ne peut voler mais court très vite. À l'inverse, les plus petits oiseaux, les colibris, ont d'extraordinaires capacités de vol.

Mon encyclopédie Découvertes, © Éditions Gallimard Jeunesse, 2007.

3 ✪✪ **Classe les mots de chaque série selon une intensité croissante.**

a. frais – polaire – froid – glacial
b. marcher – se précipiter – courir – trotter
c. géant – grand – gigantesque – colossal

4 ✪✪ **Le texte contient-il des expressions d'intensité ? Justifie ta réponse.**

Les Beatles furent l'un des groupes pop les plus célèbres de tous les temps. Dans les années 1960, des millions de personnes achetèrent leurs albums.

Mon encyclopédie Découvertes,

Je m'entraine

5 ✪ **Relève les expressions exprimant une intensité.**

Lorsqu'un animal n'est pas de taille à lutter, il cherche parfois à impressionner l'adversaire en jouant les « gros bras » malgré sa peur ! Pour cela, il fait mine d'être plus gros ou plus grand qu'il n'est.

P. Hédelin, *Proie ou prédateur ?*,

6 ✪ **Complète les phrases en utilisant l'expression *moins ... que*.**

a. Cette œuvre est colorée.
b. Mon bonnet est douillet.
c. Ce quartier est bruyant.
d. L'exercice de mathématiques est difficile.

7 ✪ **Complète les phrases en utilisant l'expression *plus ... que*.**

a. Le guépard est un animal rapide.
b. Un pull de laine est chaud.
c. L'avion est un moyen de transport polluant.
d. Tes cheveux sont longs.

8 ✪ **Classe les mots de chaque série selon leur intensité croissante.**

a. bon – succulent – délicieux
b. écarlate – rouge – cramoisi
c. inquiet – terrorisé – apeuré
d. un hurlement – un chuchotement – un cri

9 ✪✪ **Choisis cinq mots de l'exercice 8 et utilise chacun d'eux dans une phrase.**

10 ✪✪ **Réécris chaque phrase en suivant le modèle.**

L'éléphant est un gros mammifère terrestre.
→ L'éléphant ***est le plus gros mammifère terrestre***.

a. Le python réticulé est un long serpent.
b. Le ginkgo biloba est un arbre ancien.
c. Le kangourou est un bon sauteur.
d. Le colibri-abeille est un petit oiseau.

11 ✪✪✪ **Classe chaque série de mots selon une intensité croissante.**

a. apprécier – aimer – raffoler – adorer
b. étinceler – éblouir – briller
c. épuisé – fatigué – exténué
d. ravi – content – enchanté

12 ✪✪✪ **Réécris les phrases suivantes en remplaçant les mots en couleur par un mot d'intensité supérieure.**

a. Cette part de gâteau est **petite**.
b. La météo a prévu **du vent** pour toute la semaine prochaine.
c. L'enfant **grignote** un biscuit.
d. Une température **froide** est annoncée pour les jours prochains.

J'écris

13 **Écris un court texte à partir de l'illustration. Utilise des expressions d'intensité.**

J'utilise des mots qui expriment des sentiments et des émotions

Je cherche

Cécette quitte la Guadeloupe et laisse derrière elle Man Ninie et Papoli, ses grands-parents qui l'élèvent. C'est Cécette qui aide Man Ninie à lire et à écrire.

Le jour du départ, Cécette se lève au chant du coq. Elle n'a pas dormi de la nuit. Sur le quai, quand la sirène d'embarquement retentit, elle sursaute. Papoli est là. Il a accepté de quitter sa plage. Des larmes coulent sur les joues de Man Ninie. Sous son foulard, ses cheveux sont défaits.
« Qui va lui lire les lettres, lui apprendre à écrire maintenant ? » demande Cécette. Sa vue se brouille. Brusquement, Cécétte a peur. Peur de partir.

Alex Godard, *Maman-Dlo*, © Albin Michel Jeunesse, 2014.

- **D'après toi, pourquoi Cécette n'a-t-elle pas dormi de la nuit ?**
- **Que ressent-elle quand elle sursaute ?**
- **Explique ce qui brouille sa vue.**
- **Cherche dans le dictionnaire les mots *sentiment* et *émotion*.
Puis fais la liste des sentiments et des émotions ressentis par Cécette et Man Ninie.**

Je retiens

✓ Lorsque **je lis** ou **j'écris des textes**, je dois savoir **identifier les sentiments** et **les émotions** des personnages.

✓ **Une émotion** est **une réaction physique face à un sentiment.**
Le sentiment dure dans le temps.
Lorsqu'il entendit frapper, il se mit à **trembler.** → une émotion
→ Il avait très **peur.** → un sentiment

✓ Pour exprimer **un sentiment ou une émotion**, comme **la joie**, je peux utiliser :
– **des noms** : la gaité, l'allégresse
– **des verbes** : rire, s'amuser, jubiler
– **des adjectifs** : heureux, jovial, enchanté

Je repère et je manipule

1 ✪ **Copie les mots de chaque série. Souligne ceux qui expriment un sentiment.**

a. la tendresse – la poursuite – la haine – la satisfaction
b. heureux – tourmenté – rapide – anxieux
c. aimer – paniquer – regretter – manger
d. la douleur – le bruit – le mépris – la détresse
e. agile – joyeux – triste – peureux

2 ✪ **Copie le texte. Souligne les mots exprimant un sentiment.**

Peu après, Merlin quitta la cour pour toujours, à la grande tristesse du roi. Il allait vivre en Petite-Bretagne, dans la forêt de Brocéliande, près de la fée Viviane qu'il aimait.

J. Mirande, *Contes et légendes des chevaliers de la Table Ronde*, © Nathan Jeunesse, 2010.

3 ✪✪ **Classe les mots selon les sentiments exprimés.**

l'allégresse – le regret – heureux – étonner – le remord – rire – embarrassé – enjoué – la surprise – effaré – la joie – la honte

Je m'entraine

4 ✪ **Utilise chacun des adjectifs dans une phrase.**

a. écœuré
b. contrarié
c. soucieux
d. émerveillé

5 ✪ **Écris ce que dit la petite fille, en respectant l'émotion exprimée.**

6 ✪✪ **Utilise chaque expression dans une phrase.**

a. rester bouche bée
b. pleurer à chaudes larmes
c. rester de marbre
d. fendre le cœur

7 ✪✪ **Écris la phrase que pourrait dire chaque personnage en respectant l'émotion exprimée.**

8 ✪✪✪ **Poursuis chaque liste avec deux mots exprimant la même émotion ou le même sentiment.**

a. affolé – apeuré …
b. furibond – enragé …
c. la crainte – la terreur …

9 ✪✪✪ **Souligne l'émotion exprimée par chacune des expressions.**

a. **avoir les larmes aux yeux** : le chagrin – la peur – la joie
b. **avoir le souffle coupé** : le dégout – la tristesse – la surprise
c. **avoir un coup de sang** : la colère – la joie – l'amour

J'écris

10 **Écris les paroles des personnages en exprimant leurs émotions et leurs sentiments.**

Mes défis en vocabulaire

1 **Utilise des suffixes pour construire le plus grand nombre possible de mots à partir des mots suivants. Compte ton score (un point par mot).**

précis | frais | os | maigre

2 **Relève l'intrus de chaque série. Justifie ta réponse.**

- chapeau, chapitre, chapelier, chapeauter
- forer, forestier, forêt, déforestation
- hériter, héritier, hérisson, héritage
- plume, plumeau, plumage, pluvieux

3 **Écris le mot le plus long possible en ajoutant un suffixe à chacun des mots suivants. Compte ton score (un point par lettre).**

teinte | écrit | maison | roi | personne

4 **Dans la grille de mots mêlés, retrouvez tous les mots de la famille de** ***durcir*****. Les mots sont écrits horizontalement et verticalement. Compte ton score (un point par mot retrouvé).**

E	N	D	U	R	C	I	R	D
N	R	M	O	U	S	S	E	U
D	D	U	R	E	T	E	N	R
U	T	R	E	R	R	D	D	E
R	U	D	U	R	A	T	U	M
A	M	O	M	A	C	U	R	E
N	A	U	A	C	U	A	E	N
T	U	X	M	C	M	C	R	T
E	N	D	U	R	A	N	C	E

5 Charades

1
Mon 1er est égal à 365 jours.
Mon 2e est le son agréable produit par les oiseaux.
Mon 3e est une boisson chaude beaucoup bue en Grande-Bretagne.
Mon tout est un adjectif exprimant un sentiment.

2
Mon 1er est la première lettre de l'alphabet.
Mon 2e est le liquide blanc que produit la vache.
Mon 3e est une substance grasse qui se trouve sous la peau.
Mon tout est un sentiment synonyme de ***joie***.

6 Chasse au trésor. Relève dans l'ordre de lecture chaque expression au sens figuré et note la lettre correspondante. Remets les lettres dans l'ordre et trouve le trésor qui est une pierre précieuse.

- ouvrir la cérémonie — I
- ouvrir l'appétit — U
- ouvrir une porte — F
- casser les pieds — R
- casser les oreilles — B
- casser une assiette — R
- peser ses mots — S
- peser ses fruits — E

7 Relève le synonyme du verbe *passer* pour chaque phrase. Avec les lettres, tu trouveras un autre sens du verbe *passer*.

Phrases	Synonymes	Lettres
• Il passe pour le meilleur joueur.	aller	R
• Samy est passé me voir.	utiliser	E
• Les minutes passent.	être considéré comme	D
• La couleur du pull est passée.	attendre	J
• Tu passes l'aspirateur.	s'écouler	N
• Passons à table !	arriver	L
	perdre son éclat	N
	venir dans un lieu	O
	avancer	G

Crédits photographiques

p. 3 : Viktar Malyshchyts/Shutterstock ▪ **p. 9** : © Illustration : François Place/Petits champions de la lecture ▪ **p. 24** : Cirodelia/Fotolia ▪ **p. 25** : Prod DB © Walt Disney Pictures - Amblin Entertainment - Reliance Entertainment - The Kennedy/Marshall Company/ DR ▪ **p. 28** : Bernard Moison/Compagnie du Si ▪ **p. 29** : Bernard Moison/Compagnie du Si ▪ **p. 40** : Cirodelia/Fotolia ▪ **p. 41** : Prod DB © Columbia - Amblin Entertainment) The Kennedy/Marshall Company/DR ▪ **p. 48** : Dana Stephenson//Getty Images ▪ **p. 49** : Andy Murch/Visuals Unlimited/ Biosphoto ▪ **p. 53** : Prod DB/MGM/DR ▪ **p. 57** : Animals Animals/Hemis.fr ▪ **p. 62** : Fotolia.com ; Fotolia.com ▪ **p. 63** : Frans Lanting / Mint Images / Biosphoto ▪ **p. 69** : The Barnes Foundation/The Bridgeman Art Library ▪ **p. 72** : Cirodelia/Fotolia ▪ **p. 73** : Syolacan/Premium Access ▪ **p. 74** : JPL-Caltech/Univ. of Arizona/NASA ▪ **p. 75** : Viktar Malyshchyts/ Shutterstock ▪ **p. 76** : Roger Viollet ▪ **p. 77** : coll. Sirot-Angel/Leemage ▪ **p. 82** : zwo5de/Premium Access ▪ **p. 86** : Cirodelia/Fotolia ▪ **p. 90-91-97-122** : Rue des Archives/Louis Monier ▪ **p. 98** : Cirodelia/Fotolia ▪ **p. 118** : Cirodelia/Fotolia ▪ **p. 119** : Cirodelia / Fotolia ; Cirodelia / Fotolia ▪ **p. 127** : Fotolia.com ▪ **p. 129** : javarman3 / getty images /premium access ▪ **p. 130** : Eric Isselée/Fotolia ▪ **p. 131** : R. Keith/ Getty Images ▪ **p. 133** : Fotolia.com ; Fotolia.com ▪ **p. 136** : A. Demotes/Photononstop ▪ **p. 138** : omgimages / getty images / premium access ▪ **p. 142** : Musée d'Art moderne et d'Art Contemporain, Liège, Belgium/The Bridgeman Art Library ▪ **p. 143** : Fotolia. com ▪ **p. 146** : CNCS/Photo Pascal François ▪ **p. 147** : Fotolia. com ▪ **p. 148** : Wajan/Fotolia.com ▪ **p. 149** : Fotolia.com ▪ **p. 151** : O. Prevosto/Corbis ▪ **p. 153** : Fotolia.com ▪ **p. 154** : cbpix/Fotolia ; Fotolia.com ▪ **p. 156** : Jy Cessay/Fotolia.com ▪ **p. 159** : Christian Schwier / Fotolia ▪ **p. 165** : Leemage ▪ **p. 166** : Skyak / Getty Images / Premium Access ▪ **p. 167** : Albie Venter / Shutterstock ▪ **p. 169** : O76 / Getty Images / Premium Access ▪ **p. 172** : Duris Guillaume/Fotolia.com ▪ **p. 173** : pornsakampa / Getty Images / Premium Access ▪ **p. 174** : SerrNovik / Getty Images / Premium Access ▪ **p. 175** : Akabei / Getty Images / Premium Access ▪ **p. 176** : Eric Isselée / Fotolia ▪ **p. 177** : Bettmann/Corbis ▪ **p. 180** : MaggyMeyer / Getty Images / Premium Access ▪ **p. 185** : Ewelina Wachala / Shutterstock ▪ **p. 186** : egon69 / Getty Images / Premium Access ; kjuuurs / Getty Images / Premium Access ▪ **p. 187** : s-cphoto / Getty Images / Premium Access ▪ **p. 189** : WJBurgwal / Getty Images / Premium Access ▪ **p. 191** : IvanSpasic / Getty Images / Premium Access ▪ **p. 198** : Marina Zlochin/Fotolia ▪ **p. 199** : Istockphoto.com ▪ **p. 200** : Spinetta/Fotolia ▪ **p. 201** : Fotolia.com ▪ **p. 203** : Irantzuarb/ Fotolia ▪ **p. 206** : Stéphane Lemaire/Hemis.fr ▪ **p. 208** : Fotolia.com ▪ **p. 209** : Ashva/Fotolia ▪ **p. 210** : Vkilikov/Fotolia ▪ **p. 211** : Fotolia.com ▪ **p. 214** : Fotolia.com ; MG/Fotolia ▪ **p. 215** : Leemage ▪ **p. 217** : Fotolia.com ▪ **p. 224** : Sir_Oliver/Fotolia ▪ **p. 225** : Fotolia.com ▪ **p. 228** : Reinhard Dirscherl/Biosphoto ▪ **p. 230** : White Fox / AGF / AFP / Photononstop ▪ **p. 231** : BartCo/Getty Images ▪ **p. 233** : Fotolia.com ▪ **p. 234** : tristan3d / 123RF ▪ **p. 235** : Fotolia.com ▪ **p. 237** : Fotolia.com ▪ **p. 238** : Fotolia.com

Illustrations

Illustrations intérieures pour la partie *Lecture*

Laurent Audouin (pp. 100-101-102) ▪ Marie caudry (pp. 18-19-20) ▪ Olivier deloye (pp. 3, 42-43, 121) ▪ Fabien Doulut (pp. 44-45, 46-47) ▪ Élodie Durand (pp. 4, 107-108-109-110-111-112-113-114, 116-117,122-123) ▪ Alice Gravier (pp. 60-61) ▪ Louise Heugel (pp. 92-94, 97, garde arrière) ▪ Delphine Jacquot (pp. 2, 3, 30-31, 66-67-68, 120, garde arrière) ▪ Laetitia Le Saux (pp.2,4,7-8,14-15,58-59,88-89,96,121-122) ▪ Violaine Leroy (pp.64-65,78-79,120) ▪ Anne Montel (pp.16-17,32-33) ▪ Maud Riemann (pp. 10-11, 34-36, garde arrière) ▪ Béatrice Rodriguez (pp. 50-52) ▪ Stéphanie Rubini (les 4 personnages récurrents dans les pages d'expression écrite et orale, pp. 103-104-105-106-115) ▪ Carl Voyer (p. 83)

Illustrations intérieures pour la partie *Étude de la langue*

Laure Cacouault (pp. 216, 237) ▪ Marie Caudry (p. 140) ▪ Paul Coulbois (p. 232) ▪ David Lopez (pp. 114, 178) ▪ Grégoire Mabire (pp. 139, 141, 144-145, 157, 164, 181, 183, 184, 221, 227, 235) ▪ Anne Montel (pp. 152, 188) ▪ Benoît Perroud (p. 226) ▪ Béatrice Rodriguez (pp. 205, 213, 234, 237) ▪ Stéphanie Rubini (p. 163) ▪ Carole xénard (pp. 134-135, 150, 161, 171, 173, 190, 212, 223)

Illustrations extraites d'œuvres originales

Alex Godard, *La Case aux hibiscus*, © Albin Michel Jeunesse (p. 12-13)

Illustration de la couverture : Marie Desbons

Pour les textes des Éditions Gallimard : www.gallimard.fr et www.gallimard-jeunesse.fr

Conception de couverture : François Supiot
Conception maquette intérieure : Line Lebrun
Mise en page de la partie *Lecture* : Line Lebrun avec la participation de Nicole Hinsinger/Cicéro
Mise en page de la partie *Langue* : Soft Office (38)
Relecture : Marianne Stjepanovic-Pauly
Iconographie : Geoffroy Mauzé • Dagmara Bojenko
Responsable d'édition : Anne Samain
Coordination éditoriale : Virginie Cartou
Édition : Charlotte Davreu

Achevé d'imprimer en janvier 2018 en Italie par Rotolito S.p.A.
Dépôt légal : Mai 2017 – N° d'éditeur 2017-1714

Culture littéraire et artistique

Héros, héroïnes et personnages

La morale en questions

Se découvrir, s'affirmer dans le rapport aux autres